Medienmoderne

Frank Hartmann

Medienmoderne

Philosophie und Ästhetik

Frank Hartmann
Weimar, Deutschland

ISBN 978-3-658-18847-4 ISBN 978-3-658-18848-1 (eBook)
https://doi.org/10.1007/978-3-658-18848-1

Die Deutsche Nationalbibliothek verzeichnet diese Publikation in der Deutschen National-bibliografie; detaillierte bibliografische Daten sind im Internet über http://dnb.d-nb.de abrufbar.

Springer VS
© Springer Fachmedien Wiesbaden GmbH 2018
Das Werk einschließlich aller seiner Teile ist urheberrechtlich geschützt. Jede Verwertung, die nicht ausdrücklich vom Urheberrechtsgesetz zugelassen ist, bedarf der vorherigen Zustimmung des Verlags. Das gilt insbesondere für Vervielfältigungen, Bearbeitungen, Übersetzungen, Mikroverfilmungen und die Einspeicherung und Verarbeitung in elektronischen Systemen.
Die Wiedergabe von Gebrauchsnamen, Handelsnamen, Warenbezeichnungen usw. in diesem Werk berechtigt auch ohne besondere Kennzeichnung nicht zu der Annahme, dass solche Namen im Sinne der Warenzeichen- und Markenschutz-Gesetzgebung als frei zu betrachten wären und daher von jedermann benutzt werden dürften.
Der Verlag, die Autoren und die Herausgeber gehen davon aus, dass die Angaben und Informa-tionen in diesem Werk zum Zeitpunkt der Veröffentlichung vollständig und korrekt sind. Weder der Verlag noch die Autoren oder die Herausgeber übernehmen, ausdrücklich oder implizit, Gewähr für den Inhalt des Werkes, etwaige Fehler oder Äußerungen. Der Verlag bleibt im Hinblick auf geografische Zuordnungen und Gebietsbezeichnungen in veröffentlichten Karten und Institutionsadressen neutral.

Titelbild: Programming code abstract technology background of software developer and Computer script, Stockillustrationsnummer 428737549, Shutterstock

Gedruckt auf säurefreiem und chlorfrei gebleichtem Papier

Springer VS ist Teil von Springer Nature
Die eingetragene Gesellschaft ist Springer Fachmedien Wiesbaden GmbH
Die Anschrift der Gesellschaft ist: Abraham-Lincoln-Str. 46, 65189 Wiesbaden, Germany

Inhalt

Einleitung 1

Mediensphären 7

Allseitiger Verkehr, unendliche Kommunikationen – Die Nervosität der Moderne – Ein neues Sozialgefüge – Medienraum, Medienzeit – Ins Jenseits der Schrift – Oralität und Literalität – Geschichte als schriftliches Ereignis – Mechanisierung der Schrift – Vom Bild zur Schrift? – Religion als Textereignis – Schrift als kulturelles Speichermedium – Schrift und das okzidentale Bewusstsein – Effekte des Buchdrucks – Schriftlichkeit und ‚Mediensphären'

Organprojektion 35

Materialitäten der Kommunikation – Technische Erweiterung des Organischen – Kultur als Exteriorisierung – Moderne Irritationen – Philosophie der Technik – Ausweitung der Kommunikationsverhältnisse – Die Macht der Elektrizität

Fotografie 49

Zeichenstift der Natur – Die vielen Väter einer Erfindung – Erweiterung der grafischen Künste – Neuartige Ästhetik des Sehens – Philosophische Konsequenzen – Bewegung im Stillstand – Neue Blickwinkel – Mehr als Einblicke: Visuelle Explizitmachung – Fotografie als Kunst? – Die Fotografie lügt – Fotografie als Dokumentation – Die fotografische Inszenierung – Technik und Aisthesis

Propaganda 79

Ästhetik der Montage – Bild und Bilderverbot – Publizität und Sozialreportage – Visueller Aufbruch in die Moderne – Wissenschaftlicher Fortschritt in Bildern – Visuelle Stereotypisierung – Konstruktion der ‚Bilder im Kopf' – Öffentlichkeit und Volksbetrug – Public Relations und Kampagnen

Spektakel 99

Die Antiquiertheit des Menschen – Mediales Dasein und ‚Ikonomanie' – Ontologische Zweideutigkeit des Medialen – Kritik der Kulturindustrie – Ideologie und Spektakel – Gibt es ästhetischen Widerstand? – Strategien der Gegenkultur

Interface 117

Ästhetik des digitalen Scheins – Körper und Medialität – Der Computer als Medium – Metaphysik der Kybernetik – Logik der Oberfläche – Benutzeroberfläche und Personal Computing – Computer als Büromaschine – Visuelle Displays – Iphone, also bin ich ...

Mediologie 133

Der blinde Fleck der Philosophie – Entdeckung der Mediologie – Das Ende der Gutenberg-Galaxis – Neue Medienpädagogik – Lob der Oberflächlichkeit – Programmatik der Phänomenologie – Das Abstraktionsspiel – Elektronische Medienästhetik – Medienästhetik und Ethik

Algorithmizität 149

Operationen im Datenraum – Kultur und Technik – Die Besonderheit technischer Existenz – Abduktive Ästhetik – Es hängt nicht länger vom Menschen ab – Ausblick: Medienphilosophie?

Literatur 161

EINLEITUNG

Die Medienmoderne ist eine distinkte Epoche der vergangenen ca. zweihundert Jahre, die damit begann, dass Aufzeichnungstechniken jenseits der Schrift möglich (um nicht zu sagen ‚erfunden') wurden. Unsere Suchmaschinen im Web haben ihren Ursprung bei den Enzyklopädien des 18. Jahrhunderts, unsere Smartphones bei den Semaphoren der frühen Telegrafie der Gebrüder Chappe im revolutionären Frankreich. Die elektrische Telegrafie entkörperlichte die Botschaft, nicht mehr das Schreiben selbst wurde versandt sondern nur noch sein Inhalt, übersetzt in elektrische Signale. Auch die Fotografie war eine sensationell innovative Medientechnik, mit der Menschen erstmals und ohne die Übersetzungsleistung der Schrift an Apparate delegierten, was ihre eigenste Sache war: die sinnliche Wahrnehmung der Welt. Mit der Medienmoderne haben die Menschen sich völlig neu ausgerichtet, und ihre Kommunikationen haben sich globalisiert. Es wurden ungewohnte Orientierungen in Raum und Zeit möglich, damit auch neue Konzeptionen von Kommunikation, Kultur und Kunst.

Man hat damals all diese neuen Apparate (die Medien) nicht richtig verstanden, und dieses Unverständnis setzt sich bis heute fort. Alle Geschichten der Medienmoderne, die sich hier eine an die nächste reihen, schreiben sich fort in eine unbekannte Zukunft. Deren zentrale Metapher ist aktuell das ‚Netz', von der kein Ingenieur, kein sogenannter ‚Vordenker' je sagen wird können, wie diese sich letztlich gestalten wird. Die *Vernetzung* hat jüngst das diskursive Spektakel von der *Gesellschaft* abgelöst. Noch die unbeholfene Rede von *Communities* oder von der ‚Netzgemeinde' zeigt das irrationale Fortleben einer Ideologie von Kommunikation, die erst im späten 20 Jahrhundert entstanden ist. Gemeinschaft gibt es vielleicht in einer Kultur wie der japanischen, wo die meisten Werte von allen geteilt werden. Im ‚Netz' hingegen, bis hinein in die sozialen Netzwerke, herrscht purer Individualismus und Positivismus der *Likes*, hier gibt es keine Gemeinde und keine Gemeinschaftlichkeit – nur einige Illusionen davon. Die hinter der Maske von *Communities* versteckte Begrifflichkeit des Sozialen hat ausgedient, nachdem sie zum definitiven Geschäftsmodell für *Facebook* & Co. wurde. Mit der allgemeinen Vernetzung neigt sich die Medienmoderne nun ihrem Ende zu: Techniken wie Telegrafie und Fotografie verschwinden allmählich, ebenso wie Bankfilialen und Postämter als analoge Schnittstellen gesellschaftlicher Informationsverarbeitung. Einzelmedien wie die Zeitung, Fernsehen und Radio oder das Telefon nehmen neue Funktionen an, nachdem sie in diverse Online-Dienste integriert wurden. Wir sind damit geschlagen, mit einer Begrifflichkeit der Moderne bzw. mit überholten Kategorien der neuzeitlichen Philosophie das Neue reflektieren zu müssen. Das kann nicht immer gut gehen. Wie der Blick in ein aktuelles und gut informiertes Handbuch lehrt, gibt es inzwischen unzählige Forschungsbeiträge zur Medienwissenschaft und spezialisierte Thematisierungen des Medienbegriffs, ohne dass immer klar wäre, wofür sie taugen sollen.[1]

Nach einer längeren Phase der philosophischen Unsicherheit scheint es dennoch an der Zeit zu sein, diesen jetzt schon historischen Medienbegriff ernst zu nehmen und mit einer nicht abwertenden, nicht kulturpessimistischen Theoriebildung auf die Herausforderung der Zeit zu reagieren. Dazu bedarf es eines wiederholten Blicks in die Geschichte. Was der Grenzgang zwischen Philosophie und Mediengeschichte thematisiert, ist eine durch neue Technologien getragene Revolution, die menschliche Wahrnehmung und Erkenntnis, kulturelle Übertragung und technisches Speichern und damit die Medienästhetik, die Kommunikationsverhältnisse insgesamt vollständig verändert hat. Die Philosophie (kognitiv) ebenso wie die Ästhetik (sensualistisch) findet unter völlig neuen Bedingungen statt. Man wird sich wundern dürfen: warum eigentlich das, *was an der Zeit ist* – frei nach Hegel – als Aufgabe der Philosophie von dieser so schlecht bedient wurde. Von der analogen Kamera bis hin zu Computer, vom simplen Kabel bis hin zum Elektromagnetismus, von künstlichem Licht bis hin zur Kathodenstrahlröhre, von der Hollerith-Maschine bis hin zum Internet – warum ist all dies in den vergangenen Jahrzehnten so wenig bedacht worden?[2]

Was ein Medium ist, kann leicht bestimmt werden, doch leider ändert sich jede dieser Definitionen mit dem Kontext, innerhalb dessen sie jeweils vorgenommen wird. Noch bis um 1900 verwandte man den Ausdruck ‚Medium' im spiritistischen

---

1 Vgl. Schröter Hg. (2014).
2 Zu den wenigen Ausnahmen zählen Ernst Kapp: *Grundlinien einer Philosophie der Technik* (1877); Max Bense: *Kybernetik oder Die Metatechnik einer Maschine (1951)*, in: ders. (1998): 429ff; Günther Anders: *Die Welt als Phantom und Matritze. Philosophische Betrachtungen über Rundfunk und Fernsehen (ca.* 1956), in ders. (1980): 97ff; Vilém Flusser: *Für eine Philosophie der Fotografie* (1983).

EINLEITUNG

Rahmen, etwa im Sinn der spiritistischen Séancen des ausgehenden 18. Jahrhunderts, als vom ‚Fluidum' die Rede war und vom Magnetismus, als Verbindung zu imaginären Kräften, oder als Kanäle zu unsichtbaren Welten und deren geheimnisvollen Bewohnern.[3] Der Spiritismus gibt vor, es bestünden Verbindungen zum Jenseits, die nur eine ausgewählte Person, eben das Medium, in einer Séance herstellen kann. Während ein Medium heute die Schnittstelle zur Welt schlechthin bedeutet, galt es damals als Mittel für den Verkehr mit einer unsichtbaren Welt der Geister.[4]

Ansonsten war ‚Medium' einfach ein Terminus der Wahrnehmungslehre, wie etwa in der Optik gebräuchlich. Ein optisches Medium ist dann ein Stoff, in dem sich Licht, ein akustisches Medium entsprechend einer, in dem sich Schall ausbreiten kann. Der Elektromagnetismus wurde entdeckt und mit ihm kam die Vermutung auf, dass ‚magische Kanäle' möglich sind, die uns das Tor zu neuen Kommunikationsverhältnissen öffnen würden – was im Zeitalter der Smartphones sich letztlich bewahrheiten sollte.

Die Elektrizität wurde erst Mitte des 19. Jahrhunderts beherrschbar, was gleichzusetzen ist mit dem Anbruch einer neuen Zeit, der Ära der Medienmoderne. Zu dieser zählt alles, was schon die Industrialisierung und deren technische Reproduktionen ausmachte, also auch meist übersehene Errungenschaften wie Druckerpresse und Industriepapier.[5] Die Verhältnisse änderten sich so radikal wie möglicherweise niemals zuvor in der Geschichte westlicher Zivilisation, vor allem betreffend symbolischer und ästhetischer Kommunikationen bzw. der Artikulation eines urbanen und nationalstaatlich ausgeprägten Lebens. Dieses war zunehmend durch aktuelle Nachrichten getaktet und durch eine Orientierung auf Öffentlichkeit geprägt, was den *modernen Typus* des Lebensstils ausmacht.[6]

Der kanadischen Wirtschaftshistoriker Harold A. Innis bemerkte grundlegend: „Wir können wohl davon ausgehen, daß der Gebrauch eines bestimmten Kommunikationsmediums über einen langen Zeitraum hinweg in gewisser Weise die Gestalt des zu übermittelnden Wissens prägt. Auch stellen wir fest, daß der überall vorhandene Einfluss dieses Mediums irgendwann eine Kultur schafft, in der Leben und Veränderungen zunehmend schwieriger werden, und daß schließlich ein neues

---

3 Zur Konfusion zwischen dem Realen und dem Imaginären im Mesmerismus des vorrevolutionären Frankreich vgl. Darnton (1983).

4 Zur spiritistischen Kommunikation mit „höheren Geistwesen" vgl. Allan Kardec: *Le Livre des Médiums*, Paris 1861.

5 Üblicher Weise wird die Zäsur, der Eintritt in die Moderne, mit der Dampfmaschine gleichgesetzt. Doch ohne Elektrizität ist das nur die halbe Geschichte. Mehr als eine Vorahnung davon hat ja bereits Karl Marx umgetrieben, vgl. dazu das berühmte 13. Kapitel „Maschinerie und große Industrie" in: *Das Kapital*, Band 1, Hamburg 1867.

6 Vgl. dazu grundlegend Osterhammel (2011).

Kommunikationsmittel auftreten muss, dessen Vorzüge eklatant genug sind, um die Entstehung einer neuen Kultur herbeizuführen."⁷

Diese Aussage entstammt einer Zeit, die noch nicht wirklich Ahnung davon haben konnte, was über Radio und Fernsehen hinaus an neuer Medienwirklichkeit sich entfalten würde. Doch Vorsicht: weder sind Medien bloß materielle Schaltungen, noch Boten im Sinne der Überbringer von Botschaften, noch geschichtsphilosophisches Subjekt als Heilsbringer in der Organisation des Sozialen. Auch im Plural bleiben ‚Medien' unscharf bestimmt, mit der Bezeichnung ‚neue Medien' jedoch schwingt die andauernde radikale Redefinition in der Praxis von Information, Kommunikation und Bedeutungsproduktion durch elektronische oder auch digitale Technologien schon mit. Diese Technologien verdanken sich übrigens keinen ‚Erfindern' mit ihren Geistesblitzen, sondern einem komplexen Zusammenspiel von Ökonomie und Politik sowie staatlicher Investitionsprogramme.⁸

Abb. 1 1846 unterzeichnete Queen Victoria den ‚Electric Telegraph Company Act' – Lange vor der künstlichen Beleuchtung diente Elektrizität der Telekommunikation, einem neuen Geschäftsbereich für Firmen wie der britischen ‚Electrical Telegraph Company' mit enormen Gewinnspannen.
Quelle http://distantwriting.co.uk/electrictelegraphcompany.html

Daher scheint die Bezeichnung Medienmoderne passend für einen Zeitraum, in dem kulturtechnische Praktiken sich durchgesetzt haben, die mit der tradierten Codierung von Schrift – die in unserer Kultur immer noch mit einem quasi me-

---

7   Harold A. Innis: „The Bias of Communication" (Innis 1997: 96); dieser 1949 gehaltene Vortrag betonte die Rolle der Medien bei der Verteilung von Wissen in Raum und Zeit, was eine technologisch fundierte Kulturanalyse begründet und die Medientheorie Marshall McLuhans mit auf den Weg gebracht hat.

8   Gerade in den Vereinigten Staaten sorgten politische Interventionen für technologische Entwicklungsschübe, etwa durch massive Budgeterhöhungen für die Computerentwicklung nach dem ‚Sputnik-Schock' von 1957, bis hin zum ‚High Performance Computing Act' von 1991, mit dem die Clinton-Regierung den Ausbau des Internets förderte. Weltweit wird die Digitalwirtschaft durch Regierungsprogramme gefördert.

taphysischen Status bedacht wird – nichts mehr zu tun haben. Das gilt für die Fotografie, für das Radio und für den Computer. Für die Theoriebildung im 20. Jahrhundert steht eine gewisse Besessenheit darin, schriftbasierte Grundlagen für das zu finden, wonach die menschliche Existenz vermeintlich organisiert sein soll: in philosophischen Aufschreibepraktiken wie der Phänomenologie, in den Zeichenverhältnissen der Semiologie bis hin zur Grammatologie, in Symbolsystemen des Strukturalismus und diesem nachfolgenden psychoanalytischen und poststrukturalistischen Irrlichtern. Es hat offenbar niemanden interessiert, dass bei all diesen Ansätzen keine spezifischen Erkenntnisse zutage gefördert wurden, die dazu beigetragen hätten, die Problematik der Medienmoderne zu verstehen. Nun, da der Zenit der Medienmoderne bereits überschritten ist, bleibt jenseits ausgeblichener akademischer Theoriediskurse ein neues Problemverständnis zu entwickeln.

Der nachfolgende Text wechselt zwischen historischer Rekonstruktion und philosophischer Reflexion, was angebracht scheint angesichts der Forderung, die Medienmoderne abseits eines bestimmten theoretischen Kanons zu erschließen. Die Kultur der Medienmoderne organisiert sich zunehmend über medientechnische Schaltungen und sollte ein entsprechend mediologisches Denken entwickeln (wovon man übrigens PR-Fachleute, Medienberater, aber auch Designer und Künstler heutzutage nicht mehr groß überzeugen muss). Er sperrt sich gegen gewisse abstrakte Theoretisierungen, da die neuartige Verschränkung von Technik und Semiotik, von Schaltungen und Zeichenregimes immer auf einen kulturellen Gebrauch angewiesen bleibt, der ständig unerwartete und auch unvorhersehbare Prämierungen etwa in Jugend- und Subkulturen erzeugt. Er konnotiert zur Philosophie eine spezifische Medienästhetik, wobei Ästhetik nicht das Kunstschöne meint, sondern die sinnliche Affektion oder die Art und Weise, wie Menschen an der Welt teilhaben.

Medien, im pauschalen technischen Sinn des Wortes, und immer weniger persönliche Verhältnisse sind es, die unsere Lebenswelt gestalten und neue Formen von Identität begründen. Es geht in allen Bereichen um gelebte Praktiken, weniger um Theorien, und um den Gebrauch, nicht um einen bestimmten Begriff von Medien. Die seit drei Jahrzehnten bestehende Existenz eines neuartigen technologischen Verbundes von Infrastrukturen und Anwendungsformen wirft überhaupt die Frage auf, ob ‚Medium' als Universalbegriff der neueren Theoriebildung nicht überfrachtet ist und daher langsam zu verabschieden wäre.[9]

---

9   Darauf verweist auch das Konzept der ‚Infosphäre', vgl. Floridi (2015).

MEDIENSPHÄREN

Medien konstituieren die Wirklichkeiten, in denen wir leben. Der Plural ist bewusst gewählt, denn Kulturen erzeugen ihre je eigenen Welten. Die Art und Weise, wie sie das tun, ist historisch kontingent. In neuerer Zeit sind es die elektronischen Medien, die den globalen Kulturraum neu definieren. Wie zuvor schon der Druck und die vergleichsweise spät erfolgte Alphabetisierung beeinflussen Medien nicht nur die Ausdrucksformate einer Kultur. Ein zentrales medienphilosophisches Argument besteht darin, dass Medientechniken auch die Denkstrukturen der Menschen bestimmen, dass also *Techne* die *Episteme* weitgehend bedingt.[1]

Im kulturellen Entwicklungsprozess der europäischen Neuzeit und Moderne bildeten sich bestimmte Leitmedien heraus, wie Buch und Zeitung, Radio und Fernsehen, Internet und Social Media,[2] wobei der große Bruch zwischen schriftlich codierten und schriftlosen Medien (allen voran das Radio) erfolgte. Die audiovisuellen Massenmedien bestimmten das 20. Jahrhundert, sie lösten die Epoche des Drucks als Leitmedium weitgehend ab.[3] Nun aber stellen Digitaltechnologien neue Herausforderungen dar, die keinen Bereich der Lebens- und Arbeitswelt unberührt lassen. War die Ästhetik der Moderne zunächst geprägt von der Herausbildung einer Massenkultur, und damit einem neuen Wertekatalog der öffentlichen Meinung – die das zu hinterfragen und zu ersetzen begann, was Jahrhunderte lang die kirchlichen Autoritäten und feudalen Fürstenhöfe als festes Regelwerk des Lebens und Arbeitens bestimmt haben – , so strebt die postindustrielle Kultur in Richtung

---

1 Vgl. McLuhan 1962; Eisenstein 1997. Vor allem Ong (1982) argumentierte für die grundlegende Einflussnahme von der Kulturtechnik Schrift auf die menschliche Denkstruktur.
2 Wobei das Internet eigentlich kein Medium ist, sondern eine spezielle Technologie der *Interconnected Networks*, in der wiederum verschiedene Anwendungsformen hervorgebracht wurden, wie etwa das Web, vgl. dazu Cailleau (2000).
3 Neue elektronische Medien begründeten neuartige Formen der Oralität, vgl. Havelock (2007).

einer Kulturrevolution (Stichwort Erlebnisgesellschaft, Lustprinzip, Kreativitätsimperativ), die sich von den Werten der protestantischen Ethik distanziert und sich im Zeichen einer ästhetischen Ökonomie neu formiert.[4] Das gilt natürlich auch umgekehrt, denn wer es gelernt hat, unter Bedingungen der modernen Verkehrs- und Kommunikationstechnologien zu leben, wird die damit verbundene physische und geistige Bewegungsfreiheit als Bedingung der Möglichkeiten menschlicher Existenz nicht mehr missen wollen. Es ist kein Zufall, dass noch zu Beginn des 21. Jahrhunderts die diktatorisch ausgerichteten Regierungen mit einer Zensur in Presse und Medien operieren und nicht nur die persönliche Meinungsfreiheit einschränken, sondern neben der Reisefreiheit auch den Mediengebrauch (Zeitungen und Webseiten der politischen Opposition, Suchmaschinen, Social Media Plattformen).

Allseitiger Verkehr, unendliche Kommunikationen

‚Modern' bedeutet die Auflösung traditioneller Strukturen, wozu ganz wesentlich der medienkulturelle Erfahrungswandel beiträgt: Fotografie und Kino, Grammophon und Radio, Publizität, Telegraphie und die neue Mobilität durch die Eisenbahn- und Dampfschiffsreisen, nicht zu vergessen der Straßenbau quer durch Europa, ließen eine völlig neue Lebenswelt entstehen.[5] Eine berühmte Publikation jener Zeit der Neuorientierung erwähnt „die unendlich erleichterten Kommunikationen" der Bourgeoisie und bestaunt diese neuen Produktivkräfte, die bereits eine Ahnung davon geben, was wenig später als Globalisierung durchaus skeptisch diskutiert werden wird: „An die Stelle der alten lokalen und nationalen Selbstgenügsamkeit und Abgeschlossenheit tritt ein allseitiger Verkehr, eine allseitige Abhängigkeit der Nationen voneinander."[6]

---

4 Vgl. die These des schleichenden Zwangs, in allen Lebensbereichen den Imperativen der Unterhaltungsindustrie zu gehorchen und in soziokulturellen Praktiken einem Kreativitätsdispositiv zu entsprechen: Reckwitz (2012).

5 Vgl. Schivelbusch (2000). Zum Ausbau der Verkehrswege und dem Wandel des Reisens vgl. Gräf und Pröve (1997).

6 Karl Marx, Friedrich Engels: *Manifest der kommunistischen Partei*, London 1848, Kap. 1

Allseitiger Verkehr, unendliche Kommunikationen

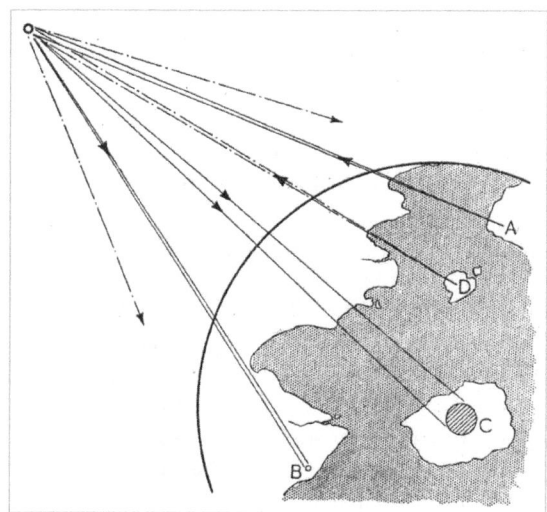

Abb. 2
Die Vision weltweiter, transnationaler Kommunikation aus dem Weltall
– Arthur C. Clarke: „Extra-Terrestrial Relays"
Quelle: Wireless World, October 1945: 306)

Neue Bedingungen der materiellen wie geistigen Produktion etablierten sich, neue Interessen abseits tradierter Verbindlichkeiten in praktisch jeder Art und Weise: neu definiert wurden Handelsbeziehungen, mehr oder weniger radikal auch die politischen Verhältnisse, sowie über viel Jahrzehnte hinweg die Lebenswelt der Menschen, in der sie mit neuartigen Angeboten jenseits des bürgerlichen Bildungsangebotes etwa von Theater, Oper und dem ‚guten Buch' konfrontiert wurden. Kino, Rundfunk, Schallplatten und Telefon (das Fernsehen kam sehr viel später hinzu) definierten neue Unterhaltungsformen, die über die berufliche Arbeit hinaus identitätsstiftend und systemstabilisierend wirkten.

Mit ihren Vorläufern im 19. Jahrhundert schon trat eine Kulturindustrie ans Licht, jene geölte Maschinerie der Einbildungskraft, die weit über irgendwelche Grundbedürfnisse und Repräsentationszwänge hinaus Welten des warenästhetischen Begehrens schuf. Gerade die neuen, entgrenzten Medienwelten gingen eine effiziente Symbiose mit der kapitalistischen Wohlstands-Ökonomie ein, indem sie Bedürfnisse nicht befriedigten, sondern einer besinnungslos konsumistischen Wertschöpfungskette unterwarfen. Es bahnte sich ein Eigensinn der Propaganda- und Medienereignisse an, der im 20. Jahrhundert zur Entfaltung kam: Eventkultur,

Sportsensationen, Politik- und Society-Betriebsamkeit als Grundlage und Motivation von hoher symbolischer Produktivkraft.[7]

Die Nervosität der Moderne

Spezifisch modern, so sahen es die Zeitgenossen, wuchs zugleich die Empfindung einer Entfremdung und Entsinnlichung etwa in den durch das Maschinenwesen und die Industrialisierung bestimmten Arbeitsverhältnissen sowie eine gewissen Nervosität der Moderne, vielleicht auch als Effekt einer neuartigen „soziologischen Ästhetik", die sich, wie einst Georg Simmel bemerkte, als Weltanschauung in einer Fülle neuer symbolischer Erscheinungen, in bislang ungewohnten Kultur- und Medienverhältnissen ausdrückte.[8] Noch ist es nicht die Massenkultur des 20. Jahrhunderts, doch deutlich zeichneten sich bereits neue Gesellschaftsverhältnisse ab, mit einer entindividualisierten „Massenpsychologie", die zum Thema besorgter wissenschaftlicher Erörterungen wurde.[9]

Die ersten Soziologen registrieren im Lichte der geänderten Verhältnisse den Verlust von traditioneller Gemeinschaft,[10] in der die sozialen Bindungen noch wie organisch gewachsen und auch entsprechend verwurzelt schienen. Neu und ungewohnt war die Nervosität urbaner Lebensvollzüge und Ereignisse des öffentlichen Raumes, festgehalten in zahlreichen literarischen Zeugnissen, wie auch die Abstraktheit der Industrieproduktion, der hegemonialen kolonialen Bestrebungen und der neuen weltweiten Märkte, einschließlich der Auswanderungsbewegung von Europa in die ‚neue Welt'. Mit ungeheurem technischen Aufwand wurden die Kontinente telegraphisch verkabelt, Technologie und Geopolitik gingen eine neuartige Verbindung ein: nicht Verständigungsbedarf, sondern wirtschaftliches

---

7   Medienereignisse definieren sich dadurch, dass die mediale Berichterstattung Teil ihres meist auch strategisch eingeplanten Vorkommens ist. In einer präzisen Definition wären dies dann Ereignisse, die ohne ihre mediale Präsentierung gar nicht stattgefunden hätten, dennoch aber eine konkrete Rückwirkung auf die Lebenswelt haben. Ein berühmtes Beispiel ist die Inszenierung vom „Krieg der Welten", eine fiktive Radio-Reportage über die Landung von Außerirdischen von Orson Welles 1938. Jedes Geschehen, dessen Wirkung durch mediale Kolportage erst erzeugt, oder aber verstärkt und in andere Bedeutungsebenen übersetzt wird, ist im weiteren Sinn ein Medienereignis.
8   Georg Simmel: „Soziologische Ästhetik" (1896), in: Reckwitz et al. Hrsg. (2015): 63-78.
9   Gustave Le Bon: *Psychologie der Massen (Psychologie des foules)*, 1895.
10 Vgl. Ferdinand Tönnies: *Gemeinschaft und Gesellschaft. Abhandlung des Communismus und des Socialismus als Empirischer Culturformen*, Leipzig 1887.

Profitstreben und politischer Machterhalt setzten das moderne vernetzte Kommunikationssystem auf der Grundlage von beherrschbar gemachter Elektrizität durch.[11] Wo und wann die Medienmoderne genau einsetzt, ist schwer zu bestimmen. War es das Jahr 1839, als Daguerre in Paris das Verfahren der erst später so genannten Fotografie vorstellte? 1837, als Charles Babbage mit der *Analytical Engine* eine programmierbare Rechenmaschine zu bauen begann, Vorläufer des Computers? Oder erst das Jahr 1866, dem Zeitpunkt der regulären Inbetriebnahme des transatlantischen Telegraphenkabels? 1867, als darauf basierend an der New York Stock Exchange der Börsenticker in Betrieb genommen wurde, mit Kursinformationen und Nachrichten aus aller Welt in Echtzeit? Etwa bereits 1814, als die Londoner Times erstmals mit der dampfbetriebenen Schnelldruckpresse des Thüringer Buchdruckers Friedrich Koenig gedruckt wurde und damit eine neue Ära der auflagenorientierten Tageszeitungen einläutete?

Ein neues Sozialgefüge

Alle diese Daten, und viele weitere ließen sich finden, sind relativ. Das 19. Jahrhundert war eine Zeit voller medientechnischer Innovationen, sowohl im Bereich der Technik wie in der Reorganisation der von Handwerksverhältnissen abgelösten, abstrakten Arbeit in den Fabriken und eines zunehmend gesetzlich geregelten Lebensstils, wie mit der allgemeinen Schulpflicht. Ein Übriges tat die Erschließung neuer Berufsfelder auf neuen Märkten, betrieben von neuartigen Kapitalgesellschaften, abgegrenzt von der traditionellen Subsistenzwirtschaft der bäuerlichen Landarbeit und feudalrechtlich geordneter Gutsbewirtschaftung. Die Landflucht wurde befördert durch neue Beschäftigungsmöglichkeiten in der Stadt, die gerade auch für Frauen Optionen boten, besonders im Bereich der Dienstleistung in den Ämtern der Telegraphie- und Telefonvermittlung sowie der allgemeinen Büroarbeit. Gefragt waren neuartige mathematisch-statistische Dienstleistungen, vor allem in Bereichen des *Computing*, einem Berufszweig der statistischen Berechnungen, u.a. der Lohnverrechnung und Erhebungen aus fiskalischen und militärischen Gründen.[12] Das Zeitalter der Statistik war angebrochen, nicht zufällig kam schon

---

11 Vgl. Hugill (1999). Hier der Verweis darauf, dass das ehemalige britische Weltreich in wesentlichen Aspekten auf der Kontrolle der Kommunikation beruhte; um 1900 befand sich fast das gesamte globale Telegraphennetz (Seekabel) unter britischer Kontrolle.

12 Zum Beruf vgl. Grier (2005), zum 19. Jahrhundert als Gründerepoche der modernen Statistik als Instrument gesellschaftlicher Selbstbeobachtung vgl. Osterhammel (2011):

1889 die Hollerith-Maschine als Prototyp der maschinellen Datenverarbeitung (mit Lochkarten) nach erfolgreichem Einsatz bei der amerikanischen Volkszählung zu entsprechender Ehre: die Goldmedaille der Pariser Weltausstellung.[13]

Abb. 3 Die Buchungs- oder Tabelliermaschine von Herman Hollerith läutete ab 1890 eine neue Ära der maschinellen Datenverarbeitung ein. Sie wurde in den USA zur Volkszählung eingesetzt. Aus Holleriths Unternehmen entstand die seit 1924 so genannte IBM – International Business Machines Corporation.
Quelle: www.ibm.com

Es war zugleich die Zeit der europäischen Massenalphabetisierung. Während die Lektüre von Druckwerken über die Zeiten hinweg zu einer regelrechten Passion der Bildungsbürger geworden war,[14] setzte nun eine Phase der Popularisierung ein, und zwar mit Druckwerken, die sich zunehmend und mit hoher Resonanz in der Öffentlichkeit mit sozialen Befindlichkeiten und Missständen beschäftigten.[15] Die über Boulevardzeitungen in mehreren Tagesauflagen verbreiteten Nachrichten wurden zu einem neuen Geschäftsmodell.

57-62.
13 Zur Geschichte und Automatisierung der Datenverarbeitung vgl. Ceruzzi (2003).
14 Vgl. Chartier (1990).
15 Ein Beispiel für diese Art der frühen Sozialreportage ist die mit dem Journalisten William Blanchard Jerrold verfasste, von Gustave Doré illustrierte Publikation: *London. A Pilgrimage*, 1872.

Der Journalismus avancierte zum zentralen Berufsfeld der Medienmoderne und brachte einen neuen sozialen Typus hervor: Personen des Pressewesens als Kontrollinstanzen der Macht, die das Handeln politischer und wirtschaftlicher Akteure kritisch zu hinterfragen begannen. Die Presse institutionalisierte sich mit ihrer meinungsbildenden Kraft als *fourth estate*, als vierte Gewalt im Staat.[16] Das Auf und Ab der Pressefreiheit begleitet den Diskurs der Medienmoderne bis heute; journalistische Berichterstattung ist vom Konzept der Öffentlichkeit nicht wegzudenken, bleibt jedoch bis zur gegenwärtigen Situation eine immer wieder prekäre Angelegenheit.

,Kommunikation' erlangte gegen Ende des 19. Jahrhunderts eine völlig neue Bedeutung. Philosophen hatten die abstrakte Frage nach der ,Erkenntnis' und ihren ästhetischen und logischen Kategorien gestellt, aber Sprachforscher wie Wilhelm von Humboldt fragten bald schon danach, wie sich das genau beobachten lässt, wenn Menschen ihre Verständigungsverhältnisse gestalten, ohne jemals wirklich feste Kategorien auszubilden.[17] Wer sich nur ein wenig zwischen den Welten, zwischen den Kulturen bewegt, was heute leichter fällt als jemals in der Geschichte zuvor, wird schnell davon überzeugt dass Sprachforscher wesentlichere Einblicke in Existenzfragen lieferten als die Philosophen: während diese sich um Erklärungen bemühten, investieren jene ihre Energie lieber in neue Formen der Beschreibungen.[18]

Medienraum, Medienzeit

Man forschte in jenen Jahrzehnten des 19. Jahrhunderts, die auf die Ära der Aufklärung und der Revolutionen folgten, gern nach den Urformen, aus denen sich alles entwickelt haben soll (so etwa noch das Selbstverständnis von Goethe als Naturwissenschaftler). Man suchte nach neuen Erkenntnissen jenseits biblischer ,Wahrheiten' und fand mehr oder weniger zufällig die Überreste von Sauriern (die man zuvor als Fabelwesen deutete) und Knochen von Urmenschen (Neanderthaler,

---

16 Vgl. Osterhammel (2011): 65.
17 Wilhelm von Humboldt: *Über die Verschiedenheit des menschlichen Sprachbaus und ihren Einfluss auf die geistige Entwicklung des Menschengeschlechts*. Berlin 1836. Es findet sich darin die zentrale Aussage über die Mediatisiertheit der menschlichen Existenz, wenn Humboldt feststellt, der Mensch lebe mit seinen Gegenständen so, „wie die Sprache sie ihm zuführt", und jedes Volk begründe mit seiner Sprache eine eigene Welt – ebd., §9.
18 Dies spiegelt sich noch in den Reflexionen Ludwig Wittgensteins, der angesichts der philosophischen Banalitäten seiner Zeit entnervt forderte: „Alle Erklärung muss fort, und nur Beschreibung an ihre Stelle treten." – Wittgenstein (1984): 298f.

1856) sowie später dann deren künstlerischen Artefakte (Venus-Figurinen, Flöten, Speere und Höhlenbilder – Altamira 1868, bis Chauvet, 1994), auf die man sich zunächst keinen Reim machen konnte. Neu konzipiert wurde, was wir unter Natur und Kultur verstehen und unter der Geschichte der Menschheit.[19] Zugleich entstand die Idee ihrer letztlichen Einheit – eine moderne und zugleich ‚primitive' Idee, denn die christliche Tradition gefiel sich darin, den Menschen der Natur als deren Herrscher überzuordnen. Es entwickelte sich jetzt eine völlig neue Auffassung der Zeitepochen, von der 1837 so bezeichneten ‚Eiszeit' (Holozän, Pleistozän) bis hin zur heutigen Rede vom ‚Anthropozän', dem durch Technik und Medien bestimmten Zeitalter.

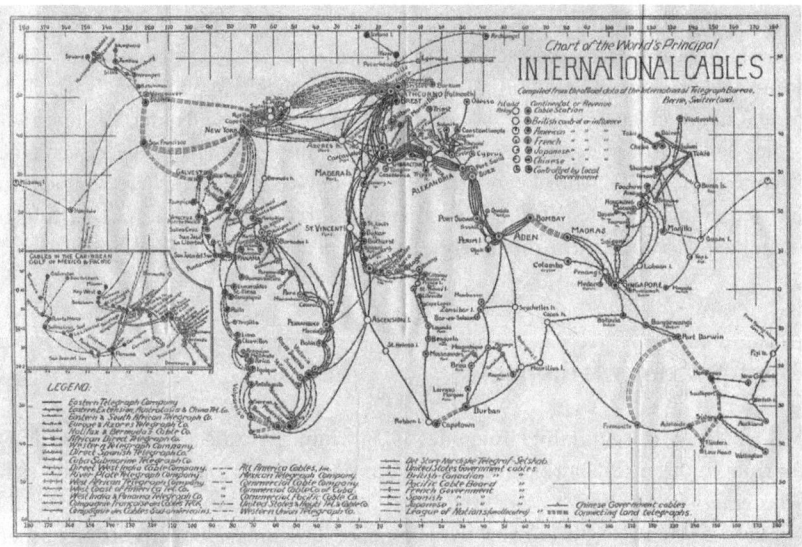

Abb. 4 Chart of the World's Principal International Cables, ca. 1924 – Interkontinentale Verkabelung Anfang des 20. Jahrhunderts. Die Verkabelung der Welt führte zu einem neuen Weltbild, in dem es kein wirkliches Zentrum mehr gibt und in dem die geologischen Grenzen verschwunden sind.
Quelle: http://atlantic-cable.com/Maps/1924SchreinerMap.jpg

---

19 Vgl. Johann Gottfried Herder: *Abhandlung über den Ursprung der Sprache*, Berlin 1772; ders.: *Ideen zur Philosophie der Geschichte der Menschheit*, Riga 1784-1791; Herders Schriften zweifeln nicht an der göttlichen Schöpfung, sind aber bereits geprägt von einer modernen, aufgeklärten Argumentation.

Der Forscherdrang führte dazu, dass neue Kräfte entdeckt und genutzt wurden, allen voran – in der Bedeutung für die Medienmoderne – die Elektrizität. In der Folge ist es dann kein Zufall, dass im Übergang zum 20. Jahrhundert Kommunikation einen neuen Stellenwert einnahm ('Völkerverständigung' etc.) und, zeitgleich mit der Verkabelung der Welt, die Idee einer neuartigen Form von Weltsprache propagiert wurde (eine Plansprache, die bekannteste aber bei weitem nicht einzige ist das Esperanto). Allseitiger Austausch war die Grundidee, auf der technischen Basis der Telegraphie wurden in den größeren Städten *Correspondenz-Bureaus* gegründet, die Vorläufer der Nachrichtenagenturen. 1865 wurde in Paris der Welt-Telegraphen-Vertrag ratifiziert, sowie der Morse-Code als internationaler Standard für Telekommunikation festgelegt.

'International' mag damals eine überaus abstrakte, vor allem aber auch innovative Vorstellung gewesen sein.[20] Mit den elektrischen Signalen und anderen technischen Normierungen tauchte die Idee der Grenzenlosigkeit auf. Dampfbetriebene Verkehrsmittel erleichterten den Verkehr, elektrische Telegraphenleitungen die grenzüberschreitende Kommunikation. Zeugen solche Bestrebungen nicht davon, dass hier zum einen das Bewusstsein entstand, dass Großräume der internationalen Kommunikation im Entstehen begriffen waren (das später von McLuhan so genannte *Global Village*), zum anderen die Notwendigkeit, internationale Codes einzurichten und damit medientechnische Standardisierungen durchzusetzen, weil die grenzüberschreitende Signaltechnik ganz einfach danach verlangte?[21]

'Kommunikation', so folgt daraus, ist eine ebenso abstrakte Vorstellung wie technisch konkrete Praxis der Medienmoderne. An dieser seltsamen Doppelung arbeitet sich die Medientheorie bis heute ab. Ab etwa 1850 entstand ein neuer Ausdrucksraum, die ästhetischen Grundkategorien Raum und Zeit verschoben sich grundlegend.[22] Nicht ohne Unbehagen formierte sich ein *Weltinnenraum*, der Produktionsformen ebenso umfasst – die Weltausstellungen, beginnend mit

---

20 Zur politischen Idee von Welt und 'Weltreichen' vgl. Morris (2012).
21 Der amerikanische Kunstmaler Samuel Morse entwickelte für seinen elektrischen Schreibtelegrafen einen spezifischen „Land Line Code", dessen binärer Punkt-Strich-Code in Europa übernommen wurde, als man die optischen Telegraphenlinien (Semaphoren) zu ersetzen begann. 1848 systematisierte Friedrich Clemens Gerke für die *Electro-magnetische Telegraphen-Compagnie* einen neuen Code, das Hamburger Alphabet, das er dann nach Morse benannte, um den Pionier zu ehren. 1852 vom Deutsch-Österreichischen Telegraphenverein und 1865 in Paris durch den ersten internationalen Telegraphenvertrag als allgemeiner Standard definiert, blieb dieser Telegraphie-Standardcode als „Morse-Code" bis gegen Ende des 20. Jahrhunderts in Gebrauch – vgl. Hartmann (2006): 50f.
22 Vgl. Großklaus (1995).

London 1851 – wie ästhetische Orientierung einer Weltliteratur, einer Weltmusik, eines Weltwissens oder eines gemeinsamen kulturellen Erbes.[23] Mit der Industrialisierung des Druckwesen zeichnete sich bereits eine neue Mediensphäre ab, die der Massenmedien. Mit diesen traten immer mehr Elemente auf, die deutlich werden ließen, dass die kulturelle Reproduktion sich vom exklusiven Paradigma der Schriftlichkeit zunehmend ablöste.

Ins Jenseits der Schrift

Radio, Kino und Fernsehen stehen für diesen Erfahrungswandel. Zunächst das Radio, dann das Fernsehen wurden zum alltäglichen Begleitmedium, vor allem in den USA, von wo aus auch 1962 der erste funktionierende Kommunikationssatellit *Telstar* in die Erdumlaufbahn geschossen wurde (*Sputnik* war schon früher im All, jedoch bis auf ein Radiosignal ganz funktionslos).[24] Dieses Ereignis fiel in die erste Amtszeit der Präsidentschaft John F. Kennedys, dessen Rede in einer ersten transatlantischen Satellitenübertragung zwischen Nordamerika und Europa live im Fernsehen gesendet wurde. Auch in anderer Hinsicht war das Fernsehen bedeutsam für Kennedy. Im Wahlkampf zur Präsidentschaft 1960 kam es zum ersten politischen Fernsehduell in der Geschichte des Mediums, das wahlentscheidend werden sollte. Der spätere Präsident der USA konnte das Medium zu seinen Gunsten nutzen, weil er souveräner auftrat als sein damaliger Konkurrent, Richard Nixon, der sich in seinem Erscheinen den neuen Gesetzlichkeiten des visuellen Mediums verweigerte und dem entsprechend keine gute Figur machte.

Seither wurde Politik mit Fernsehbildern gemacht. Fernsehdebatten sind ein fester Bestandteil der politischen Kultur geworden. Auf diesen Umstand, dass das Fernsehen als Debattiermedium eine neue Rolle eingenommen und die Politik fest in den Griff genommen hat, hat McLuhan wiederholt hingewiesen.[25] Er betonte auch gern, dass es sich um ein neues *mythisches* Format handele, das dem Zeitalter der globalen elektronischen Information entspricht. Wie zuvor schon das Radio,

---

23   Die Formulierung „Weltinnenraum" geht auf Rainer Maria Rilke zurück und wurde von Peter Sloterdijk (2005) als Entstehung des Weltsystems bzw. der globalen Synchronwelt rekonstruiert, wobei er auch deutlich macht, dass dieser kapitalistische Weltinnenraum ein westliches *Komfortgebilde* ist, wie er es nennt, das natürlich bei weitem nicht alle Menschen und Kulturen inkludiert.

24   Vgl. Frank Hartmann: „Sputnik und die Globalisierung des Weltbildes", in: Polianski und Schwartz Hrsg. (2009): 160-177.

25   „The TV as a Debating Medium" , vgl. in McLuhan (2003): 257-263.

ist es ein schriftloses Medium, dessen Formate mittlerweile weltweit Durchsetzung fanden. Es geht beim Fernsehen um mehr als um den Apparat, der in einer Ecke des Wohnzimmers steht, um vom souveränen Bildungsbürger ignoriert zu werden. Ein philosophischer Topos des 20. Jahrhunderts, das von Martin Heidegger so genannte In-der-Welt-sein, hat sich grundlegend geändert. Es entstand ein neues Interface zu den Wirklichkeiten, in denen wir leben. Bislang dominierte hier das Gedruckte. Schon die Fotografie bot neue Zugänge, dann die schriftlosen Medien Kino, Radio und Fernsehen, die eine zunehmende Distanz zum Wissen der Bücher und dem Motiv der Lesbarkeit von Welt ausdrücken.

Nun wurde die kulturelle Bedeutung der Schrift medienphilosophisch untersucht: in den 1960er Jahren erschien nicht nur *Understanding Media* von McLuhan, sondern etwa auch die *Grammatologie* von Jacques Derrida, ein melancholisches philosophisches Plädoyer für die Aufwertung der Schrift gegenüber dem gesprochenen Wort, oder *Preface to Plato* von Eric A. Havelock, jener großen Studie, mit der die Theorie von der Oralität des vorsokratischen Denkens im Raum stand. Bei solchen Beiträgen handelte es sich um intellektuelle Irritationen, die in einem mehr oder weniger direkten Verhältnis zum Medienwandel in jenen Jahren standen. Die akademische Welt begann sich jedenfalls dafür zu interessieren, was dieser Veränderungsprozess bedeuten würde und wie es in einer Ära *vor* der Schrift um Bewusstsein und symbolische Bedeutungsproduktion ausgesehen haben mag. Lebt und denkt eine mündlich geprägte Kultur anders als eine schriftliche?

Oralität und Literalität

Die Entdeckung des Übergangs von einer oralen zu einer schriftlich geprägten Kultur in der Antike war also von entscheidender Wichtigkeit für die Medientheorie. In *Understandig Media* zeigte McLuhan auf, dass das geschriebene Wort, die Visualisierung von Lauten im phonetischen Alphabet, keine Selbstverständlichkeit in der Geschichte der Menschheit darstellt und durch neue (schriftlose) Medien wie Fotografie, Radio und Fernsehen sowie Computer entsprechend in Frage gestellt wird. Erst Menschen der Schriftkultur bezeichneten sich als zivilisiert. Dabei opferte die Codierung in dieser medialen Form des Aufschreibens ganze Welten von Bedeutungs- und Wahrnehmungsinhalten. Die Erkenntnis, dass eine Kulturtechnik wie die Schrift nicht nur bereichernd ist, sondern auch eine „abstrakte Askese" bedeutet, war damals neu und irritierend. Doch McLuhans Analyse hat sich keineswegs als spekulativ erwiesen. Mehrere Forscher seiner Zeit waren damit befasst, die Dimensionen des kulturellen Übergangs auszuloten, die mit einem Medienwandel einhergehen.

Es war vor allem die Studien von Eric Havelock, einem Philologen der renommierten Universität Yale, die mit dieser Frage eine neue Perspektive auf die griechische Klassik legte und spektakuläre Ansichten zum Thema Schrift und ihrer Geschichtlichkeit verbreitete.[26] Nicht eigentlich Schrift, sondern der spezifische Wechsel zu einem phonetischen Schriftsystem bei den Griechen sei die weitreichendste Auswirkung für das westliche Denken gewesen. Die Schrift als Speichermedium veränderte das mündliche Erzählen, dessen Spur des strukturierten Memorierens sich bei Homers Epen noch nachempfinden lässt. Die Alphabetschrift erzeugt ein neues abstraktes Narrativ und sie disziplinierte vor allem den Geist, Havelock spricht von der *Geburt der Philosophie aus dem Geiste der Schrift*. Dabei ging es nicht einfach nur um die Verwendung eines Schriftsystems, wie der Mythos von der ‚Erfindung' der Schrift nahelegt, sondern ganz spezifisch um das westliche phonetische Alphabet, mit dem in sehr wenigen Buchstaben sich alles Sagbare ausdrücken lässt.

Damit setzte eine Geschichte einer Schriftkultur an, die von Philosophen gern als rein geistesgeschichtliches Ereignis gesehen wird – als eine reine Ideengeschichte des Abendlandes,[27] was aber leider nicht zutrifft. Vermutlich spielte sehr viel mehr Pragmatik und Kulturtechnik mit in diesem Prozess. Der *Okzidentale Rationalismus* (ein Begriff von Max Weber) beruhte mit seinem System der Buchhaltung auf Schrift, und das Druckwesen sorgte für die Vereinheitlichung der wissenschaftlichen Disziplinen.[28] Aber noch grundlegender sind das Denken und auch Ideen, ja sogar die Logik selbst medienabhängige Phänomene, und zwar mehr als die Philosophen jemals zugestehen würden: Denken ist von der jeweiligen Kulturtechnik abhängig. Es gibt kein Wissen, wenn es nicht kommuniziert werden kann. Es existiert immer in Abhängigkeit von den Medien, von den Ausdrucks-, Übertragungs- und Speicherformaten, die unsere Weltsicht bedingen. Deshalb sind Medienrevolutionen, so die These Havelocks, immer auch Sinnrevolutionen, denn sie modellieren die kulturelle Wirklichkeit und die Vorstellungen, die in ihr möglich sind. Die Menschheitsgeschichte ist keine Geistesgeschichte, wie Hegel meinte, sondern eine Geschichte der Instrumente, der Medien und der Kulturtechniken. Nicht die

---

26 Eric Havelock: *Preface To Plato. A History of the Greek Mind* erschien 1963, *The Literate Revolution in Greece and Its Cultural Consequences* 1982 – vgl. zu einer späteren Synopsis seiner Thesen Havelock (2007).

27 G.W.F. Hegel: *Enzyklopädie der philosophischen Wissenschaften im Grundrisse*, Heidelberg 1817

28 Vgl. Eisenstein (1997).

Dichter, die Philosophen oder die gebildete Oberschicht haben sie vorangetrieben, denn deren Bildung erfolgte laut Quellenlage hauptsächlich mündlich (in Ritualen des Rezitierens und im Auswendiglernen), sondern Handwerker und Kaufleute, denen Schrift zu ganz pragmatischen Zwecken der Abrechnung diente.[29] Es ist eine aus solchen Erkenntnissen abgeleitete, medienphilosophisch zentrale Annahme, dass Technik das Denken beeinflusst und nicht umgekehrt, dass irgend ein *Geist* die Technik hervorbrächte.[30]

Geschichte als schriftliches Ereignis

Mit dem Schreiben als *chronologischer* Aufzeichnung beginnt das, was wir die *Geschichte* nennen. Das ist nichts anderes als das Festhalten von Ereignissen in zeitlicher Abfolge, es bedeutet aber auch die Konstruktion von Bedeutungen. Niemand würde sich heute mehr für die verwirrenden Streitigkeiten einiger griechischer Stämme interessieren, hätte Thukydides sie nicht als *Geschichte des Peloponnesischen Kriegs* aufgeschrieben. Er hat bewusst geschrieben, weil er es Herodot gleich tun wollte, dem antiken griechischen Geschichtsschreiber. Wie schon Homer, so steckte Herodot noch tief in der oralen Tradition. Thukydides nannte ihn einen *Logographen*, was so viel wie ‚Aufschreiber' bedeutet. Aufgeschrieben hat er Geschichte, „wie er sie hörte".[31]

Mit diesem Aufschreiben wurde die Tradition bewusst reflektiert. Diese Reflexivität sollte dann ein Jahrhundert später in Platons Philosophie, die auch nur aufschrieb, was Sokrates dialogisch erörtert hat, ganz offensichtlich hervortreten. Es ist auch sehr wahrscheinlich, dass Herodot noch vom mündlichen Vortrag oder Vorlesungen lebte, wozu ihm in sich geschlossene Abschnitte dienten, die sogenannten *Logoi*: Erzählungen über Völker und Städte, Ereignisse und große Männer. Der *Logos* bzw. die philosophische *Logik* schlechthin wurzelt also in der geschlossenen Erzählung, die nicht etwa ‚wahr' oder ‚richtig' wäre, sondern lediglich

---

29 Vgl. Havelock (1990): 81.

30 Wie das kunstvolle Fertigen von Gegenständen im Handwerk selbst dem abstrakten Wissen der Geometrie als Leitdisziplin abendländischer Welterkenntnis voranging, dieses vergessene Sinnfundament des philosophischen ‚Denkens' und der ‚reinen Theorie' rekonstruiert die Studie von Peter Janich (2015).

31 Vgl. Will (2015): 72 und 237ff – Wolfgang Will zeigt auf, wie stark ein „imaginäres Hellas" von den wenigen Schriften abhing, die das antike Griechenland als zentralen Mythos europäischer Geistesgeschichte erst schufen.

für sich stehend einen Sinn hat. So entwickelten sich Bedeutungsstrukturen und im weiteren Sinn die „Disziplinierung des Denkens".[32]

Mit dem Übergang zur Schrift änderte sich die Mediensphäre, vor allem die sinnliche Strukturierung von Form und Inhalt, die nicht mehr allein durch den Sprecher vermittelt wurde. Der britische Anthropologe Jack Goody argumentierte pointiert in diese Richtung. In vergleichenden Studien unterschiedlicher Kulturen widmete er sich dem Phänomen der Alphabetisierung und kam zu dem Schluss, dass Schrift Effekte zeitigt, die mit dem Empfinden von Geschichte (dem Unterschied von Vergangenheit und Gegenwart) ebenso zu tun haben wie mit der Idee kultureller Überlieferung. In manchen Schriftkulturen wurde allerdings vergessen, dass nicht Schrift und Literatur, sondern Musik und Gesang das kulturelle Gedächtnis begründen (auch bei Homer wurden ‚Gesänge' vorgetragen, nicht Schriften rezitiert). Mit der Schrift begann die Vorstellung von Geschichte als eines chronologischen Ablaufs von Ereignissen, was wiederum das Denken der Individuen prägte. Man unterscheidet deren Literalität von der Oralität etwa der Stammeskulturen, womit die Technologisierung des Wortes und die Mechanisierung des Schreibens einherging.[33]

Mechanisierung der Schrift

Das Schriftprinzip erlebte in der Neuzeit eine immense Verstärkung durch die Technik des Buchdrucks. Sie begründet einen starken Zusammenhang mit der neuzeitlichen Rationalität und der modernen Wissenschaft. So flossen ab dem 15. Jahrhundert die handschriftlichen Quellen, die Dokumente, Karten und Chronologien in den Buchdruck ein und es bildete sich durch Kritik und Korrekturen ein einheitliches Anordnungssystem, ein „allen Gelehrten gemeinsamer, feststehender räumlich-zeitlicher Bezugsrahmen."[34] Die Arbeit der Gelehrten veränderte sich durch diesen Bezugsrahmen, den die Technologie der Druckerpresse geschaffen hatte.

McLuhan sollte das dann die *Gutenberg-Galaxis* nennen, und mit Bezugnahme auf Ernst Cassirers Auslotung des Mythos-Begriffs vom Aspekt eines nicht-alphabetischen menschlichen Bewusstseins unterscheiden. Er sprach denn auch gern von einem *Africa within* (Joseph Conrad), um der Dominanz logischer

---

32 Vgl. Assmann (1992): 259ff.
33 *Literacy in Traditional Society* erschien 1968, vgl. deutschsprachige Auszüge davon in Goody et al. (1997). *Orality and Literacy* als medientheoretisches Schema etablierte die Publikation von Ong (1982).
34 Eisenstein (1997): 108.

Kategorien und der rationalen Sprache, die der Druckkultur geschuldet ist, eine der mehrdimensionalen Resonanz entgegenzusetzen. Viele Anthropologen seiner Zeit erforschten weltweit die oral geprägten Stammeskulturen, in denen man eine Vielschichtigkeit an Erfahrungsformen vermutete, die in der Moderne verloren gingen. In gewisser Weise, so die Vermutung McLuhans, wäre die Ausbreitung elektronischer Technologien eine Rückkehr zu jener Vielschichtigkeit, was auch die Vermittlung akustischer und visueller Information begünstige, die in Texten nicht gespeichert werden kann.

Abb. 5
‚Betchuanaland', Foto von Nat Farbman, 1947. Dieses Bild fand Verwendung in den Schriften McLuhans, dessen These war, Radio und Fernsehen würden die Menschheit wieder in den Zustand einer oralen Stammeskultur im ‚Global Village' überführen.

Quelle: Edward Steichen, The Family of Man, Museum of Modern Art, New York 1955: 120

Dass hier medientechnische und medienästhetische Aspekte zusammen gedacht werden, ist charakteristisch für den Ansatz McLuhans, der Medien als selbst geschaffene Umwelten definiert, die als solche gar nicht mehr wahrzunehmen sind. So ergab sich eine gewissermaßen typographische ‚Denkungsart' (ein Begriff von Kant), die sich ihrer Logik nach vom archaischen mythischen Denken unterscheidet. Danach kam die Fernsehgesellschaft. Das elektronische Zeitalter entspräche nun wieder mehr jener archaischen Form, da es nomadisch und weniger hierarchisch organisiert sei (was die Welt der Suchmaschinen zu bestätigen scheint). Schwer zu bestreiten ist die Tatsache, dass das Schriftgedächtnis der Bücher- und Bibliothekenwelt ganz anders strukturiert als jenes der mündlichen Überlieferung. Bei den Speicherformaten der neuen Medien ist noch keineswegs ausgemacht, wie diese sich kulturell auswirken werden.

Das Verschwinden der Schrift als kulturtechnischem Motor des Fortschritts und ihre Ersetzung durch Berechnung, Statistik und Algorithmen wird Effekte für das menschliche Denken zeitigen, die ähnlich radikal ausfallen werden wie jene zu Zeiten ihrer Einführung. Es gibt von der technischen Seite her gesehen deutliche Brüche mit dem Speicher- und Übertragungsmonopol der Schrift seit dem 19. Jahrhundert. Schrift gehört zur Kulturgeschichte der Menschheit, und doch ist eine Kultur ohne Schrift *auch eine Kultur*.[35]

Viel wurde spekuliert über die Anfänge der Schrift, aber wenig davon auf wirklich gesicherter Grundlage. Die Archäologie ist eine relativ junge Wissenschaft, und ihre Erkenntnisse ähneln immer noch oft dem sprichwörtlichen Betrunkenen, der bei Nacht seinen verlorenen Schlüssel im Lichtschein einer Straßenlaterne sucht, weil er ihn sonst ja nicht finden würde. So empfindet man das bei den Befunden, wonach die Schrift im vorderasiatischen, sogenannten *fruchtbaren Halbmond* (Mesopotamien, Assyrien) entstanden sein soll. Warum denn sollte Schrift ausgerechnet dort entstanden sein, wo Archäologen etwa 5000 Jahre alte Keilschriftzeichen auf Tontafeln entdeckten? Es gibt inzwischen viel ältere Nachweise logografischer Schriften in Europa, wie etwa die fast 7000 Jahre alte sogenannte Donauschrift.[36] Archaische Schriftsysteme sind viele Jahrtausende alt, wann also war die Zeit vor der Schrift? Meist wird der Zeitpunkt danach bestimmt, wann die phonetische Schrift, das europäische Vokalalphabet, sich durchgesetzt hat; dies war vor grob gesagt dreitausend Jahren in den phönizischen Handelskontoren des Mittelmeerraums.

Vom Bild zur Schrift?

Die Frage nach der Schrift bleibt philosophisch insofern unbefriedigend, da Menschen nicht nur schreiben, um ihre Sprachlaute und damit ihr Denken aufzu-

---

35 Vgl. „Culture without Literacy", McLuhan (1953).

36 Vgl. Haarmann (2010) – Die sogenannte „Donauschrift" ist in ihrem Status wissenschaftlich umstritten, vielleicht auch weil sie nicht zum gelehrten Pathos passt, das den Ursprung der Schrift in exklusiven Zusammenhang mit assyrischen Tontäfelchen stellt. Schrift hat sicher nicht nur eine einzige geografische oder kulturelle Quelle. Das Zeichensystem der Donauschrift könnte im Zusammenhang mit Notationssystemen (Mythogrammen) stehen, die ihre Wurzeln im Neolithikum haben und auch in anderen Kulturen, bis hin in den pazifischen Raum, zu finden sind.

zeichnen. *Graphein* – Ritzen, Einschreiben ist eine Kulturtechnik, die weit in paläolithische Zeiten zurück reicht, und von 30.000 bis zu 50.000 und mehr Jahre zurückreichende Artefakte und Spuren auf Fels umfasst (,Höhlenmalerei' ist ein unzutreffender Ausdruck, prähistorische ,Kunst' ebenso). Ältere Zeiträume kann die Radiokarbonmethode ohnehin nicht mehr bestimmen. Zeichen verschwanden, die noch viel älter sein könnten und die auf organischen Materialien aufgebracht wurden, denn Gewebe gingen nicht in die Überlieferung ein. Auch rituelle Zeichen oder Mythogramme nicht, die temporär in den Sand gezeichnet wurden oder auf vergängliche Materialien. Tätowierungen und Narbenmuster auf Menschenhaut, die genau genommen auch zur Mediengeschichte der Schrift zählen, ebenfalls nicht. Eine kritische Theorie der Schrift macht ihren kultischen Ursprung deutlich, ihre rohe Quelle, die vermutlich dort liegt, wo es – wie im biblischen ,Kainszeichen' überliefert – um grundlegende Zugehörigkeiten, um Freund/Feind-Unterscheidungen und das archaische Menschenopfer ging: Einschnitte in die menschliche Haut, Stammesnarben und Tätowierungen.[37]

Auch wenn vermeintlich eingängige, in Wirklichkeit aber kaum ernstzunehmende Theorien dies unterstellen, ist es ein weit verbreiteter Irrglaube, aber keine wissenschaftlich belastbare Annahme, dass die Schrift sich aus den Bildern entwickelt haben soll.[38] Diese Annahme geht darauf zurück, dass Bildlichkeit in frühen Notationssystemen eine große Rolle gespielt haben soll. Das muss nicht zwingend der Fall gewesen sein. Menschen im Paläolithikum haben eine Zeichenwelt von hohem Abstraktionsgrad hinterlassen.[39] Die simplifizierende Formel „Vom Bild zur Schrift" (Vilém Flusser) ist insofern unglaubwürdig, da die uns überlieferten Bilder in all ihrer phänomenologischen Kontingenz für alles Mögliche stehen mögen, nur nicht als eindeutige Zeugen einer kulturellen Evolution taugen, die vom Bild zur Schrift, von konkreten Zeichen zu den abstrakten führen sollen. Die prähistorischen Bilder stehen in einem kulturellen Bedeutungsrahmen, der sich uns längst nicht mehr erschließt. Mit ziemlicher Sicherheit dienten die Höhlenbilder der Etablierung und Absicherung kultureller Traditionen. Sie standen sicher nicht ,für sich', sondern im Zusammenhang mit schamanistischen Praktiken und ritueller akustischer Performanz. Wer die alten Bilder in den Höhlen auch noch so andachtsvolle Betrachtung widmet, wird letztlich ihrem kultischen Ursprung nicht gerecht.[40]

---

37 Vgl. Türcke (2005).
38 So behauptet die völlig spekulative, 1961 erschienene Studie von Alfred Kallir (2002).
39 Vgl. Raphael (2013).
40 Vgl. Parzinger (2014): 88; siehe dazu die Filmdokumentation aus den Höhlen von Chauvet, „Cave of Forgotten Dreams", Regie: Werner Herzog (2010).

Abb. 6
Seit jeher hinterlassen
Menschen Zeichen;
Handnegativ in der
Höhle von Pech-Merle in
Südfrankreich, ca. 35 000
Jahre alt
Quelle: www.scinexx.de,
gemeinfrei

Zusammenfassend gesagt: Schrift ist nicht gleich Bild, und auch nicht eine Folge des Einbildens, sondern eine Folge des Unterscheidens. Sie ist nicht allein Abbildung von Lauten, obwohl es solche Spuren gibt, sondern eine spezifische Form menschlicher Abstraktion. „Schrift ist ein System der menschlichen Kommunikation mittels sichtbarer konventionell gebrauchter Zeichen."[41]

Wie bereits angedeutet, lässt sich aber behaupten, dass Schrift ihren kultischen Ursprung am menschlichen Körper hatte und nicht in der Visualisierung von Lauten. Die exteriorisierende Funktion *Unterscheidungen treffen – Einritzung machen (graphein)* wurde profanisiert, um auf Zeichenträger wie Holz, Knochen und Stein übertragen zu werden. Auf einen Zeichenträger gebracht, entkörperlicht die Schrift das Wort, denn es kann sich nun in einem selbständigen Bedeutungsraum entfalten. Außerhalb eines Schriftsystems bleibt jede sprachliche Äußerung kontextgebunden, aber auch die performative Kraft des Rezitierens kann eine Kette der Überlieferung begründen. Wobei die Bedeutungen nur solange transportiert wird, wie diese Kette nicht abreißt oder eben, beispielsweise durch Aufschreiben, Übersetzung in ein anderes Medium erfährt.

---

41 Gelb (1952): 21. Der in Chicago lehrende Assyrologe Ignace Jay Gelb prägte (neben anderen Autoren) den Ausdruck ‚Grammatologie' für das Studium von Schriftsystemen. Er thematisierte skeptisch die Theorie von einer Monogenese der Schrift sowie der philosophischen Thesen, die in der ‚Erfindung' der Schrift den Beginn der menschlichen Kultur setzten.

Religion als Textereignis

Die Übertragung von Wissen erfolgte in antiken Kulturen durch den Dialog bzw. die Instruktion vom Meister an den Schüler, durch tradierte Mythen und Erzählungen, durch Rezitieren und Deklamieren bei Festen und Aufführungen. Immer trat dabei in der Gemeinschaft ein Prophet auf, ein Prediger, ein Meister, ein Gelehrter und mit ihnen die unmittelbare Instruktion, die Predigt, die Vorlesung. In der Hochhaltung des dialogischen Prinzips des Philosophierens in der griechischen Antike lebte noch der Abglanz dieser Form autoritativer Tradierung fort. Schrift löst Bedeutung vom Sprechen ab und überliefert sie unabhängig von den Beteiligten über Raum und Zeit hinweg. Nach Homer und Plato – wo sich uralte Spuren mündlicher Überlieferung finden – war eines der letzten Beispiele einer solchen Übertragung mündlicher Tradierung in das Medium der Schrift die Aufzeichnung der Kinder- und Hausmärchen, wie alte Frauen in Deutschland sie ihnen erzählt haben, durch Wilhelm und Jacob Grimm Anfang des 19. Jahrhunderts.

Waren das nun wirklich Dichter oder Autoren? Und was ist es nun genau, das mit der schriftlichen Fassung von Überlieferungen sich ändert? Warum bleibt es nicht einfach bei der mündlichen Auseinandersetzung und Erzählung? Eine Antwort auf diese Frage hat mit der Ausbreitung kultureller Ideologien zu tun (Buchreligionen wie Judentum, Christentum, Islam). Buchreligion bedeutet, dass der Glaube zum Textereignis wird. Das in Schriftzeichen „entkörperlichte Wort" ist denn auch der Ursprung von Transzendenz, von Sinn und Bedeutung ohne Sprecher und deren Zuhörer – die Entstehung eines wirkungsmächtigen religiösen „Schriftglaubens".[42] In Folge des Medienwandels entstanden nicht zufällig diese großen Buchreligionen, also Glaubensgemeinschaften, deren Zentrum jeweils eine „heilige Schrift" bildet: die Thora im Judentum, die Bibel im Christentum, der Koran im Islam.

Bezeichnender Weise wurde in all diesen Schriften ein striktes *Bilderverbot* ausgesprochen, welches alles Bildermachen und jede Bildverwendung verbietet, in Konsequenz dessen Schrift als die bessere (weil gottgefällige) Kulturtechnik über die des Bildes gestellt wurde.[43] Die spätere Wahrung von Bedeutung rekurriert immer wieder auf die Wahrheit und Authentizität von Schrift, wie auch deutlich wird in Luthers Reformationsprogramm (*sola scriptura fecit fide* – das Versprechen eines direkten Zugangs zu Gott durch die Bibellektüre). Schrift ist kein anthropologisches Phänomen, sondern ein historisches. Abgelegt in den ‚heiligen' Schriften

---

42 Gellner (1990): 80ff.
43 Das Bilderverbot ist auch eine Reaktion auf die Einführung des Bildkultes. Manche frühere Kulturen (Ägypter und auch Griechen) glaubten an die reale Gegenwart eines Gottes im Kultbild; vgl. Assmann (2003).

eröffneten die Schriftmedien neue Vorstellungsräume und Bedeutungswelten, ja sie provozierten eigene Interpretationskontexte, und werden letztlich als kulturelle Verfeinerung (das ‚gute Buch') bis heute kultisch verehrt. Ob Schrift dafür weiterhin gebraucht wird, steht völlig offen.

Schrift als kulturelles Speichermedium

Wie Platon berichtet hat, war Sokrates ein Meister im erwähnten Sinne, der wie seinerzeit üblich mit den Schülern dialogisierte, die Methode der schriftlichen Aufzeichnung von Gedanken jedoch strikt ablehnte. Bekanntlich schrieb Platon dies alles auf, nicht Sokrates selbst.[44] Für den war Schrift noch *der Seele fremde Zeichen*, die zwar auf Schriftrollen (Bücher) ausgelagert werden können, damit aber jede persönliche Erinnerung schwächten und letztlich dem menschlichen Gedächtnis und damit dem Verstand und auch der Kultur schaden würden. Kulturträger in der Antike waren im Memorieren geschulte Adelige. Sokrates verteidigte als geeignete Methode der Bildung das Auswendiglernen, und auch das Gespräch, welches der Gelehrte persönlich mit seinen Schülern führte. An das später so erfolgreiche Prinzip des Buchwissens glaubte er nicht.[45] Dass damit sich eine ganz neue Form des kollektiven Gedächtnisses, ein kultureller Medienspeicher verschrifteten Wissens sich aufbaute, konnte oder wollte der antike Philosoph nicht sehen. So etwas wie Fachkollegen gab es für ihn nicht. Er stand im Dialog mit Schülern, in einer direkten lebendigen Diskursgemeinschaft, wie sie damals unter Aristokraten gar nicht anders vorstellbar war.

Was Platon davon aufzeichnete, bedeutete die Verabschiedung einer Epoche der Oralität (die ‚Vorsokratiker'), die schon bald, mit dem Triumphzug der phonetischen Schrift und der schriftlichen Reproduktion, wie aus der Zeit gefallen schien. Einige Zeit später sollte ein anderer Philosoph in Athen in der Nähe der Akropolis das *Lykeion* errichten, ein zweckgerichtetes Bibliotheks- und Lehrgebäude: es war Aristoteles, der den Spitznamen „der Leser" trug, denn er besass angeblich eine für seine Zeit enorme Büchersammlung. Er hatte in Athen studiert, in Platons

---

44 Wie Platons Schriften selbst wiederum überliefert wurden, ist auch eine Besonderheit der Kulturgeschichte, siehe dazu die teils leider sehr oberflächliche Studie von Freely (2012).

45 Es sei mit Eisenstein (1997) nochmals darauf verwiesen, dass es nicht um die Qualität des Mediums ‚Buch' als solchem geht, sondern um die Funktion des Medienverbundes, also Druckerpresse, Papier, Verlage, Buchmessen, Akademien, Bibliotheken.

Akademie, und war Lehrer (d. h. Vorleser) naturphilosophischer Arbeiten in enzyklopädischem Ausmaß. Diese Schriften sammelten wohl das Wissen seiner Zeit, auch in Abschriften und Umschriften, und dienten der systematischen Kategorisierung der Gegenstandswelt nach antiken Vorstellungen. Ihn sich nur als Philosophen vorzustellen, als den edlen Griechen in Denkerpose, ist ein Ideal des 19. Jahrhunderts, eine Projektion des einst schon von Heinrich Heine sarkastisch bespöttelten deutschen Philhellenismus. Wie jeder Gelehrte seiner Zeit erfüllte Aristoteles auch eine Funktion als Archivar und Verwalter, als Lehrer und Wissensmanager, als der „blitzschnelle Organisator und Sammler, der in der Lage ist, eine riesige Datenmenge zu überblicken und zu verarbeiten."[46] Schrift setzte sich durch als eine Kulturtechnik des Registrierens, etwa von Abgaben und Steuerleistungen, oder gar der Aufzeichnung sportlicher Leistungen, eine Aufgabe, für die Aristoteles unter anderem in Delphi engagiert war, wie erst in jüngerer Zeit gefundene Inschriften anscheinend belegen. Aristoteles als Sportreporter, das ist schon mal ein neuer Ansatz für die Philosophiegeschichte.

Schrift und Schreiben hatten im Lauf der Geschichte immer unterschiedliche Funktionen. Der Einsatz von bildlichen wie schriftlichen Symbolen im Alltag und in spirituellen Praktiken reicht mindestens bis in die Jungsteinzeit zurück. Keineswegs ist es die Schrift allein, die den Sprung in die kulturelle Moderne ausmacht – gleichviel, wie alt diese bestimmt werden kann. Sie teilt diese Leistung mit anderen ebenso unscheinbaren wie überlebenswichtigen Gerätschaften, etwa der Nähnadel, mit den ersten Maschinen wie der Speerschleuder, und mit künstlerischen Artefakten wie der Knochenflöte.[47] Es kann so gesehen keinen direkten Anfang der Schrift geben. Weder wissen wir, welche archäologischen Überraschungen uns noch erwarten (und es wird sie sicherlich noch geben), noch dürfen wir so naiv sein, an eine lineare Entwicklung von Bildern zur Schrift, von den konkreten Symbolen zu den abstrakten Zeichen zu glauben. Es trifft nicht zu, wie manchmal angenommen wurde (etwa von Otto Neurath), dass es vor der abstrakten Alphabetschrift eine allgemein verständliche Bilderschrift gegeben habe. Die ägyptischen Hieroglyphen waren in ihrer Bedeutung keineswegs deckungsgleich mit dem, was in den Bildsymbolen zu sehen war.

---

46 Flashar (2013): 51.
47 „Der willentliche Einsatz von Symbolen in Sprache, Glaubenswelt und Alltag und die Fähigkeit zu musizieren, zu singen, zu erzählen und vorauszuplanen, gehören zu den wesentlichen Merkmalen des modernen Menschen. Im europäischen Jungpaläolithikum war all dies bereits vorhanden." Parzinger (2014): 62.

Der Vorteil der Buchstabenschrift lag darin, dass die Kodifizierung einer Kultur und ihrer Gesetze in einer flexibleren Art und Weise möglich wurde und unter anderem nicht mehr an mythische Orte gebunden war, sondern eine räumliche Verbreitung erlaubte. Das Gesetzbuch im Sinne einer Kodifikation religiöser oder politischer Regeln, der Rechte und Pflichten einer Gemeinschaft, synchronisiert die Werte und Normen einer Kultur. Somit erfüllt Schrift also eine eminent normative Funktion, was meist übersehen wird, wenn nur die diachronisierende hervorgehoben wird, also die Aufzeichnung denkwürdiger Ereignisse in Form der Geschichtsschreibung in Chroniken. Letztere gewannen seit der Antike mit Herodot und Thukydides an Bedeutung. Vor allem letzterer, kein Gelehrter sondern ein griechischer Goldminenbesitzer und Politiker, widmete sich sehr bewusst dem ‚Aufschreiben', auch im eigenen strategischen Interesse, Berühmtheit über die eigene Zeit hinaus zu erlangen.[48]

Schrift und das okzidentale Bewusstsein

Im Fall der christlichen Heilsgeschichte trat dann die ideologische Bedeutung von Schrift hervor. Es ist im weiteren keine genuine Leistung der Schrift, eine Organisation des sozialen Lebens zu leisten, sie erhöht aber deren Funktionalität.[49] Schrift ist auch in ihren besonderen Formen wie der phonetischen Schrift kein jäher historischer Einschnitt, der genau zu datieren wäre, und schon gar nicht auf die Lebenszeit philosophischer Protagonisten der griechischen Antike. Die über den gesamten Mittelmeerraum verbreiteten Handelskontore der Phönizier waren wohl die Grundlage für die Verbreitung des phönizischen Alphabets im europäischen und arabischen Raum, in Abgrenzung zu den Berbersprachen (der *Barbaren*) im nordafrikanischen Raum, aber auch zu noch viel älteren, weithin unbekannten Schriftformen aus dem Donauraum.[50] Die Frage ist hier, ob Zeichensystemen, Mythogrammen, Piktogrammen etc. ebenfalls Schriftstatus zuerkannt wird, und nicht nur der Alphabetschrift, die Konsonanten und später auch Vokale visualisiert hat. Wir denken bei Schrift meist nur an die Linearschrift, also an das auf Strichen oder Linien aufgebaute Zeicheninventar westlicher Zivilisationen, und weniger an

---

48 Vgl. Will (2015).
49 „Gesellschaften können auch ohne Schrift Ideen oder zumindest einzelne Sätze ‚einfrieren', und zwar durch rituelle Beschwörung, die bestimmte Muster bewahrt und ihnen dadurch normative Bedeutung verleiht." (Gellner 1999: 36).
50 Vgl. Haarmann (2010).

die sumerische Keilschrift bis hin zur Quipu, der südamerikanischen Knotenschrift, oder der Indus- und der Osterinselschrift, um nur einige Schriftarten zu nennen, deren Entzifferung der modernen Forschung doch einiges abverlangte.[51]

Die Opposition von „lebendig" (mündliche Rede) und „tot" (Buchstabenschrift) wird seit langer Zeit bemüht. Schrift, so befand schon Aristoteles, schafft „Weltdistanz", sie löst sich von der Lebendigkeit der gesprochenen Sprache ab.[52] Sie ist in dieser Reduktion eine okzidentale Macht, die mediale Möglichkeiten reduziert, und die Ausdrucksformen anderer Kulturen und anderer Zeiten immer systematisch abwertete: nonliterale Kulturen wurden als *primitiv* wahrgenommen. Mittlerweile wird so eine Haltung – die Schriftlichkeit als Durchsetzung des okzidentalen Bewusstseins befürwortet, wie noch Eric Havelock – als ethnozentristisch kritisiert. In den Schriften McLuhans hingegen blitzt immer wieder die Erkenntnis auf, dass die Medienevolution auch andere Aspekte bietet als nur die Kulturtechnik der Schrift, was gerade in den frühen 1960er Jahren zu erheblichen Irritationen geführt hat, da man das Buch noch als zentrale Instanz von Bildung und Gelehrsamkeit ansah.

Von medienphilosophischem Interesse ist nunmehr dreierlei, erstens der Wandel in der Funktion von Schrift im Sinne einer kulturellen *Literalität*, zweitens die Stufen ihrer Mechanisierung ab dem 15. Jahrhundert, als das Handwerk des Schriftsetzens mechanisiert wurde – was oft mit der *Erfindung des Buchdrucks* verwechselt wird – und drittens ihrer im 19. Jahrhundert folgenden Industrialisierung, als es zur Verbindung von Druckerpresse und Dampfmaschine sowie der Verwendung von Industriepapier kam. Es handelt sich dabei um spezifische Zäsuren in der Durchsetzung von Schriftlichkeit. Es war nun möglich, zwischen öffentlicher und nicht-öffentlicher Form zu unterscheiden, zwischen theatralischer Darbietung von Taten und Leistungen der Führer und Helden und dem privaten Lesen überlieferter Schriften in der Bibliothek als einem Instrument der Aneignung von individuellem Wissen.[53]

---

51 Vgl. Doblhofer (2008).
52 Vgl. „Einleitung", in Havelock (1990): 25.
53 So begleitete etwa Kallisthenes als eine Art Kriegsberichterstatter seinen Feldherren Alexander beim Feldzug gegen die Perser. Ruhm begründet sich, indem man ihn für alle Zeiten schriftlich niederlegt: „Seine Aufgabe war es, die Taten Alexanders literarisch zu verbreiten." Flashar (2013): 50 – Bibliotheken im heutigen Sinne übrigens sind eine Erfindung der bürgerlichen Gesellschaft, die sich seit dem 18. Jahrhundert mit Bildung und Wissen immer stärker von den Feudalverhältnissen emanzipiert hat. Die Bezeichnung Bibliothek gilt hier also im eingeschränkten Sinne, da Sammlungen von Schriftrollen in der Antike nur Tempelpriestern (Ägypten) und einer akademischen Elite (Griechenland) zur Verfügung stand. Aristoteles gehörte zu den ersten, der unter wissenschaftlicher Arbeit die Beschäftigung mit Schriften verstand (Vgl. ebd.: 54). Für

1454 Gutenberg Bibel

Abb. 7 Gutenberg Bibel Schriftfont von 1454. Gutenberg hat weder den Buchdruck ‚erfunden' noch druckte er, um die Menschen mit Büchern zu beglücken, die sie als Analphabeten ja gar nicht lesen konnten, sondern betätigte sich zur höheren Ehre Gottes und seines eigenen Geschäftes
Quelle: http://de.ffonts.net

Mit der Druckschrift in Zusammenhang stand die Disziplinierung der Sprache im Sinne der Vereinheitlichung durch den technischen Vorgang: nicht zufällig wird die gehobene Sprache auch *Schriftsprache* genannt. Die Druckerpresse bildet Sprache nicht nur ab, sondern transponiert sie in eine rationale Form der überregional einsetzbaren Schriftsprache, das Modell einer standardisierten Ausdrucksmodalität gerade im Europa der Neuzeit.[54]

Effekte des Buchdrucks

Dies befördert den kommunikativen Austausch von Menschen nicht mehr nur in konkreten, dialogischen Redesituationen, sondern in abstrakten, autonomen Diskursen wie Kritiken und den aufkommenden Rezensionen von Büchern. Auch das Lernen funktionierte von nun an anderes, nicht länger im Dialog zwischen Meister und Schüler oder in der Vorlesung aus dem Lehrbuch wie im Mittelalter, sondern zunehmend auf Grundlage der privaten Lektüre von Schriften und dem akademischen Verfassen und Zitieren von Texten. Damit entstand eine neue Schreib- und Lesekultur, die für eine Ausweitung der Gelehrtenrepublik sorgte, aber auch Kritik an den Lehrmeinungen beförderte: „Die Ära der Glossatoren und Kommentatoren ging zu Ende und eine neue Ära intensiver Querverweise zwischen einem Buch und dem nächsten begann. [...] Der Buchdruck förderte Formen kombinatorischer

---

andere Zentren schriftlicher Gelehrsamkeit, wie die 2013 von islamistischen Eiferern zerstörte Bibliothek von Timbuktu (Mali), die als Gedächtnis Afrikas galt, interessierte sich die europäische Wissenschaft nicht.

54 Vgl. Burke (2006).

Aktivität sowohl sozialer als auch intellektueller Natur. Er veränderte Beziehungen sowohl zwischen Gelehrten als auch zwischen Ideensystemen."[55] Die mündliche Form des Austausches wurde zurückgedrängt und es bildete sich ein gelehrtes Lesepublikum. Menschen wurden miteinander verbunden weil sie nun Zugriff auf identische Informationen hatten. „Mindestens ein Jahrhundert Buchdruck war nötig, bevor die aus den handschriftlichen Quellen übernommenen uneinheitlichen Karten und und verworrenen Chronologien gesichtet, bevor Daten überarbeitet und einheitlichere Anordnungssysteme entwickelt waren. Bis dahin existierte kein allen Gelehrten gemeinsamer, feststehender räumlich-zeitlicher Bezugsrahmen."[56]

Nahezu alles, was zum Buchdruck gesagt werden kann, unterliegt der Prämisse, dass diese Reproduktionstechnik mächtige Effekte im Fortschritt der modernen Naturwissenschaft und Technik hatte – aber nicht etwa, weil mehr Menschen Bücher lesen konnten, sondern, wie Elisabeth Eisenstein argumentiert, weil ein gemeinsamer Bezugsrahmen für die Gelehrsamkeit aufgebaut werden konnte. Lange Zeit blieb das gedruckte Buch wenigen alphabetisierten Spezialisten vorbehalten, denn die breite Masse erreichte es nicht. Alphabetisiert waren in Europa nur höher gestellte Beamte und Kleriker. Über 96 Prozent der Bevölkerung blieben Analphabeten, trotz der vielen gedruckten Bücher. Was meist übersehen wird ist die Tatsache, dass man die Kulturtechnik des Lesens und Schreibens nur in sehr geringem Umfang benötigte, um in einem Feudalsystem zu funktionieren.

Ihre Bedeutung fand die Technologie des Drucks vor allem für die Erzeugung eines gleichförmigen Kulturraums der Wissenschaft und Literatur sowie der weiteren Publizistik. Das begründete einen neuen Typus von Gemeinschaft, das Lesepublikum. Auch die europäischen Nationalsprachen werden mit der Druckkultur erst in der Neuzeit ‚erfunden', während das Latein langsam an Bedeutung verlor (an der Reformuniversität Halle unterrichtete Christian Wolff bereit 1713 in deutscher Sprache). „Es ist klar, daß eine Standardsprache der ökonomischen Logik des Druckgewerbes entsprach, das heißt der Notwendigkeit, identische Texte an eine größtmögliche Zahl von Leser zu verkaufen."[57] Es dauert seine Zeit, bis die typographischen Standardsprachen sich durchsetzten, und über Jahrhunderte wurde

---

55 Eisenstein (1997): 40, 42.
56 Eisenstein (1997): 108 – die Autorin bezieht sich hier auf die Epoche der Renaissance.
57 Burke (2006): 104 – Der Buchdruck ist allerdings eher Katalysator als Auslöser einer Veränderung in Richtung einer Standardisierung von Sprachen und einer Normierung von Rechtschreibung, darauf weist Burke deutlich hin. Auch Eisenstein (1997) nennt die Druckerpresse nicht als Ursache für den Wandel, sondern vielmehr einen „Agent of Change".

an mehreren Orten unterschiedlich gedruckt. „In Deutschland konkurrierten in der Zeit vor 1550 die ‚Druckersprachen' verschiedener Zentren wie etwa Augsburg, Frankfurt, Leipzig, Basel, Wittenberg miteinander."[58]

Schriftlichkeit und ‚Mediensphären'

Zur Einschätzung der Druckkultur als eigener Mediensphäre gehört die These ihrer kognitiven Auswirkungen, wobei problematischer Weise in manchen Fachpublikationen nicht differenziert wird zwischen Schrift und Alphabetisierung (nicht jede Schrift ist eine Alphabetschrift) bzw. zwischen Schriftlichkeit im Sinne von *Literacy* und Druckwesen/Typographie. McLuhan vertrat in seiner Theorie die These der Gegenabhängigkeit, der *Koevolution* von Medientechnik und Kognition. Ein Effekt der Gutenberg-Galaxis ist bei ihm wesentlich *the Making of Typographic Man*, die Fabrikation eines typographischen, linear denkenden Menschen, wie er es im Untertitel seines entsprechenden Werkes bezeichnete.[59] Es handelt sich um einen mehr oder weniger bewussten Prozess der Hervorbringung. Menschen, so seine These, begannen „nach Gutenberg" anders zu sprechen und zu denken als zuvor – wie schon zu Zeiten der Medienrevolution des phonetischen Alphabets.[60]

Schriftlichkeit verursacht nicht, aber sie beschleunigt wie ein Katalysator eine bestimmte Form kultureller Evolution. Die Wahrnehmungsfähigkeit des alphabetisierten Menschen ist eine andere als jene vor Erfindung der Schrift, was nicht immer positiv verstanden wurde, weil sie kognitive Fähigkeiten befördert, die zum Industriezeitalter passen. McLuhan hat im Schlusskapitel von *Understanding Media*, das dem Zeitalter elektronischer Technologien gewidmet ist, nicht ganz zu Unrecht prognostiziert, dass die Menschen wieder weniger Leser sein werden denn

---

58 Burke (2006): 106.
59 Vgl. McLuhan (1962) – McLuhan formulierte seine Medientheorie unter dem Eindruck von Radio und Fernsehen, was eine neue kulturelle Phase des Nach-Alphabetismus einläutete. Es ging ihm nicht, wie oft fälschlich assoziiert wird, um das Ende des Buches, sondern in einer Art politischer Phänomenologie (gerade als Auftragnehmer amerikanischer Behörden) um die an der Technologie ablesbare Neuordnung der kulturellen Reproduktion und der damit verbundenen Fragen einer neuen Pädagogik.
60 Nach der These von Ong (1982) entdeckte die Forschung, an der auch Ethnologen und Anthropologen beteiligt waren, damals „primary oral cultures" der Antike, während nun die Medienkultur *nach Gutenberg* in eine neue Phase eintritt, die der „secondary oral cultures".

„nomadische Informationssammler".[61] Ein generalistisches Denken würde dasjenige der Spezialisten ablösen, wie sie die Gelehrtenwelt der Buchkultur hervorgebracht hat. Vor allem die Schüler McLuhans spekulierten ausgiebig über Schrift und Druck als „Regulatoren des Denkens", über Sinnproduktion aus Medientechnik und Abstraktion durch Verwendung von Schrift.[62]

Medienphilosophisch ist damit die zentrale Frage benannt: ob sich abseits aller spekulativen Einzelheiten eine Tendenz feststellen lässt, dass das Denken sich ändert, wenn die Mediensphäre wechselt: von der Oralität zur Literalität, oder von Druckmedien zu elektronischen Medien. Die Hypothese steht im Raum, entzieht sich jedoch der konkreten Überprüfung in der Form, Medienereignisse überzeitlich einsehen zu können. Zur Orientierung lassen sich drei bis vier große Epochen[63] benennen, deren Schwellenzeit durch entsprechend kulturprägende Medienrevolutionen mit ihrer jeweiligen Infrastruktur gekennzeichnet sind:

- Mündlichkeit (*Oralität*: Dialog, Vortrag, Mythos, Erzählung)
- Schriftlichkeit (*Literalität*: Epos, Chronologie, Heilige Schrift, Bücher)
- Bildlichkeit (*Ikonizität*: Malerie, Druckgrafik, Fotografie, Kino, Fernsehen)
- Berechenbarkeit (*Algorithmizität*: digitale Daten und Ausgabeformate)

Man kann dies als (teilweise sich überlappende) anthropologische Mediensphären bezeichnen, weil sie in chronologischer Abfolge medientechnisch bedingte Umwelten konstruieren, in denen Menschen arbeiten, sich orientieren, sich bilden, sich unterhalten.

- *Oralität* meint die mündliche Kollektivierung des Gedächtnisses: das erste Medium der Auslagerung vom einzelnen in das gemeinschaftliche Gedächtnis ist die Sippe oder ethnische Gruppe, die das Wissen einzelner transzendierte und damit eine Kette der Wissenstradierung schuf.
- *Literalität* erzeugte mittels der Sammlung und Archivierung von (Druck-)Schriften in Bibliotheken eine neue Ordnung des Wissens und einer Linearität des Denkens, wie es im Medium Buch zum Ausdruck kommt. Dabei gewann

---

61 Vgl. McLuhan (1964): Kap. 33.
62 Vgl. „Kognitive Auswirkungen des Alphabets", in: Kerckhove (1995): 21-47.
63 Das religiös geprägte europäische Denken bewegt sich meist in nicht hinterfragten triadischen Verhältnissen, was medienevolutionär viel zu reduktionistisch ist, so etwa Flusser (1992) mit seiner Formel Bild – Schrift – Technobild eine viel zu einfach strukturierte Abfolge vorschlägt. Allein die Frage nach der Akustik bzw. der Tonaufzeichnung zeigt die Limitiertheit dieser auf die visuelle Kommunikation beschränkten Sichtweise.

Schrift bzw. die Logik von schriftlich fixierten Bedeutungen einen neuen Stellenwert als Kulturtechnik des Erinnerns in Aufschreibesystemen und damit als Indikator für Zivilisation, denn schriftlose Kulturen wurden umstandslos als primitiv bezeichnet.

- *Ikonizität* meint hier die realistische Bildhaftigkeit, zu der das 19. und 20. Jahrhundert mit den Medientechniken Fotografie, Kinomatographie und Videoaufzeichnung gefunden haben. Bei den audiovisuellen Medien ist die Rolle hervorzuheben, die die Technik der Bild- und Tonaufzeichnung spielt, mit der das Speicher- und Übertragungsmonopol der Schrift gebrochen wird. Fotografie und Video, so lässt sich Vilém Flusser paraphrasieren, sind neue philosophische Formen, sich zur Wirklichkeit zu verhalten. Sie veränderten die Einbildungskraft und die Wahrnehmung von Geschichte als einem linearen Verlauf.
- *Algorithmizität* schließlich bedeutet die Implementierung von Logik in Technik; die Prinzipien dafür fanden Gottfried Wilhelm Leibniz im 17. Jahrhundert mit dem Dualsystem und der englische Mathematiker George Boole im 19. Jahrhundert mit dem Logikkalkül. Erst mit der digitalen Codierung werden Schrift wie Zahlen, Töne und Bilder unterschiedslos technisch verfügbar.[64]

Mit jeder Mediensphäre werden die Sinne unterschiedlich angesprochen, die Informationen unterschiedlich verarbeitet, und die kulturellen Archive anders organisiert. Das meinte McLuhan, wenn er davon sprach, dass Medien „aktive Metaphern" sind, die sinnliche Erfahrung in neue Formen übersetzen.[65]

Mediensphären entstanden nicht aus plötzlichen technischen Erfindungen einzelner ‚Genies', sondern gingen aus langfristigen Entwicklungsprozessen hervor und entsprachen immer einem kulturell vorhandenen Bedarf. Sie bildeten die *Makromilieus*, welche – analog zur Biosphäre, die Leben ermöglicht – jenen Raum bedingen, der in unterschiedlicher Art und Weise menschliche Kommunikationsverhältnisse festlegt.[66] An historischen Medienformaten wird ersichtlich, wie Kulturtechnik und ästhetische Illusion mit der ‚Denkungsart' zusammenfällt. Daraus lässt sich folgern, dass die Weltverhältnisse sich ändern, wenn die Medien sich ändern, manchmal über Jahrhunderte währende Zeiträume hinweg, manchmal über sehr viel kürzere.

---

64 „Digitalität" zu sagen würde zu kurz greifen, da der Begriff eher für eine zeitdiskrete Signaltechnik steht; als solcher tauchte der Begriff ‚digital' erstmals 1938 in einer US-amerikanischen Patentschrift für elektrotechnische Bauteile auf. „Elektronik" gilt als ein Pauschalbegriff für die Computerzeit, der auch digitale Medientechnik (Neue Medien) umfasst, während der Begriff „Algorithmizität" mehr auf die rechnerisch-organisatorische Seite der Medienkultur verweist.
65 McLuhan (1964): Kap. 6
66 Die Begriffsverwendung hier folgt Debray (2003): 56f.

ORGANPROJEKTION

Wenn alle Medien, wie McLuhan befand, in gewisser Weise *Ausweitungen* des Menschen sind (*extensions of man*), dann mag man zunächst daran denken, wie Menschen die physischen Kräfte verstärkt haben, um ihren Aktionsradius zu vergrößern. Stein-, Knochen- und Holzartefakte verschafften in der Frühgeschichte mehr Möglichkeiten, die Beute zu erlegen und der Einsatz von Pfeil und Bogen oder von Wurfspeeren erleichterte die Jagd. Die Speerschleuder verstärkt in der Art einer Maschine noch einmal die Wucht des Speeres. Darüber hinaus, so schließt die moderne Archäologie, veränderte die Jagd mit Speeren das Gruppenverhalten und damit die Kommunikation.[1]

Die menschliche Gliederung der Welt, so der französische Paläontologe André Leroi-Gourhan, verdankt sich der Gleichursprünglichkeit von Hand und Wort, von Werkzeug- und Symbolgebrauch.[2] Dieser Gebrauch von Handwerk und Mundwerk wirkt auf den Menschen zurück, und der Werkzeuggebrauch hat im Lauf der Evolution die menschliche Hand geformt, folglich den Mund zum Sprechen befreit. In ähnlichem Sinn scheint die Sprache das Gehirn geformt zu haben. Der letzte Satz klingt paradox, weil man meinen könnte, dass doch das Gehirn die Sprache hervorbringt. Aber das Gehirn gibt es als solches nicht, ist es doch ein Organ der Sozialität. Sprachentwicklung war keine Sache eines isolierten Gehirns oder irgendwelcher Sprechwerkzeuge, sondern eine der Gesten und der Nachahmungen. In „geteilter Intentionalität" spielten Kooperation und Kognition in Gruppen zusammen.[3] Menschen stimmten sich untereinander ab und dabei kommunizierten ihre Sinne über die Schnittstelle ‚Gehirn', die gestisch und sprachlich adressiert wird. Das Gehirn ist ein vernetztes Organ. Aus Gewohnheiten entstehen kulturelle

---

1 Vgl. Parzinger (2014): 35, 64.
2 Vgl. Leroi-Gourhan (1988).
3 Vgl. zur Sprache als Teil der kooperativen Infrastruktur menschlicher Kommunikation Tomasello (2011): 362ff.

Codierungen, die sich dort verankern; Sprache erlaubt es den Gehirnen, sich bequem zu vernetzen. Dass dies freilich eine dezidiert anti-cartesianische Sichtweise ist, muss nicht sonderlich betont werden.

Materialitäten der Kommunikation

Sprache ist selbst schon Technik, sie ist Medium der Existenzbewältigung und menschliche Zuwendungsform zur Welt. Schrift ist ein medialer Speicher für gesprochene Sprache, und neben den Rhythmen sind Bilder szenische Medien, die Menschen dabei helfen, die Wirklichkeit zu strukturieren und sich in der imaginären Welt zu orientieren. Dasselbe gilt für Mythen (große Erzählungen) und für Artefakte (heilige Dinge), erst recht für symbolische Formen (nach Ernst Cassirer). Symbolsysteme als Ganze, die nach bestimmten Codes funktionieren (wie Mode, Film, Musik etc.), können als Medien im Sinne der Übertragung kultureller Bedeutungen bezeichnet werden. Jede neue Technik verändert die Wahrnehmung und das Denken – das ist der Sinn hinter der Formulierung McLuhans, dass das Medium selbst schon die Botschaft sei.

Das Reflektieren solcher Bedingungen ist es, was Philosophie zur *Medienphilosophie* macht. Dies muss nicht reduktionistisch erfolgen, sondern ist im besten Fall eine Thematisierung der Bedingungen der Möglichkeit von Denken. Wie das, was ein Künstler ausdrückt, geprägt ist von seiner kulturellen Umgebung und ihren Materialitäten (Pigmente, Formen und Regeln der Darstellung, Kenntnisse in Anatomie und Perspektive), so prägt die Kultur mit ihren Techniken das Denken. Auch kann und darf so etwas wie ‚die Sprache' nicht einfach naturalisiert werden – sie ist eine Infrastruktur menschlicher Kommunikation und als solche ein soziales Konstrukt.[4] Noch bei Martin Heidegger bezeugt die eher poetische denn philosophische Anwandlung, es gäbe ein *Wesen* der Sprache, dem der Mensch zu entsprechen habe, von einer irregeleiteten Arroganz gegenüber historisch sich entfaltender Kulturtechnik. Als vermeintliche Verrat an der Sprache identifizierte Heidegger alle Medientechnik, von der Schreibmaschine bis hin zu „Sputnik und Raketentechnik".[5]

Wir haben es hier freilich mit einer apokalyptischen Grundstimmung nach dem Zweiten Weltkrieg zu tun, und auch mit der strategischen Disposition einer philosophischen Anstrengung, als einer Art Rettungsversuch. Denn Sprache und

---

4 Vgl. Searle (2001), Tomasello (2011).
5 Heidegger (1959): 160. Nur „ein Gott" könne uns da noch retten, so Heidegger im berühmten Spiegel-Interview 1966; ausführlich dazu vgl. Hachmeister (2014).

Technik, das Wort und das Werkzeug – diese beiden Seiten der Medaille sind nicht auseinander zu dividieren. Das gilt für sämtliche Materialitäten der Kommunikation, für kulturelle und soziale Prozesse der Informationsverarbeitung wie der symbolischen Reproduktion. Kognitive Fertigkeiten dienen evolutionsgeschichtlich nicht der Hervorbringung individueller Leistungen, sondern der Erzeugung eines gemeinsamen Hintergrundes.[6] Welche Annäherung ist hier möglich, und wie lässt sich fassen, was sich ereignet, wenn Literalisierung, Mechanisierung, Automatisierung und Kybernetisierung durchgreifend Kulturen in ihrer Daseinsform verändern?

Technische Erweiterung des Organischen

Ernst Kapp hat den Topos der *Organprojektion* vorgestellt: Technik erweitert auf unbewusste Weise die biologisch begrenzten Möglichkeiten. Technik ist eine Externalisierungsleistung, die mit dem tierischen Werkzeuggebrauch (etwa bei Schimpansen) beginnt und ganz eigene Kulturen ausbildet (auch schon bei Schimpansen). Abgesehen davon, dass die Existenz des menschlichen Körpers, wie jedes anderen Organismus auch, niemals ganz abgetrennt vom Rest der Welt sein kann: es stellt sich doch die Frage nach der Perfektionierung des Menschen als einem *Mängelwesen* (ohne besondere Kraft, ohne natürliche Waffen, so Johann Gottfried Herder) bis hin zur Frage wiederum nach der Bedrohung des Menschlichen durch Technik selbst. So berechtigt diese Frage vor dem Hintergrund der ganzen Technikphilosophie auch sein mag, so falsch ist sie auch angelegt, wenn man sie auf ein Wesen des Menschlichen bezieht. Um dies zu verdeutlichen, soll zunächst der Ansatz des französischen Paläontologen André Leroi-Gourhan vergegenwärtigt werden, um von der damit erarbeiteten Position auf die bereits im 19. Jahrhundert explizierte Theorie der Organposition von Ernst Kapp zurückzublicken.

Leroi-Gourhan steht wie kaum ein anderer Gelehrter für ein radikales Umdenken der Paläoanthropologie nach dem Zweiten Weltkrieg. Ethnologische und religionsgeschichtliche Aspekte spielten eine große Rolle in seinen Forschungen über sowohl die materielle Kultur des Jungpaläolothikums, wie auch den symbolischen Hervorbringungen jener Zeit (die sogenannte Eiszeitkunst). Er beschrieb minutiös

---

6   Vgl. Tomasello (2011): 85ff. – So betont auch die Technikphilosophie die Wichtigkeit, ja sogar die Notwendigkeit kooperativer Ausführungen von Arbeiten, von kleinen gegenseitigen Abhängigkeiten (Schmied) bis hin zu Generationen übergreifenden Projekten (Dombauten). Es gibt im engeren Sinne keinen Urheber, keinen Designer, keinen Architekten. Schon etymologisch gesehen ist etwa der Architekt nur „der erste" unter allen anderen Zimmermännern, vgl. in Fischer Hg. (1996): 260.

die Abschlagstechnik zur Herstellung von Steinwerkzeugen bei Neandertalern und Cro-Magnon-Menschen sowie die Sprache der Formen in einer *Paläontologie der Symbole*.[7] Im Zeichnen und Lesen von Symbolen – Produzieren und Überliefern von Bedeutung – entdeckte er die genuine Abstraktionsleistung, die eben nicht Abbilder der Natur geschaffen hat, sondern symbolische Übersetzungen. Die Höhlenbilder treten in eine ähnliche Distanz zum menschlichen Körper wie die Faustkeile, Schneidsteine und Speere oder Nähnadeln. Es handelt sich um einen fortgesetzten Prozess der Entkörperlichung, oder um ein bis heute unabgeschlossenes Projekt der Menschwerdung.[8]

Kultur als Exteriorisierung

Leroi-Gourhan führt aus, wie am Ursprung der Mediatisierung von Körperfunktionen zivilisationsgeschichtlich die Exteriorisierung des Geistes erfolgt. Das heißt, Menschen errichteten eine Infrastruktur der Kommunikation, indem sie Gesten und Zeichen benutzten und weitergaben, somit spezifische Kulturen im Umgang mit der Realität entwickelten.[9] Die Fähigkeit, Denken symbolisch zu fixieren und auf Datenträgern zu speichern, scheint eine Folge davon zu sein. Menschen (und wahrscheinlich auch Primaten) entwickelten nicht nur Techniken zur Bearbeitung roher Natur, sondern lagerten ihre erworbenen Fähigkeiten in das Kollektiv oder die ethnische Gruppe aus. Die von ihm so genannte *Exteriorisierung* bedeutet also nicht nur die Auslagerung der Funktionen von Hand und Gebiss in entsprechende Werkzeuge wie Faustkeil und Steinmesser, sondern auch intellektueller Leistungen

---

7   Vgl. Leroi-Gourhan (1988): 335ff.

8   „Das Werkzeug verlässt schon früh die Hand des Menschen und wird zur Maschine: am Ende werden gesprochene Sprache und visuelle Wahrnehmung dank der technischen Entwicklung dem gleichen Prozess unterworfen. Die Sprache, die der Mensch in den Werken seiner Hand, in Kunst und Schrift objektiviert hatte, erreicht nun den höchsten Grad ihrer Ablösung vom Menschen und vertraut ihre innersten phonetischen und visuellen Qualitäten dem Wachs, dem Film und dem Magnetband an." – Leroi-Gourhan (1988): 270.

9   Primatenforscher sind gegenwärtig der Ansicht, dass dies bereits bei Schimpansen der Fall ist. Nachgewiesen bei west-, zentral- und ostafrikanischen Clans, schaffen sie kulturelle Traditionen im Sinne unterschiedlicher Arten des Werkzeuggebrauchs, so Christophe Boesch vom Max-Planck-Institut für evolutionäre Anthropologie in Leipzig; vgl. Der Spiegel Nr. 53, 2015: 108-112.

und des Gedächtnisses in die kollektive Erinnerung von Erzählungen, Mythen und Religion.

Dies hatte Folgen für die soziale Evolution. Von medienphilosophischem Interesse ist, dass auch unabhängig von der paläontologischen Beweislage, die ihrerseits noch bei weitem nicht ausgeschöpft ist, ein Blick auf die Technik- und Medienentwicklung möglich geworden ist, der diese als eine fortlaufende Entlastungs- und gar Befreiungsgeste aus dem Naturzwang zu denken erlaubt. Technik entstand demnach aus der Evolution ausgelagerter Operationsketten – technische Intelligenz und symbolische Kompetenz des Menschen entstammen gleichursprünglich der Fähigkeit zum aufrechten Gang: Die Entlastung der Hand als Fortbewegungsorgan bildet diese zum Greiforgan aus und formt schließlich Werkzeuge aus. Die Entlastung des Mundes als Greiforgan (tierischer Zustand) befreit diesen im Zusammenhang mit einer fortgeschrittenen neuro-motorischen Organisation zum Sprechorgan (menschlicher Zustand). „Der Affe arbeitet mit den Lippen, den Zähnen, der Zunge und der Hand, wie der heutige Mensch mit den Lippen, den Zähnen, der Zunge spricht und mit den Händen gestikuliert oder schreibt. Aber beim Menschen kommt noch hinzu, dass er mit den gleichen Organen auch etwas herstellt und dass sich zwischen den Funktionen eine Art Gleichgewicht ausgebildet hat. (…) Mit anderen Worten, ausgehend von einer Formel, die mit der bei den Primaten verwirklichten Formel identisch ist, stellt der Mensch konkrete Werkzeuge und Symbole her, die beide auf den gleichen Prozess, oder besser auf die gleiche Grundausstattung im Gehirn zurückgehen. Dies führt uns zu der Feststellung, dass die Sprache nicht nur ebenso charakteristisch für den Menschen ist wie das Werkzeug, sondern dass beide der Ausdruck ein und derselben menschlichen Eigenschaft sind."[10]

In dieser evolutionistischen Rekonstruktion stellen die Funktionspaare Hand/Werkzeug und Gesicht (Mund)/Sprache bestimmte Stadien in der Herausbildung von Technizität als einer Auslagerung physiologischen Potenzials dar, das als übertragbare Funktion und losgelöste Motorik von entwicklungsgeschichtlicher Bedeutung für den sozialen Organismus ist. Wie biologische Anlagen sich in der Technik fortsetzen, wie die direkte Motorik der Geste zur indirekten Motorik der Maschine wird, die sich ihrerseits zum Automaten weiterentwickelt, kann als eine Abfolge von Befreiungsgesten dargestellt werden: so resultiert die Entwicklung der Schrift in einer Befreiung des Gedächtnisses, da dessen Erinnerungsfunktion auf Datenträger (Schriftrollen, Codices, Bücher) ausgelagert werden kann.

Was Leroi-Gourhan unter dem Topos der Exteriorisierung aufzeigte, bietet eine Alternative zum Kulturpessimismus angesichts des technischen Fortschritts, wobei dieser nur unter Aspekten des Verlustes und der „Entmündigung der Ge-

---

10 Leroi-Gourhan (1988): 149.

sellschaft" durch Technik thematisiert wird.[11] Beim Phänomen der Auslagerung von Fähigkeiten des Menschen (und eingeschränkt auch der Primaten) sollte die Entwicklung der Potenziale des kollektiven Organismus stets mitgedacht werden. Als für Einzelne, für Generationen oder gar ganze Kulturen unbewusster Prozess befreit sich das Werkzeug von der greifenden Hand und wird zur Maschine, es befreit sich die Schrift vom sprechenden Mund und wird zur Literatur, und die Medien, als symbolisierende Apparate, sind auch nur ein weiterer Schritt, der von der Fähigkeit, Denken in materiellen Symbolen auszudrücken, zur automatisierten Datenverarbeitung führt. Solche Schritte, nebenbei bemerkt, sind kein Verrat am Menschlichen, das es im Sinne einer anthropologischen Konstante gar nicht gibt, sondern entsprechen laufenden Veränderungen der Spezies.[12]

Moderne Irritationen

Doch vor allem im Selbstverständnis des modernen Menschen sorgte diese Erkenntnis für Irritationen. Sigmund Freud rekapitulierte sie in einem denkwürdigen Beitrag mit dem Titel *Eine Schwierigkeit der Psychoanalyse* als „narzisstische Kränkung".[13] Mit der Entdeckung des Kopernikus, dass die Erde sich um die Sonne bewegt und nicht umgekehrt, habe die menschliche Eigenliebe ihre erste Kränkung erfahren, die *kosmologische*. In der Neuzeit bestätigt also Instrumententechnik den schon sehr viel älteren Verdacht, dass der kosmische Ort menschlichen Daseins nicht das Zentrum des Sonnensystems oder gar des Universums ist. Die zweite Kränkung des menschlichen Narzissmus bezeichnete Freud als *biologische*, sie erfolgte nach der Publikation von Charles Darwins *On the Origins of Species* im Jahr 1859. Der Mensch durfte sich demnach nicht länger als herausgehobene Kreatur oder Krone der Schöpfung begreifen, sondern nurmehr als Lebewesen unter anderen Tieren, mit denen er nachweislich mehr oder weniger verwandt ist. Die dritte narzisstische Kränkung der Menschheit aber habe ihr die Psychoanalyse zugefügt, wie Freud recht

---

11 Die kulturapokalyptische Perspektive, die eine Werkzeugkultur der Manufakturen als gerade noch akzeptabel darstellt, jede Weiterentwicklung aber als „Maschinen-Ideologie" denunziert, findet sich exemplarisch bei Postman (1992).

12 „Ein außerirdischer Beobachter, der von den Erklärungen unbeeinflusst wäre, an die uns Geschichte und Philosophie gewöhnt haben, würde den Menschen des 18. und den des 19. Jahrhunderts ebenso voneinander trennen, wie wir zwischen Löwe und Tiger oder Wolf und Hund unterscheiden." – Leroi-Gourhan (1988): 310.

13 Publiziert in *Imago, Zeitschrift für Anwendung der Psychoanalyse auf die Geisteswissenschaften* V (1917): 1–7.

selbstbewusst befand. Die *psychologische* Kränkung der menschlichen Eigenliebe bedeutet den Verlust der menschlichen Souveränität über die eigene psychische Realität oder die Einsicht, angesichts der Triebe und Neurosen zu erkennen, so Freud, dass „das Ich nicht Herr sei im eigenen Haus".

Diesen drei epochalen Kränkungen des modernen Menschen fügt die digitale Informationsrevolution eine vierte hinzu, da jetzt auch Apparate und nicht nur Menschen informationsverarbeitende Kapazitäten haben. Die Delegation von Wahrnehmungs- und Entscheidungsprozessen an mediale Apparate und Computer vertreibt den Menschen aus der Exklusivität seines Daseins. Die menschliche Sinneswahrnehmung (*Aisthesis*) hat sich unter Bedingungen der Erdatmosphäre entwickelt. In virtuellen Räumen entwickeln sich erstmals Wahrnehmungsoptionen, die diese Bedingungen transzendieren. Die Symbiose, welche die menschliche Sinnesorganisation dabei mit informationsverarbeitenden Systeme eingeht, erscheint als Gegebenheit und nicht als Option, denn ein Ausstieg wird nicht möglich sein, es sei denn, man nähme eine gravierende Dysfunktionalität der Gesellschaft in Kauf.

Tatsächlich indiziert die manchmal hysterische Angst vor einer künstlichen Intelligenz die Fehlleistungen eines Diskurses, der sich seit Mitte des 19. Jahrhunderts um die Frage dreht, welche Stellung Technik in ihrer neuen Form, also nicht als mechanische Kunst, sondern mit den fast zeitgleich nutzbar gemachten Komponenten Dampfkraft und Elektrizität, in Rahmen der Evolutionstheorie annimmt.[14] Nehmen wir gleich vorweg, dass es in den 1920er/30er Jahren nicht ungewöhnlich war, sich aufgrund der neuartigen Vernetzungsinfrastruktur von globalen Telegrafenleitungen eine *Weltkommunikation* mit bislang ungeahnten politischen Implikationen zu vergegenwärtigen. Es ging darüber hinaus auch um Visionen eines *World Brain* (H.G. Wells) oder gar einer *Noosphäre* (Teilhard de Chardin) – um nichts weniger als um die Aufhebung menschlichen Dasein in eine höhere Entwicklungsstufe dank neuer Technologie, aber in Konsequenz bisheriger Schritte in der Evolution von Lebensformen.[15] Darwin selbst übrigens lehnte die Auffassung ab, dass hinter der Evolution der Arten irgend eine kosmische Teleologie oder hinter der Entwicklung von Lebewesen ein wie immer gearteter Zweck verborgen sein könnte.

---

14 Erste Anwendung der Elektrizität war nicht etwa das Licht, sondern die Telegraphie. Schon im 18. Jahrhundert wurde mit der Reizweiterleitung in Nervenbahnen experimentiert. Im medizinischen Diskurs des 19. Jahrhundert gab es eine prominente diskursive Parallele zwischen Telegraphennetzen und dem Nervensystem.

15 Vgl. die Nachweise und Diskussion dazu in: „Planetisation und Noosphäre", Hartmann (2006): 153-161.

Philosophie der Technik

In der Frage nun, wie diese neuen, auf der Nutzung von Elektrizität beruhenden und erstmal global wirksamen Medientechnologien philosophisch zu reagieren sei, sticht ein Beitrag hervor, der in gängigen Sammlungen zur Technikphilosophie meist unterschlagen wird. Dabei machte schon Ernst Cassirer auf ihn aufmerksam, als er den Bogen schlug von Herders Betrachtung von Sprache und Werkzeug als „Mittel der Befreiung" des menschlichen Geistes zu Ernst Kapps „Philosophie der Technik". Kapp verstand Technik als Selbstbefreiung des Geistes aus dem Naturzustand. In der Technik und der Welt der Artefakte schaffe der Mensch sich ein künstliches Gegenbild, durch das er sich selbst verstehen lernt: „Erst dadurch", schrieb dazu Cassirer, „daß er lernte, bestimmte physikalisch-technische Apparate herzustellen, habe er an ihnen und durch sie den Bau seiner Organe wahrhaft kennengelernt."[16] Diese von Kapp so genannte „Organprojektion" oder „die Tatsache, dass die einzelnen Gliedmassen des menschlichen Leibes nicht bloß nach außen wirken, sondern dass sie sich im äußeren Dasein gewissermaßen ein Bild ihrer selbst erschaffen"[17] ist also keine simple Verlängerung vom Organischen ins Künstliche, sondern ein genuiner Existenzentwurf und philosophisch betrachtet ist das technische Wirken dem Menschen ein „Medium seiner Selbsterkenntnis" (Cassirer) – „Hervor aus Werkzeugen und Maschinen, die er geschaffen, aus den Lettern, die er erdacht, tritt der Mensch, der *Deus ex Machina*, sich selbst gegenüber."[18]

Entgegen einer verkürzten Auffassung dieser These von Technik von einer bloßen *Ausweitung* des Menschen oder auch von einer *Prothese*, die seine Mängel kompensieren soll – was noch in den Diskussionen der Kybernetik (Norbert Wiener 1965) sowie der künstlichen Intelligenz mitschwingt – brachte Ernst Kapp einen, wie man heute sagt, *koevolutionären* Anspruch ins Spiel. Die zugrundeliegenden Kräfte von Natur und Kultur/Technik bilden eine Einheit. Der Technik generierende Mensch gleicht nicht seine körperlichen Defizite aus (die für Kapp gar nicht existieren, der Mensch ist ihm im Gegenteil ein Höhepunkt der organischen Bildungen), sondern überträgt „unbewusst Form, Funktionsbeziehung und Normalverhältnis seiner leiblichen Gliederung auf die Werke seiner Hand", während umgekehrt die gesamten Werkzeuge und das „technische Gestell" für eine „Formierung" des menschlichen

---

16 „Form und Technik" (1930), in: Cassirer (1995): 72. Vgl. Ernst Kapp: *Grundlinien einer Philosophie der Technik. Zur Entstehungsgeschichte der Cultur aus neuen Gesichtspunkten*, Braunschweig 1877 (Neuausgabe: Kapp 2015)
17 Kapp (2015): 71.
18 Kapp (2015): 311.

Selbstverständnisses sorgen.[19] Wie im Untertitel des Werkes ausgedrückt, soll mit diesem Ansatz die Erkenntnislehre (und damit die Philosophie) völlig neu begründet werden. Seine Artefakte dienen dem Menschen als definitiver Spiegel seiner selbst. Kein „Geist" kann das bewerkstelligen, sondern nur (mediale) Technik. Diese Technik als das dem Menschen Äußerste ist mit seinem Innersten verbunden; nur weil die Organprojektion dem Menschen unbewusst bleibt, tritt Technik ihm als etwas Fremdes gegenüber. Dieses Projizieren im medienphilosophischen Sinne des Wortes sollte übrigens hundert Jahre später in Vilém Flussers Theoriebildung zu den neuen Medien wieder eine herausragende Rolle spielen.

Kapp formulierte seine Erkenntnisse vor dem Hintergrund der Medienrevolution des 19. Jahrhunderts, die auch eine *ästhetische* war, weil sie die transzendentalen Kategorien, die sinnliche Anschauung im Raum und in der Zeit, radikal neu bestimmte. Paradigmatisch stand dafür die Telegrafie, die es möglich machte, Signale unmittelbar bis ans ‚Ende der Welt' zu senden. Auch die fotografische Aufzeichnung ermöglichte eine völlig neuartige Verfügbarkeit von Wahrnehmungen in Raum und Zeit. Die Dampfmaschine schließlich verwandelte das Transportwesen im globalen Maßstab, durch den Eisenbahnverkehr einerseits, den mit Schraubendampfern vom Wind unabhängigen Schiffsverkehr andererseits; nicht zu vergessen ist hier auch die Industrialisierung der landwirtschaftlichen Produktion durch dampfbetriebene Traktoren etwa in der Baumwollproduktion.

Ausweitung der Kommunikationsverhältnisse

Transport und Telekommunikation wuchsen in der Medienmoderne enger zusammen denn je, die entsprechenden Netze wurden parallel ausgebaut. Ab 1850 konnte die elektromagnetische Telegraphie das vorherrschende Medium der Fernkommunikation, die optische Semaphoren-Telegraphie ablösen. Diese wurde ein halbes Jahrhundert nach ihrer Einrichtung im Auftrag der französischen Revolutionsregierung durch die Gebrüder Chappe eingestellt, weil die neue Technik besser war. Die Effizenz des neuen Übertragungsweges der Kabel, die Signale mittels elektrischer Impulse übermittelten, war unschlagbar. Telegraphenlinien wurden auf dem europäischen Kontinent, in England und in Nordamerika parallel zum Ausbau der Eisenbahnlinien eingerichtet.

Ein erstes Seekabel verband England 1851 mit dem europäischen Festland, eine erste *Inter-connection* zwischen zwei Netzwerken wurde etabliert, erste Seekabel

---

19 Kapp (2015): 3f.

im Mittelmeer wurden gelegt. Ziel war natürlich die Erreichbarkeit der Kolonien. Unfassbar etwa die durch Werner Siemens' Ingenieurskunst ermöglichte Telegraphenleitung von London über Berlin nach Kalkutta 1869. Auch zwischen New York und San Francisco bestand in den 1860er Jahren bereits eine Telegraphenleitung, während über Jahre hinweg zwischen Irland und Neufundland an der transatlantischen Verkabelung gebastelt wurde. Der Ausgang dieser Geschichte ist bekannt: mit der interkontinentalen Verbindung der bestehenden kontinentalen Netze durch die nach mehreren gescheiterten Versuchen gelungene Inbetriebnahme des Transatlantikkabels 1866 ging die Welt erstmals ‚online'.

Ernst Kapp war Republikaner und verlor nach 1848 seine Stellung als Gymnasiallehrer; es verschlug ihn in die Emigration nach Texas, wo er ein spezifisches Gespür für die Veränderungen seiner Zeit entwickelte. Kapp saß nicht nur in der Studierstube und las Bücher, wie für manche Gelehrte üblich, sondern war existenziell geprägt von seiner interkulturellen Erfahrung einerseits, von den Eindrücken der technischen Entwicklung seiner Zeit andererseits. Er konnte, nach Deutschland zurückgekehrt und eine ‚Philosophie der Technik' schreibend, mit diesen Erfahrungen wohl nicht anders umgehen, als die idealistische Konzeption des Geistes in Hegelianischer Tradition zu ersetzen durch die Kategorien der Technik. Es ist rückblickend betrachtet ein Durchbruch gewesen.

Der Mensch wird in seiner gestaltenden Funktion gesehen, die ihm aber in seiner Abhängigkeit von Werkzeugen und Maschinen ebenso unbewusst bleibt, wie eine Anatomie der Maschinen es wäre. Technik bleibt zu entdecken als eine Analogie zu den biologischen Strukturen. Der Hammer wäre eine Exteriorisierung der Faust, das Messer eine Exteriorisierung der Schneidezähne, die Fotokamera die des menschlichen Auges … alles Nachbilder des leiblichen Organismus? Es entsprach der Auffassung jener Zeit, Analogien zu bilden zwischen der Fotokamera und der Retina des menschlichen Auges, zwischen dem Eisenbahnnetz und den Blutgefäßen im Körper, zwischen dem Telegrafennetz und dem Nervensystem – somit galten, die Exteriorisierung des osteo-muskulären Apparates in das Gestell der Werkzeug- und Industriekultur überbietend, fortan die Telegraphenleitungen als die „Nerven der Menschheit".[20]

Dieser Topos einer Ausweitung des Nervensystems in elektronischer Schaltungstechnik sollte einige Jahrzehnte später bei McLuhan wieder einen prominenten Platz einnehmen. Das Leitmotiv seines Buches *Understanding Media* ist der Gedanke, dass *alle* Techniken Ausweitungen unserer Körperorgane oder, wie im Fall der Elektrizität, unseres Nervensystems sind. An anderer Stelle hielt McLuhan fest: „Durch Veränderung der Umwelt rufen Medien in uns einzigartige Beziehungsverhältnisse

---

20 Kapp (2015): 145.

zwischen den Sinneswahrnehmungen hervor. Die Erweiterung irgendeines Sinnes verändert die Art und Weise, wie wir denken und handeln – die Art und Weise, wie wir die Welt wahrnehmen. Wenn diese Verhältnisse sich ändern, dann ändern sich die Menschen."[21]

Die Macht der Elektrizität

Was schon bei Kapp deutlich wurde – dass man in Umweltverhältnissen denken muss, wenn man von Medien spricht, und nicht in Transport- oder Botenmodellen – war für McLuhan erst recht evident.[22] Die Frage also, ob Technik in die Kategorien der Evolutionstheorie einpassbar wäre, beschäftigte die Theoriebildung viele Jahrzehnte nach Darwin in immer neuen Auflagen.[23] Denn das technische Denken folgt längst einer Eigenlogik, wie Cassirer kritisch gegenüber Kapp festhielt, weil es dem *Gesetz der Emanzipation von der organischen Schranke* entspreche. Angesichts des industriellen Maschinensystems, das zu neuartigen kooperativen Arbeitsprozessen und neuen „Kommunikations- und Transportmitteln" zwingt, greift es tatsächlich zu kurz, die Ausweitungsmetapher des Werkzeugs zu bemühen.[24]

Dennoch, und weil Kapp nicht darauf zu reduzieren ist, findet sich in seiner Philosophie der Technik der alte Gegensatz vom Organischen und vom Technischen – im Weiteren auch von Natur und Kultur – aufgelöst. Seine Ausführungen zeichnen ein Bild der Gegenabhängigkeit und entzieht der beliebten Vorstellung, dass Technik die Lebenswelt kolonisiere, die Grundlage. Jede Form der Technik definiert sich durch den Gebrauch, der davon gemacht wird, wie auch umgekehrt die vorhandene technische Möglichkeit es ist, die Gebrauchsformen erzeugt. Ein schönes Beispiel dafür ist die Telefonie, für die man Anfang des 20. Jahrhunderts noch keine Anwendung sah (warum sollte man denn mit jemandem sprechen wollen, der oder die nicht anwesend ist?), während sich in den Anfangsjahren des

---

21 McLuhan (1969): 41.
22 ‚Medien verstehen' war für McLuhan ein Projekt ökologischen Denkens, mit dem Ziel, die Einflüsse der Elektronik kulturtechnisch zu bewältigen – vgl. McLuhan (1964): Kap.10.
23 Vgl. die Sichtweise auf Technologie als eine Ausweitung der biologischen Evolution bzw. eine mögliche „Biologie der Maschinen" bei Kelly (2010).
24 So Cassirer (1995): 73, mit Verweis auf Karl Marx: *Das Kapital*, Band 1, Kap. 13, „Maschinerie und große Industrie", Hamburg 1890.

21. Jahrhunderts mit der Mobiltelefonie ein ganz eigenes Dispositiv des Hörens und Sehens im menschlichen Kommunikationsverhalten entwickelt hat.

Auch Alexander von Humboldt rekapitulierte in seiner Weltbeschreibung diese Zäsur, etwa mit der „raumdurchdringenden Kraft" des Fernrohrs. Erst das Teleskop enthüllte die kosmischen Dimensionen, in denen die Menschheit sich befindet. Im Unterschied zum Streben der Vernunft nach Erkenntnis würdigte er die „neuen Mittel sinnlicher Wahrnehmung" als eine „Erfindung neuer Organe".[25] Für ihn gab es keine Forschungsreise mehr ohne diese neuen Instrumente. Alle Erweiterung des Wissens beruht auf Kommunikation, auf dem „Contact mit der Außenwelt. Dieser wird bei zunehmendem Völkerverkehr mannigfaltiger und inniger zugleich. Das Erschaffen neuer Organe (Werkzeuge der Beobachtung) vermehrt die geistige, oft auch die physische Macht des Menschen. Schneller als das Licht trägt in die weiteste Ferne Gedanken und Willen der geschlossene electrische Strom. Kräfte, deren stilles Treiben in der elementarischen Natur, wie in den zarten Zellen organischer Gewebe, jetzt noch unseren Sinnen entgeht, werden erkannt, benutzt, zu höherer Thätigkeit erweckt, einst in die unabsehbare Reihe der Mittel treten, welche der Beherrschung einzelner Naturgebiete und der lebendigeren Erkenntniß des Weltganzen näher führen."[26]

Dementsprechend begeistert verhielt sich Humboldt zu einem anderen dieser neuen Organe, dem Apparat zur Fixierung von Lichtbildern. Es ist ein philosophischer, kein rein apparatetechnischer Wandel, dessen Zeitzeuge Humboldt gewesen ist. Die neuere Entwicklung macht aus dem Menschen als „Mängelwesen"[27] im Lauf der Zeit einen „Prothesengott"[28], der sich anschickt, seine Existenz nicht nur medial abzusichern, sondern geradezu systematisch über die biologisch gesetzten Grenzen hinaus zu erweitern. Distanzen wurden eingezogen, und Zeiträume disponibel: die Formierung des Weltinnenraums, der Beginn der Globalisierung.

Des Weiteren problematisierte sich mit einer Delegation der Wahrnehmung an Apparate durch mediale Praktiken das logisch-ästhetische (transzendentale) Regelwerk der Philosophie, wie es bei Kant festgelegt wurde, und das gemeinhin als Beginn der philosophischen Moderne gilt.[29] Denn keinerlei Apparate, keine technische

---

25 Alexander von Humboldt: *Kosmos. Entwurf einer physischen Weltbeschreibung*, Stuttgart 1847, Band 2: 139.
26 Ebd.: 400.
27 „Als nacktes, instinktloses Tier betrachtet, ist der Mensch das elendeste aller Wesen." Johann Gottfried Herder: *Abhandlung über den Ursprung der Sprache*, Berlin 1770.
28 Sigmund Freud: *Das Unbehagen in der Kultur* (1930), in: ders. (2009): 57.
29 Immanuel Kant legte in seiner *Kritik der reinen Vernunft* (1781) zwei Bereiche der Erkenntnisgewinnung fest, die Ästhetik (Formen der sinnlichen Anschauung unter

Aufzeichnung, kein mediales Archiv fand Platz in diesem ‚reinen' Begriffsgefüge. Bei McLuhan und Flusser wurde diese Art des Philosophierens folglich als westlicher Mythos kritisiert, als Produkt der Gutenberg-Galaxis. Darauf kann nicht einfach mit einer Aufwertung der Apparate (des *Gestells* bei Ernst Kapp) reagiert werden, denn das würde zu Technikdeterminismus führen. Aber die Frage muss vorangetrieben werden, wie diese Apparatetechnik bzw. die mediale Geste zur erweiterten Bedingung der Möglichkeit von Erkenntnis wurde. Nach dem textuell-linearen Dispositiv steht sie für eine neue Einbildung, mit der „Erkenntnistheorie, Ethik und Ästhetik, und vor allem das Lebensgefühl als solches, im Umbruch begriffen (sind)."[30] Flusser vertrat mit seiner Philosophie der Medienmoderne die Ansicht, daß diese Zäsur nicht etwa mit dem Computer, sondern bereits ein Jahrhundert zuvor mit dem neuen Bildmedium der Fotografie einsetzte.

Bedingungen von Raum und Zeit) sowie die Logik (die reinen Verstandesbegriffe nach Kategorien). „Unsere Erkenntnis entspringt aus zwei Grundquellen des Gemüts, deren die erste ist, die Vorstellungen zu empfangen (die Rezeptivität der Eindrücke), die zweite das Vermögen, durch diese Vorstellungen einen Gegenstand zu erkennen (Spontaneität der Begriffe); durch die ersteren wird uns ein Gegenstand gegeben, durch die zweite wird dieser im Verhältnis auf jene Vorstellung (als bloße Bestimmung des Gemüts) gedacht." – Kant (1974a): 97.

30 Flusser (1985): 44. Des performativen Selbstwiderspruchs, solche Gedanken in Texten zu verbreiten, war sich Flusser bewusst, und mehrfach auf Schwierigkeiten hingewiesen, „aus der Schrift auszubrechen" Flusser (1987): 154.

Abb. 8

„Der Mensch ist sozusagen eine Art Prothesengott geworden, recht großartig, wenn er alle seine Hilfsorgane anlegt, aber sie sind nicht mit ihm verwachsen und machen ihm gelegentlich noch viel zu schaffen." (Sigmund Freud: Das Unbehagen in der Kultur, 1929) – Grafik: The Button Presser. Fancy Portrait of the Man of the Future, Walter Crane

Quelle: An Artist's Reminiscence, 1907

THE BUTTON-PRESSER—FANCY PORTRAIT OF THE MAN OF THE FUTURE

FOTOGRAFIE

Schrift ist ein Code, der es erlaubt, Erfahrungen aus der Wirklichkeit medial zu übertragen. Andere Codierungen, wie die Fotografie oder die Tonaufnahme, sind uns inzwischen selbstverständlich geworden. Es handelt sich um relativ junge Kulturtechniken jenseits der Schrift. Fotografie und Film prägten neben den ‚Musikkonserven' (Schallplatten) im Wesentlichen das, was wir heute unter Medienmoderne verstehen. Nun ist Fotografie in erster Linie eine Technik, die es erlaubt, Spuren der Wirklichkeit aufzuzeichnen.[1] Während Texte prinzipiell abstrakt sind – wer nicht lesen kann, dem erschließt sich der Inhalt von Schriftstücken nicht – sind Bilder konkreter und allgemein zugänglicher: man sieht eben, was es zu sehen gibt.

Buchstaben waren mit frühmoderner Technik sehr viel leichter reproduzierbar als Bilder. Die Dominanz von Schriftlichkeit erzeugte über Jahrhunderte hinweg eine moderne Rationalität, bedingte jedoch Defizite in Fragen der Anschaulichkeit.[2] Bis vor recht kurzer Zeit konnten Bilder im Druck nur als Grafiken (Kupferstich) reproduziert werden. Das gilt auch für die frühen Fotografien, die mit dem speziellen Verfahren des Holzstichs (Xylographie) und Halbton-Druck (Heliogravüre) im späten 19. Jahrhundert Zeitungen und Druckwerke bebilderten. Zunächst einmal waren Fotografien Einzelstücke (Daguerreotypie). Die sogenannte Bilderflut in der

---

1   Insofern ist jede Fotografie ein indexikalisches Zeichen, so Barthes (1989). Dass sich in der Fotografie die durch Licht erzeugte Spur des Referenten findet, gilt für die Frühzeit der Fotografie bzw. der Daguerreotypie, die immer ein Original ist; weil sie auch unterschiedliche Reproduktionstechniken beinhalten, sind alle anderen Arten von Fotografien eher komplexe Übersetzungsverhältnisse denn Spuren der Wirklichkeit.
2   In *Understanding Media* argumentiert McLuhan (1964): Kap. 20 zur Fotografie, dass die meisten Wissenschaften durch das Fehlen geeigneter nicht-verbaler Speicherung von Information im Nachteil waren. Tatsächlich entwickelten sich in den Naturwissenschaften ab ca. 1850 neue Zugänge der empirischen Forschung mit Hilfe der Fotografie, etwa Astrofotografie, Spektralfotografie, Mikrofotografie und Chronofotografie. Zur damit verbundenen Problematik der Objektivität vgl. Daston und Galison (2007).

Moderne hat mit dem Fortschritt nicht nur dieser Technik zu tun, sondern mit ihrer verbesserten Reproduzierbarkeit im Druck.

Die Fotografie bedeutete definitiv den Eintritt in die Medienmoderne, nämlich die Verabschiedung von der zentral typographisch geprägten Kultur. McLuhan nahm deshalb für sie in *Understanding Media* ein ganzes Kapitel in Anspruch, und für Flusser war sie überhaupt die paradigmatische Technologie im Übergang ins *Universum der technischen Bilder*, die eine spezifische Phase der Nachgeschichte, die der nichtschriftlichen Dokumentation, eingeleitet hat. Fotografie ist eine spezifische Reproduktionstechnik, die aber nur oberflächlich im Festhalten einer tatsächlichen Spur der Wirklichkeit zu liegen scheint. In der Geste des Fotografierens entdeckte Flusser die neuartige Suche nach einem philosophischen Standpunkt im Nichtbegrifflichen, während sie eine Greifbarkeit der Phänomene erzeuge, „das sie in den Ergebnissen den traditionellen Methoden in der Philosophie überlegen macht".[3]

Mit der fotografischen Aufzeichnung erweiterte sich der kulturelle Speicher in beträchtlicher Weise, aber auch der Zugang zur Welt und das menschliche Verhalten: „Kategorien des Apparats setzen sich auf die Kulturbedingungen auf und filtrieren sie."[4] Die Philosophen brachten dafür ziemlich wenig Interesse auf. Etwa ein Jahrhundert nach ihrer Entwicklung sollte sich Walter Benjamin über die Missachtung der grundlegend medienphilosophischen Fragen wundern, die sich mit der Fotografie ergeben haben; „Überaus rudimentär sind die Versuche, der Sache theoretisch Herr zu werden."[5] Er prägte in seiner Rezension von Fotobüchern ganz im Geist seiner Zeit auch die berühmte Bezeichnung vom ‚Optisch-Unbewussten', das durch fotografische Technik in ähnlicher Weise erfahrbar gemacht werden könne wie das Triebhaft-Unbewusste durch die Methoden der Psychoanalyse.

Das Verhältnis der Kamera zur physiologischen Wahrnehmung durch das Auge, aber auch zur kognitiven Informationsverarbeitung, ist ein durchaus problematisches. Es wäre unangemessen, die Prothesenfunktion der Kamera als besserem Auge hervorzuheben, denn Fotografie verbessert nicht das Sehvermögen, sondern schafft neue Bildwelten und erweitert den Raum der Imagination. Fotografie stanzt Zeitlöcher in das laufende Geschehen. Sie vermag die Zeitachse zu manipulieren, auf der Wahrnehmung stattfindet, man könnte auch sagen sie zerreißt die Kontinuität, und übersetzt den Fluss der Wahrnehmung in einen sehr künstlichen Stillstand.

---

3   Flusser (1994): 107.
4   Flusser (1983): 32.
5   Walter Benjamin: „Kleine Geschichte der Photographie" [1931], in: Benjamin (2002): 301.

Das war es denn auch, was manche Künstler, wie Auguste Rodin, an der neuen Medientechnik vehement kritisierten.[6]

Zeichenstift der Natur

Die Fotografie dokumentiert Ereignisse, sie macht Unsichtbares explizit und archiviert unerkannte Nebensächlichkeiten, die vielleicht gar nicht im Fokus der Aufnahme standen. Sie ist ein Programm zur Speicherung visueller Information mit Hilfe eines chemischen Prozesses. Beide, Bild- wie Tonaufzeichnung, zeichnen Signale aus der Wirklichkeit auf. Licht- und Tonimpulse, die zuvor nur symbolisch fixiert werden konnten (etwa: ein Laut der Sprache durch einen Buchstaben, das Bild eines Gegenstandes durch eine Umrisszeichnung), werden physikalisch real aufgezeichnet. Fotografie wurde von Anfang an auch für wissenschaftliche Zwecke eingesetzt, in Kombination mit Teleskop und Mikroskop, und bald schon war die Rede von der Kamera als unbestechlichem Beobachter, die sozusagen „wahre Retina des Wissenschaftlers".[7] Ein Versprechen der Fotografie war das der authentischen Zeugenschaft, der treuen Spur der Wirklichkeit, der objektiven Identifizierung des Einmaligen bis hin zu anthropometrischen Vermessungen und der neuen Methode, Personenidentität mittels Polizeifoto festzuhalten.[8]

William Henry Fox Talbot, der jahrelang mit lichtempfindlichen Papieren experimentiert hatte, hielt seinen „Bericht von der Kunst des fotogenen Zeichnens oder des Verfahrens, mit dessen Hilfe Gegenstände der Natur dazu gebracht werden können, ohne Zutun des Stiftes eines Künstlers sich selbst abzuzeichnen" (*Some Account of the Art of Photogenic Drawing ...*) vor der Londoner *Royal Society* Ende Januar 1839. Doch bereits Anfang Januar hatte der Theatermaler und Diorama-Erfinder Louis Jacques Mandé Daguerre seine Erfindung zur Fixierung von Lichtbildern an der Pariser *Académie des sciences* vorgestellt: ein Verfahren, das im August 1839 dann offiziell bekanntgegeben und für die allgemeine Verwendung freigegeben wurde. Daguerre selbst bezeichnete die neue Technik als definitives „Abbild der Natur", das

---

6   Vgl. Virilio (1989): 11ff.

7   Das geflügelte Wort von der „wahren Retina" soll der Astronom Jules Janssen auf der 50-Jahr-Feier der *Societé Française de Photographie* (1888) geprägt haben. Er zitierte dabei aber wohl aus der Schrift von H. Fox Talbot: „Brief Historical Sketch of the Invention of the Art", Einleitung zu ders.: *The Pencil of Nature*, London 1844.

8   Neben der biometrischen Identifizierung gehörte die fotografische Erfassung des Gesichts als Enface- und Profilfoto zu der von Alphonse Bertillon für die Polizei-Präfektur von Paris einwickelten *Identification anthropométrique* (1893).

er mit einer „zu diesem Zwecke umgebauten Camera obscura" zu vervollkommnen trachtete, seit er mit dem „Herrn Niépce" 1828 dazu eine Firma gegründet hatte.⁹

Es sind zwei völlig unterschiedliche Techniken, die hier zu neuen Bilderfindungen der Medienmoderne geführt haben. Die Daguerreotypie schafft Unikate auf beschichteten Kupferplatten, die Talbottypie erlaubt mehrere Bildabzüge von einem Negativ auf Glasplatte. Bei Daguerre geht die Technik auf den Versuch zurück, Bilder der *Camera Obscura* chemisch festzuhalten, die er zur Fertigung von Panoramen und Dioramen brauchte. Bei Talbot ist die Technik eher an die Verwendung der *Camera Lucida* angelehnt, die mittels eines Prismas ein Lichtbild auf eine Zeichenunterlage wirft.

Beide *Cameras* waren zu jener Zeit beliebte Zeicheninstrumente. Sie dienten nicht sosehr der Hervorbringung eines künstlerischen Werkes, sondern der Dokumentation und der wirklichkeitsgetreuen Wiedergabe einer Landschaft, einer Stadtansicht oder einer Person. Erinnert sei an die Beliebtheit der sogenannten Vedutenmalerei etwa des venezianischen Malers Canaletto im 18. Jahrhundert, der zahlreiche heute noch berühmte Stadtansichten von Venedig, Dresden, Warschau oder Wien geschaffen hat. Zu diesem Zweck wurde von Canaletto eine *Camera Obscura* eingesetzt, wie auch schon bei früheren Kunstwerken wie bei Jan Vermeers „Ansicht von Delft" (1660); und wenn man David Hockney folgt, dann entsprechen die malerischen Wirklichkeitsannäherungen bereits seit längerem einem fotografischen Dispositiv.

Abb. 9
Goethes tragbare Camera Obscura, ca. 1800, Goethe-Nationalmuseum Weimar

Quelle: Wikimedia Commons

---

9 Daguerre, in: Wiegand Hrsg. (1981): 15.

Nicht nur gehört der Einsatz optischer Hilfsmittel (Prismen, Spiegel) zu einem verlorenen Wissen der Alten Meister, welches neueren Forschungen zufolge Großkünstlern wie etwa Rembrandt zum Verfertigen von Selbstportraits dienten.[10] Auch Personen, die nicht so geübt waren im Zeichnen und der Wiedergabe korrekter Proportionen und perspektivischer Ansichten dienten optische Hilfsmittel zur wirklichkeitsgetreuen Wiedergabe. So ist im Goethe-Nationalmuseum in Weimar eine tragbare *Camera Obscura* zu besichtigen, die der Dichter auf Reisen dabei hatte, um Ansichten aus der Fremde abzuzeichnen. Mit diesem beliebten Instrument war eine Art analoger Schnappschuss möglich, wobei auf einem hinten im Apparat angebrachten Papier die Lichtprojektion aus der Umgebung mit Zeichenstift, Feder oder Pinsel festgehalten wurde. Ohne diese Praxis des Festhaltens von Ansichten mit technischer Hilfe wäre es vermutlich niemals zur ‚Erfindung' der Fotografie gekommen.

Die vielen Väter einer Erfindung

Wann die Anfänge der eigentlichen Fotografie zu datieren sind, wird man wohl nie so genau wissen. Die *Chemical Philosophy*, die etwa der britische Wissenschaftler Sir Humphry Davy betrieb, führte ihn bereits 1802 zum angeblich erfolgreichen Fixieren von Bildern einer *Camera Obscura* mittels einer Beschichtung von Silbernitrat.[11] In den 1820er Jahren dann scheint es einem Franzosen mit dem wundersamen Namen Nicéphore Niépce definitiv gelungen zu sein, die *Camera Obscura*-Projektion mittels eines chemischen Verfahrens zu fixieren. Er kooperierte bald mit Daguerre, sollte aber den Siegeszug des neuen Bildgebungsverfahrens (in seinem Fall natürlich: *Niepçotypie*) nicht mehr erleben, denn er verstarb vor der Veröffentlichung (die dann 1839 in Paris vorgestellte *Daguerreotypie*).[12] Wie auch immer, die *Heliographie* oder das Zeichnen mit Licht entstammt nicht dem Nichts

---

10 Vgl. Hockney (2001) – zu Rembrandts Selbstportraits vgl. Francis O'Neill und Sofia Palazzo Corner: „Rembrandt's self-portraits", Journal of Optics Vo. 18/8, August 2016 – http://iopscience.iop.org/article/10.1088/2040-8978/18/8/080401/pdf
11 Vgl. Franklin (2016): 25.
12 Sein Sohn erhielt dann, wie auch Daguerre, für die „Erfindung" eine Rente vom französischen Staat. Das von Niépce im Heliographie-Verfahren mit acht Stunden Belichtungszeit 1826 erzeugte Bild „La cour du domaine du Gras", ein Blick aus seinem Fenster, gilt als weltweit erste Fotografie. Sie ist heute, übrigens neben einer Gutenberg-Bibel, im Harry Ransom Center der University of Texas hinter Panzerglas zu besichtigen, vgl. http://www.hrc.utexas.edu/exhibitions/permanent/firstphotograph/

oder gar der technischen Findigkeit des einen oder anderen Erfinders, sondern dem neuen visuellen Dispositiv, sich ein authentisches Bild von der Außenwelt direkt abzuziehen.

Der britische Fotografie-Pionier Talbot benannte seine Fotografien als von *der Natur selbst* gefertigte Kunstwerke – als würde sie hier eben selbst zeichnen, und nicht etwa der Mensch. Dieses fotogene, künstlerisch uninformierte Verfahren der Bildgebung wäre „the mere action of Light upon sensitive paper [...] formed or depicted by optical and chemical means alone, and without the aid of any one acquainted with the art of drawing"[13]. Talbot schildert, wie er auf seiner ‚continental tour' 1833 am Comer See versucht habe, mit Hilfe einer *Camera Lucida* eine Zeichnung anzufertigen, was letztlich bloß zu ein paar melancholisch gestimmten Strichen auf Papier führte. Auch mit der *Camera Obscura,* wo er mit Transparentpapier auf einer Glasplatte arbeitete, schien ihm die Zeichnung nicht recht zu gelingen, sie war letztlich so gar nicht vergleichbar mit dem Bild, das die Kameralinse projizierte. Um die Differenz von hellerem und dunklerem Licht festzuhalten, brauchte es aber keine Zeichnung, mit etwas chemischem Wissen ließ sich mit lichtempfindlichem Material (Silbernitrat auf Papier) experimentieren. Erst jahrelange Experimente machten dann aus dem ‚philosophical dream' eine mediale Wirklichkeit, wobei recht unterschiedliche Verfahren zum Einsatz kamen und eigentlich kein Punkt ausgemacht werden kann, an dem das jahrzehntelange Bestreben nach technischer Optimierung ausgesetzt hätte.[14]

Talbot betonte ganz ausdrücklich, dass diese Bilder ganz ohne die zeichnerische Hand zustande kommen und nannte das Verfahren folgerichtig *The Pencil of Nature* (Zeichenstift der Natur). Mit dem Buch selben Titels plante er die massenhafte Verbreitung seines Verfahrens. Daguerre wird in der Einleitung erwähnt, doch Talbot sah in seiner eigenen Technik ganz andere Möglichkeiten als bloß die Anfertigung von Unikaten auf chemisch beschichteten Metallplatten. Das Buch enthielt 24 Bilder mit den jeweiligen Beschreibungen, und da Fotos damals noch nicht im Druck vervielfältigt werden konnten, waren das jeweils Originalabzüge von einem Negativ. Sie wurden in seiner fotografischen Werkstatt in Reading bei London handwerklich gefertigt und waren stark von den dortigen Lichtverhältnissen abhängig (leider nicht die südfranzösische Sonne), wie Talbot in seiner Einleitung

---

13 H. Fox Talbot: „Brief Historical Sketch of the Invention of the Art", Einleitung zu: *The Pencil of Nature*, London 1844.
14 Das gilt etwa noch für die Arbeit mit Belichtung und Emulsionen im 20. Jahrhundert, vgl. dazu die Biographie zu Emanuel Goldberg (Zeiss-Ikon, Dresden) von Buckland (2010).

festhält, in der er sich für die unvermeidlichen „imperfections" entschuldigt, die seine noch junge Kunst (und natürlich hieß sie für ihn: *Talbotypie*) aufweise.

Erweiterung der grafischen Künste

Talbot war äußerst stolz auf seine Erweiterung des Repertoires der grafischen Künste. Dennoch, die unvermeidlichen Qualitätsschwankungen waren mit ein Grund, warum für Talbot der kommerzielle Erfolg letztlich ausblieb. Mit etwas über 300 verkauften Exemplaren blieb die Auflage seines Fotobuches sehr gering. Das Publikum war mehr an den Geheimnissen dieser neuen Technik interessiert und am Fotografieren selbst, an der Kamera und nicht an der Betrachtung des künstlerischen Ergebnisses. Selbst recht vermögend, konnte der Engländer sich dieses Experiment leisten, doch er sah auch ein Marktpotenzial.

Der Vertrieb von Abzügen durch seine kommerzielle Werkstatt (*Talbot's Printing Establishment*) sollten das Geschäft beerben, das seinerzeit mit Radierungen und Lithographien gemacht wurde. Mittels Kupfer- und Stahlstichen wurden damals vor allem Gemälde reproduziert, und seit dem 16. Jahrhundert hatte sich dafür ein Massenmarkt in Europa herausgebildet.[15] Es ging also nicht allein um die Reproduktion von Wahrnehmungen, sondern um die technische Reproduzierbarkeit als solche, um eine Ausweitung der grafischen Industrie. Talbot sah das kommerzielle Potenzial der *Fac-Similes* von Lithographien, alten Schriften, antiken Büsten, künstlerischen Meisterwerken; Proben davon sind in seinem Buch enthalten, neben den berühmten Architekturaufnahmen und der faszinierenden Dokumentation von Alltäglichem.

Neben der visuellen Leistungsschau seiner Methode präsentierte Talbot in seinen kurzen, klaren Texten zu den Aufnahmen ein erstaunliches medienästhetisches Reflexionsniveau. Das bildgebende Verfahren hat einige Vorzüge gegenüber der schriftlichen Beschreibung, heißt es etwa im Text zur Tafel III, die chinesisches Porzellan in einem Schrank abbildet. Die Aufnahme sei schneller gemacht und von höherer Präzision als jegliche Beschreibung, vor allem werde die Kamera der Eigentümlichkeit der Formen gerecht. Sie könnte nach einem Diebstahl als Beweismittel vor Gericht verwendet werden – „evidence of a novel kind". Die Kamera wäre ein unbestechliches Auge, das strikt abbildet, was es sieht, mit dem Objektiv als Linse und dem beschichteten Papier als Retina, so Talbot wörtlich. Sie ist zur

---

15 Vgl. Hutter (2015): 55ff.

naturgetreuen Beobachtung fähig, und bei einer Vergrößerung oder Verkleinerung der Bildes bleiben die Proportionen erhalten.

Dass das Auge der Kamera mehr sieht als das menschliche, deutet bereits auf das Optisch-Unbewusste.[16] Eine weitere Bildtafel (*Die Leiter*) zeigt drei Menschen in einer Alltagssituation im Freien. Während uns aus jener Zeit fast nur Personenportraits aus dem Atelier überliefert sind, wo die Menschen unter technischer Fixierung die lange Belichtungszeit aushalten mussten, deutet Talbot bereits die Möglichkeit eines Schnappschusses an: bei entsprechend gutem Sonnenlicht würden ein bis zwei Sekunden genügen, um eine Aufnahme zu fertigen. Minutenlang belichtete Straßenansichten, auf denen Menschen sich bewegen, erscheinen wegen der Belichtungszeit hingegen menschenleer, da alles verschwand, was sich bewegte.[17]

Abb. 10 Boulevard du Temple, Paris. Aufnahme von Daguerre 1839
Quelle: Wikimedia Commons

---

16 Talbot (1844): 19f. und 30.
17 Es soll sich bei Daguerres Aufnahme des Pariser *Boulevard du Temple* von 1838, auf der ein Herr als Kunde des Schuhputzers stillsteht, um die erste Ablichtung eines Menschen überhaupt handeln.

Als eine genuin neue ästhetische Erfahrung wurde hier die „Aufhebung der Zeit" nach menschlichem Maßstab bezeichnet.[18] Was aber ist das Besondere daran? Die sinnlichen Wahrnehmungen sind flüchtig, sie konnten zumeist nicht reproduziert werden. Wer etwas festhalten wollte, schrieb es auf oder machte eine Zeichnung. Über Jahrhunderte experimentierte man mit anderen Methoden, jedoch erfolglos. Dass die *Camera Obscura* die Wirklichkeit spiegelt, war als ein optisches Phänomen schon in der Antike bekannt. Doch erst die Fixierung und Reproduktion von Lichtbildern erzeugte eine neue Medienästhetik. Fotografie markiert den Eintritt in die Medienmoderne, und überführt die Welt in ein gänzlich neues Wahrnehmungsverhältnis. Von den Menschen und ihrer Wirklichkeit vor ca. 1830 haben wir kein realistisches Bild. Die ersten Fotografien müssen ein eindringliches Wahrnehmungserlebnis gewesen sein.

Das neue künstlerische Produktionsmittel war auch in kommerzieller, und nicht allein in ästhetischer Absicht entwickelt worden. Es gab klare Grenzen technischer Natur, vor allem was das chemische Material und den Umgang mit Formen und Licht betrifft. Hier waren viele Dilettanten unterwegs. Nadar (Gaspard-Félix Tournachon), einer der ersten Fotokünstler, hielt in seinen Erinnerungen an die Zeit der Anfänge fest: „Die Begeisterung ergriff alle. Ganz zu schweigen von der immer wieder neuen Verwunderung darüber, dass man ein Bild hervorbringen konnte, ohne je die Zeichenschule betreten zu haben, gaben sich viele mit der oberflächlichsten Ausbildung stümperhaft zufrieden. Wer gewissenhaft war, konnte weiter in die neue Kunst eindringen. Der Einsatz war gering und der Gewinn umso höher, als er allein vom Hersteller zu bestimmen war."[19]

Neuartige Ästhetik des Sehens

Nadar sah den ersten Fotografenkünstler in Gustave Le Gray, der in Paris ein Studium der Malerei absolviert hatte, bevor er sich der Fotografie zuwandte. Le Gray schuf für seine Zeit wundersame Aufnahmen, seine Landschaftsaufnahmen waren geradezu die ersten synthetischen Bilder, denn er kombinierte für einen Fotoabzug Negative mit unterschiedlichen Belichtungszeiten etwa für Wellen und Wolken. So entstanden eindrucksvolle historische Aufnahmen am Mittelmeer, und Nadar befand, es wäre spätestens dann an der Zeit gewesen, dass bildende Kunst sich der

---

18 Vgl. Amelunxen (1988).
19 Nadar (Félix Tournachon): „Quand j'étais photographe" [Paris 1900], in: Wiegand Hrsg. (1981): 131.

Fotografie gebührend annehme.[20] Le Gray schuf in dieser neuen Kunst etwas, das der amerikanische Fotograf Edward Weston Jahrzehnte später als „Seeing photographically" bezeichnen sollte: nicht eine gemäldeartige Wiedergabe von Ansichten der Natur, wie die vielen Dilettanten es zu erzielen versuchten, sondern in einer Art technischer Phänomenologie „eine Szene oder ein Objekt in Kategorien seines endgültigen Abzuges zu sehen".[21]

Abb. 11

Honoré Daumier: Photographie Nadar (1862); unübertrefflich die Ironie der Bildunterschrift: „Nadar élevant la Photographie á la hauteur de l'Art." Tatsächlich machte Nadar erste Luftaufnahmen von einem Fesselballon aus.

Quelle: Wikimedia Commons

Die diskursive Adaption des fotografischen Prozesses in jenen Jahren ist interessant. Als Alexander von Humboldt 1839 in Paris Daguerre besuchte, begeisterte er sich für das neue Medium und dessen philosophische Implikationen, da die rätselhafte

---

20 Der Schriftsteller Charles Baudelaire hingegen schrieb in seinem Text „Die Fotografie und das moderne Publikum (aus dem Salon von 1859)", die „fotografische Industrie" wäre „die Zuflucht aller gescheiterten Maler, der Unbegabten und der Faulen (...)".
21 Edward Weston: „Photographisch sehen", in: Wiegand Hrsg. (1981): 254.

Technik Verstand und Einbildungskraft ganz unmittelbar ansprechen würde. Der Unterschied zwischen der Kunst und der Welt scheint aufgehoben zu sein. Im „geheimnisvollen chemischen Überzug" würde das Licht seine Spuren zurücklassen und so zeichnen, daß bis zum Strohhalm hin wirklich nichts ausgelassen werde – „eine Wahrheit, die kein Kupferstich erreicht", die sei in ihrer wirklichkeitsnahen Anschaulichkeit aber auch „etwas traurig".[22]

Humboldt benannte mit der *Unmittelbarkeit* also die ästhetische Wirkung des Mediums auf die menschliche Empfindung, deren Veränderung er bereits erahnte.[23] Menschen können nicht unabhängig gedacht werden von der Technik, mit der sie ihre Existenz absichern, oder von der Kulturtechnik, mit der sie ihre Kommunikationsverhältnisse organisieren. Die Absichten dahinter könnten nicht unterschiedlicher sein, als sie immer schon waren. Daguerre kam aus der frühen Unterhaltungsindustrie, er war weder Wissenschaftler noch Künstler, nur ein Theatermaler und Schausteller. Niépce war ein ehemaliger französischer Offizier, der mit Daguerre das Interesse an der kommerziellen Verwertbarkeit des heliographischen Verfahrens teilte. Auch Talbot war als ein Angehöriger der britischen *Upper Class* zwar gebildet, ein Forscher aber kein Wissenschaftler, er verfolgte eher ästhetische Interessen und war natürlich auch mit einen gewissen Geschäftssinn ausgestattet.

Philosophische Konsequenzen

In der modernen Wissenschaft vollzog sich ein erkenntnistheoretischer Wandel, der stark von den technischen Erfindungen der Optik beeinflusst war. Von Galilei und Kepler bis Leibniz läßt sich dokumentieren, wie die *Evidenz der Sichtbarkeit* in Konkurrenz trat zur Autorität von Gedanken, die in Schriften überliefert waren. Immer neue Instrumente fanden Anwendung, um neue Erkenntnisse zu gewinnen, wie in der Neuzeit das Teleskop, um die menschliche Stellung im Universum zu erkunden, oder das Mikroskop, um die Realität über die Grenzen der sinnlichen Gewissheit hinaus zu erforschen. Die Entdeckung der Unendlichkeit, die das Auge selbst nicht sehen kann, verdankt sich ebenso wie das damit verbundene neue Weltbild der Linse des Fernrohrs von John Herschel.[24]

---

22 Alexander von Humboldt: „Ein Besuch bei Daguerre" [Brief an Carl Gustav Carus vom 25. Februar 1839], in: Wiegand Hg. (1981): 20.
23 Ähnlich wie Humboldt auf das Lichtbild sollte über ein Jahrhundert später Vilém Flusser auf die Videotechnik reagieren: als einer *philosophischen* Erschütterung.
24 Vgl. Panek (2001).

Erst in zweiter Linie ging es dann auch um Objektivität. Zunächst sollte sich mit dem fotografisch festgehaltenen Blick ins Weltall oder mit dem auf die Mikroben einiges, was seit Aristoteles dazu über die Natur gedacht und geschrieben wurde, als schlichtweg falsch erweisen. Es waren völlig neue Wissenswelten, die mittels optischer Medien erschlossen wurden. Die rationale cartesianische Erkenntnistheorie, die im privilegierten Vollzug des Denkens stattfindet, musste hinterfragt werden. Daher auch die launige aber hinsichtlich der erweiterten empirischen Methoden der neuen Optik völlig berechtigte Bemerkung von Gottfried Wilhelm Leibniz, er „habe lieber einen Leewenhoek, der mir sagt, was er sieht, als einen Cartesianer, der der mir sagt, was er denkt."[25]

Während sich nun spätestens seit dem 17. Jahrhundert der Abschied von der aristotelischen Naturphilosophie vollzog, so lässt sich sagen, dass im 19. Jahrhundert mit den neuen Medientechniken die Auflösung von Kants tranzendentalem Standpunkt erfolgte. Was gegenständliches Erkennen ermöglicht, verdankt sich fortan nicht allein den Verstandesbegriffen, sondern auch den „Kategorien des Apparats" (Flusser). Sie erweitern die Wahrnehmungsorgane, und ebenso werden bestimmte Wahrnehmungen an die neuen Apparate delegiert. Stellte Schriftlichkeit (Literalität) seit der Antike ein besonderes Verhältnis des Philosophierens über die Welt erst her, so hob die spezifische Bildlichkeit der Fotografie die begrifflichen Verhältnisse ins Ungewisse. „Die Erfindung der Fotografie ist ein ebenso entscheidendes historisches Ereignis, wie es die Erfindung der Schrift war. Mit der Schrift beginnt die Geschichte im engeren Sinn, als Kampf gegen die Idolatrie. Mit der Fotografie beginnt die ‚Nachgeschichte', und zwar als Kampf gegen die Textolatrie."[26]

Begann mit der Fotografie eine Rückkehr zu einer konkretisierenden Sprache der Dinge, zum ikonischen Blick auf die Welt? Auch wenn es medientheoretische Aussagen in diese Richtung gibt, sind diese mit etwas Vorsicht zu behandeln.[27] Denn Bilder und Fotografien lösen nun wirklich nicht die Kommunikationsprobleme, die in der Gesellschaft oder zwischen den Kulturen existieren. Davon zeugt auch der Gebrauch, oder auch Missbrauch von Bildmaterial in der politischen Propaganda trotz aller Verdienste der Fotografie im Sinne der visuellen Dokumentation.[28] Wie über die Zeiten hinweg Bilder gemacht, aufgenommen, benutzt und betrachtet werden, das hat seine ganz eigene Geschichte. Auch veränderte sich der kulturelle

---

25 Brief von Leibniz an den niederländischen Mathematiker Christiaan Huygens, März 1691 (*Anm.: Antoni van Leeuwenhoek war ein holländischer Naturforscher und Konstrukteur von Mikroskopen, den Leibniz in Delft besucht hat.*)
26 Flusser (1983): 16.
27 „We return to the inclusive form of the icon", McLuhan (1964): 12.
28 Vgl. Franklin (2016).

Status der Bilder im Lauf der technischen Revolutionen immer wieder aufs Neue – hier gilt es, nicht nur die Oberfläche zu sehen, sondern auch die Wahrnehmungen programmierende ‚Unterfläche'.[29]

Die Philosophie nach Kant, vor allem in ihren idealistischen Strömungen, wollte von diesen ästhetischen Verlagerungen lange nichts wissen. Man ignorierte im akademischen Kontext über Jahrzehnte hinweg die medientechnischen Realitäten. Erst etwa mit Ernst Cassirers *Philosophie der symbolischen Formen* (1923 – 1929) veränderte sich die Betrachtungsweise und wandte sich vom Phantasma der systemphilosophischen Begriffe ab. Es bliebe zu diskutieren, ob die ästhetisch motivierte Kritik an Kant von Arthur Schopenhauer bis Ludwig Feuerbach hier eine triftige Ausnahme bildete. Jedenfalls ist anzunehmen, dass wenn dem Bewusstsein einer Kluft zwischen philosophisch-begrifflicher Theorie und neuerem sinnesphysiologischem Wissen stattgegeben wird, auch Aspekte einer *technifizierten* perzeptuellen Synthesis ins Spiel kommen.[30]

Vom Fernrohr bis zur Fotokamera wurden bei den optischen Medien Fortschritte gemacht, die nicht nur ungewohnte Einblicke erlaubten, sondern auch eine neuartige Ordnung des Sichtbaren, die das alte Weltbild zum Einsturz brachte. Nun konnten sich in Wissenschaft und Technik neue „Visuelle Kulturen" entfalten.[31] Die technische Medialität schafft ab etwa 1850 Raum für Naturwahrheiten. Statt der wissenschaftlichen Zeichnung und ihrer Reproduktion mittels Radierungen wurden nun wissenschaftliche Fotoserien von Bakterien, Blutkörperchen, Schneeflocken, Tropfen etc. gefertigt. Ziel dieser neuen wissenschaftlichen Haltung war es, „die sichtbare Welt ohne Interventionen auf dem Papier erscheinen zu lassen" – ein Programm der mechanischen Objektivität, das bestrebt war, die Subjektivität der zeichnend-interpretierenden Hand auszuschalten.[32]

---

29 Debray (2013) analysiert die *unsichtbaren* Codes des Sichtbaren, das ‚Dispositiv' des Visuellen; seine Studie zur Geschichte der Bildbetrachtung weist auf Wahrnehmungsveränderungen hin, die kulturell, politisch und ökonomisch und nicht einfach nur technisch-ästhetisch bedingt sind.
30 Vgl. Crary (1990).
31 Vgl. Hentschel (2014).
32 Daston / Galison (2007): 151.

Bewegung im Stillstand

Dementsprechend begeistert verhielt sich Humboldt zu den ungeahnten Möglichkeiten des technischen Bildes, in dem die Natur „sich selbst malt". Das philosophische Ideal der Objektivität schien demnach technisch eingefangen zu sein. Und doch gab es daran durchaus berechtigte Zweifel. Eine Ahnung von der kulturellen Programmierung, die unbemerkt in den technischen Bildern steckt, von der Flusser sprechen sollte, war durchaus vorhanden. Vor allem dort, wo das wissenschaftliche Sehen nicht unumstritten akzeptiert wurde. Diese Programmierung ist eine doppelte: einerseits schreibt die herrschende Kultur sich unweigerlich in die Konstruktion des Apparates ein, die ihrem historisch gewachsenen Bildprogramm folgt, und andererseits gilt sie für das „geschulte Urteil", so Daston und Galison, das als kollektive Einübung notwendig ist, um Sichtbares im Bild durch spezifisches Wissen zu ergänzen (was vor allem dann für Spezialformen der technischen Bilder wie etwa dem Röntgenbild gilt).

Bei dem, was es zu sehen gibt, unterscheiden sich freilich der wissenschaftliche und der künstlerische Denkstil. Die medienästhetische Frage ist hier subtiler als der Kampf um den Anspruch der Fotografie als einer modernen Kunstform. Es ging umgekehrt immer auch darum, dass aus Sicht der Kunst die fotografische Wahrnehmung der Wirklichkeit in Frage gestellt wurde. Das betraf weniger die fantastischen Details, die schon Humboldt an den ersten Daguerreotypien bewunderte, sondern ihr seltsames Verhältnis zur Zeit, welches mit der Belichtungsdauer zusammenhängt. Je kürzer die Belichtung, desto irrealer scheint die fotografische Aufnahme zu werden, weil es einen Stillstand der Zeit in Wirklichkeit so gar nicht geben kann.

Eins der bekanntesten Experimente der Fotogeschichte machte der britische, in die Vereinigten Staaten ausgewanderte Fotopionier Eadweard Muybridge mit seinen Serienaufnahmen von Tieren und Menschen in Bewegung. Sein berühmtes Bewegungsprotokoll des Pferdegalopps scheint die These von der mechanischen Objektivität, welche die Fotokamera festhält, zu bestätigen. Die Ausgangsfrage war, wie das eigentlich wirklich aussieht, da beim gestreckten Galopp die Bewegungsabfolge des Tieres für das Auge nicht deutlich erkennbar ist. Auf romantischen Gemälden wie dem *Derby in Epsom*, das der französische Maler Théodore Géricault 1821 fertigte,[33] sind galoppierende Pferde in einer Art fliegender Sprunghaltung zu sehen, mit weit vom Bauch abgestreckten Beinen. Es gibt viele ähnliche Darstellungen aus jener Zeit, auf denen zu sehen war, wie man sich diese Bewegung eben dachte, weil das menschliche Auge sie nicht so genau sehen konnte. Berühren die

---

33 Siehe *http://www.zeno.org/nid/20004028155*

Beine des galoppierenden Pferdes den Boden oder handelt es sich um eine Abfolge von Sprüngen? Dies zu klären war Auftrag für Muybridge, der 1872 vom Eisenbahn-Unternehmer und kalifornischen Gouverneur Leland Stanford engagiert wurde, um auf dessen Ranch der Angelegenheit mit der neuen fotografischen Methode nachzugehen. Muybridge baute eine Versuchsanordnung mit mehreren Kameras auf, bei der ein Pferd mit Reiter vorbei galoppierte, wobei mit 24 aufgebauten Kameras nacheinander durch eine elektrische Relaisschaltung im Abstand von Tausendstelsekunden Bilder ausgelöst wurden. Die so entstandene Chronofotografie zeigte alle Details des ‚optisch Unbewussten' und konnte anschließend in einer Trommel sogar zu einem Bewegtbild zusammengesetzt werden. Neu war das in jenen Jahren übrigens nicht, bewegte Bilder, zunächst gezeichnet, gedruckt oder dann fotografiert, gehörten zum „kinematographischen Dispositiv" des 19. Jahrhunderts, zur Frühgeschichte des Films, die sich zwischen etwa 1830 und 1895 entfaltete.[34] Man steckte serielle Einzelbilder in Schlitztrommeln (das sogenannte *Zoopraxiscope*), deren Rotation dann eine Bewegungsillusion vermittelte.

Muybridge variierte dieses Verfahren zur Präsentation seiner Aufnahmen, die neben Pferden auch Bisons und Elefanten, Ochsen und Strauße etc. in Bewegung zeigten,[35] gefolgt von einer Publikation mit Menschen beim Sport oder einer Nackten, die eine Treppe hinabsteigt und derlei interessanter Dinge mehr (was wiederum in der Kunst ein Echo finden sollte, wie in Marcel Duchamps berühmtem Bild *Nu descendant un escalier* von 1912). In den Jahren zwischen Auftragserteilung und den berühmten Publikationen[36] fertigte Muybridge nicht weniger als etwa einhunderttausend solcher Aufnahmen an, die er *Automatic Electro-Photographs* nannte und deren Abzüge über seine Galerie in San Francisco auch in Druckversionen zum Verkauf angeboten wurden.

---

34 Vgl. Hick (2003).
35 Vgl. *http://www.zeno.org/nid/20001885006*
36 Eadweard Muybridge: *Animal Locomotion. An Electro-Photographic Investigation of Consecutive Phases of Animal Movement*, Philadelphia 1887; *The Human Figure in Motion*, Philadelphia 1901.

Abb. 12
The Horse in Motion, Eadweard Muybridge 1878; die galoppierende Stute hat einen Namen (Sallie), der schwarze Jockey nicht.
Quelle: Library of Congress Prints and Photographs Division

Die berühmteste davon, aus Phasenbildern zusammengesetzte Szene, deren Druck mit dem 19. Juni 1878 in Palo Alto, Kalifornien datiert ist, sollte die brennende Frage beantworten: das galoppierende Pferd hat in einzelnen Phasen tatsächlich keine Bodenberührung, allerdings sieht der Galopp dann definitiv anders aus, als die bildlichen Anmutung es will, die wenige Jahre zuvor noch von Géricault vermittelt wurde: die Beine sind nicht etwa ausgestreckt, sondern unter der Körpermitte des Pferdes zentriert.[37]

Gilt also die Formel, dass mit der Fotografie die Natur ‚sich selbst' malt – und zwar besser als jeder Künstler? Für die zeitgenössische avancierte Malerei bedeutete die neue Technik durchaus eine Irritation, aber nicht in dem Sinne, dass sie naturgetreuer abbildet. Künstler empfanden sie nicht immer als Konkurrenz, höchstens jene, die auf den Boulevards von Paris ihre Dienste als Portraitmaler anboten; die wurden freilich von den Fotografen mit ihren Ateliers, in denen die Bürger sich fortan ablichten ließen, verdrängt. Für die reflektierten bildenden Künstler ging es weniger um die Naturnähe als um die Bilderfindung, die eine intellektuelle Ebene einbezieht. Aber auch die Nachahmungsästhetik war damals fester Bestandteil der Kunst.

Abseits der Frage, ob Fotografie selbst eine Kunst sein könne, brachte die neue Bildtechnik die Malerei in „Zugzwang": anhand der Tagebücher von Eugène Delacroix, der sich intensiv mit der Fotografie beschäftigte, läßt sich das zeigen.[38] Delacroix schätzte die Fotografie offenbar als Medium der Bewahrung des unmittelbaren (und vor allem libidinösen) Sinneseindrucks und als Gedächtnisstütze für das Malen, er skizzierte seine Malerei oft nach Fotografien von Modellen – eine

---

37 https://en.wikipedia.org/wiki/The_1821_Derby_at_Epsom
38 Vgl. Damisch (2005).

dann um 1900 weit verbreitete künstlerische Praxis. Zudem nutzte er die neue Medientechnik zum Posieren, als Mittel seiner Selbstinszenierung. Hier zeichnete sich wohl eine Vorahnung dessen ab, was im 20. Jahrhundert mit Künstlern wie Duchamp, Warhol, Beuys etc. geschehen würde, um die These von Hubert Damisch zu paraphrasieren: dass nämlich das kulturelle Archiv von der Malerei zur Fotografie und zum Film gewandert ist, vom Historienbild zum Zeitbild. Damit steht aber mehr im Raum als allein die Formulierung von der wahren Zeichnung der Natur.

Neue Blickwinkel

Nicht nur Zeit, auch der Raum, und hier vor allem der urbane Raum, wurde als medienästhetische Kategorie neu gefasst, nachdem die Perspektive und die stereoskopische Fotografie die räumliche Wahrnehmung verändert haben. Die Stereoskopie ist eine Aufnahme mit zwei leicht versetzten Kameraobjektiven, die den Augenabstand imitieren und so bei der Betrachtung mit einer dafür bestimmten Vorrichtung einen räumlichen, d. h. dreidimensionalen Effekt hervorruft.[39] Sie avancierte ab etwa 1850 zu einem regelrechten Massenmedium. Welche fantastische Magie diese neue Medientechnik des ‚Raumbildes' für Zeitgenossen hatte, ist heute kaum mehr nachzuvollziehen.

Abb. 13
Der Stereoskop-Betrachter, ein Vorläufer der 3D-Technik. Stereoskopie, eine Technik der räumlichen Fotografie, war im 19. Jahrhundert überaus populär.

Quelle: Archiv des Autors

---

39 Das dioptrische Verfahren der Stereoskopie wurde vor allem von David Brewster ab 1849 entwickelt; für das Betrachten eines im Englischen auch so genannten *Stereograph* erfand er einen transportablen Betrachter, das *Brewster Stereoscope*, ein früher Vorläufer von 3D-Brillen und Head-Mounted Displays oder VR-Brillen.

Beeinflusst von den neuen Wahrnehmungen durch Fotografie, und viele spätere Aufnahmen urbaner Räume antizipierend, schuf gegen Ende des 19. Jahrhunderts der französische Maler Gustave Caillebotte eindrucksvoll fotorealistische Gemälde von einer ganz eigenen ästhetischen Qualität. Diese entsprach ganz dem modernen, aufgeräumten Stil des fortschrittlichen gestimmten Bürgertums. Die technische Moderne hielt Einzug in die Bildsujets, wie etwa die vernieteten Stahlkonstruktionen des Ingenieurs Gustave Eiffel.[40]

Obwohl Caillebotte im Kanon der modernen Meister eher am Rande auftaucht, ist er ein wichtiger Vertreter der Moderne, weil er in seiner Malerei die fotografische Wahrnehmung reflektiert und damit den Weg für die Impressionisten geebnet hat. Hier findet sich in der Malerei exemplarisch der neue Blick auf die Welt, der eigentlich erst durch die Fotokamera möglich wurde. Legendäre Fotografen wie Eugène Atget, Alfred Stieglitz, André Kertész, László Moholy-Nagy, Brassai u. a. wiederum haben in den nachfolgenden Jahrzehnten darauf mit der Wiederaufnahme von ungewöhnlichen Bildinhalten und einer urbanen Ästhetik reagiert. Licht- und Schattenspiele, ungewöhnliche Blickachsen gehörten ebenso dazu wie der Blick durch Balkongitter auf die neu gestalteten Boulevards von Paris. Es wäre falsch, im Verhältnis von Malerei und Fotografie nur die Konkurrenz und die Verdrängungsgeschichte zu sehen und nicht auch den Dialog.

Mehr als Einblicke: Visuelle Explizitmachung

Es gab nicht nur die Künstler aus dem gesellschaftlichen Establishment wie Caillebotte mit den entsprechenden Mitteln, sich Apparate und die entsprechende Muße zur Bildproduktion leisten zu können, sondern auch die vielen Amateure, die sich die Fotografie technisch aneigneten. Während es in zeitgenössischen Handbüchern für Amateurfotografen hieß, es sei Aufgabe der Fotografie, Wahrheit wiederzugeben, jedoch bitte sehr eine „das Auge nicht beleidigende Wahrheit",[41] so gab es dennoch immer öfter den neuen Blick auf sozial unbequeme Wahrheiten. Dabei wurden Wirklichkeiten, die im Normalzustand einer bürgerlichen Existenz verborgen blieben, explizit gemacht. Orte, die im Normalfall unsichtbar sind, sowie

---

40 Unter anderem *Les raboteurs de parquet* (1875), *Le Pont De L'Europe* (1876) und *Rue de Paris, temps de pluie* (1877). Für ein neues Sujet in der fotografischen Ästhetik steht etwa die Aufnahme eines Pariser Pissoirs von Charles Marville (1870) – Vgl. Sagner et al. Hg. (2012).
41 Zit. nach Pensold (2015): 20.

das Optisch-Unbewusste im sozialen Sinn wurden fotografisch-dokumentarisch auf die Ebene des Sichtbaren gehoben. Das galt schon für Nadar, der mit den Katakomben und Kanälen von Paris eine Welt ins Bild setzte, die sich dem öffentlichen Blick entzog. Der französische Renaissance-Dichter François Rabelais ließ seine Romanfigur Pantagruel einst sagen, dass *die Hälfte der Welt nicht wisse, wie die andere Hälfte lebt*, doch der Fotojournalismus trat an, um die Blicke auf eben diese zweite Hälfte zu lenken.

Ein prominentes Beispiel der Sozialreportage ist der dänische Emigrant Jacob August Riis, der in den 1870er Jahren in New York Polizeireporter der Zeitung *Evening Sun* wurde. Für seine Fotoreportagen aus den *Tenements*, den einfachen Mietskasernen für Einwanderer unterschiedlichster Nationen im damaligen Manhattan Lower East Side setzte er Armut, Alltagsleben in den Slums, Arbeit der Schneider in den Sweatshops, Kinderarbeit, Obdachlose und Kneipenszenen ins Bild. Riis arbeitet mit der neuen Technik des Magnesium-Blitzlichts (*Flashlight*) und schuf damit eindrucksvolle Bilder aus dem depravierten Alltag in den städtischen Slums der Immigranten. Diese Fotoreportagen waren nicht auf die künstlerische Ästhetik hin angelegt, sondern auf eine Veränderung der skandalösen Zustände. Sie waren zunächst als ‚Laternbilder' angelegt, um die sozialkritischen Vorträge von Riis zu unterstützen. Auch fanden sie sich in Illustrierten Zeitungen als grafisch minderwertige Holzstiche reproduziert (*Flashes from the Slums*), bevor die Sozialreportage als bebildertes Buch mit dem Titel „Wie die andere Hälfte lebt" erschien; dieses wurde ein Langzeit-Bestseller.[42]

Es handelt sich um einen radikal neuen Ansatz in der Fotografie, die hier offensiv zur Explizitmachung sozialer Missstände benutzt wurde: „the haunts of poverty and vice in the great city" (Titelblatt) – menschliches Elend und Sitten in der Einwanderungsstadt New York, die heute noch irritierend anzusehen sind. Diese sozialdokumentarischen Fotografien zeigten Wirkung, allerdings weniger in ihrer ästhetischen Dimension sondern als Beweismittel für die desolaten Sozialverhältnisse. Vieles in diesen Aufnahmen, etwa *Chinese Opium Joint* (1887), hatte es so noch nie zuvor im fotografischen Bild gegeben. Nicht die Kunst, sondern Drama und Pathos der Bilder von Riis wurden anerkannt und gelobt. Auf das fotografische Bild als Kunstwerk legte ihr Autor keinerlei Wert. Ihm ging es allein um Dokumentation, nicht um Kunst.

---

42 Jacob August Riis: *How the Other Half Lives*, New York 1890 – Digitalisat: http://library.harvard.edu. „Laternbilder" sind eine Vorform des Diapositivs und wurden mittels einer *Laterna magica* projiziert, was beim Publikum der sozialkritischen „illustrated lectures" von Riis sehr gut ankam.

Fotografie als Kunst?

Die Fotografien konnten damals noch nicht gedruckt werden, bzw. nur technisch minderwertig im Halbton-Verfahren (Heliogravüre), und so erfolgte ihre Reproduktion in Zeitungen und Büchern meist mittels Holzstich- oder eben ab ca. 1890 auch Halbton-Reproduktion, die zwar immer besser wurde, sich aber vom Detailreichtum der originalen Aufnahmen doch deutlich unterschied. Die Glasnegative von Riis wurden erst Jahrzehnte später als künstlerische Elemente wieder entdeckt und 1947 ausgestellt, womit dieser Meilenstein der sozialdokumentarischen Fotografie aus der Vergessenheit gehoben wurde.[43]

Riis selbst war wie gesagt kein Fotokünstler (er arbeitete mit angestellten Amateurfotografen und überließ denen auch die Arbeit in der Dunkelkammer), sondern Sozialreformer und politischer Aktivist. Das Medium setzte er für seine Zwecke ein, und das waren allererst Vorträge und Artikel, auch zur politischen Unterstützung für den New Yorker Politiker und späteren US-Präsidenten Theodore Roosevelt. Damit wurde er dennoch zum Wegbereiter des neuen fotografischen Dispositivs, weil er seine Abgebildeten mit der neuen Technik des Magnesium-Blitzlicht überraschte (und dabei ab und zu auch Wohnungsbrände ausgelöst haben soll). Jene Aufnahmen sind zu emblematischen Zeichen urbaner Subkultur geworden, die bis in die Gegenwart von der Filmindustrie immer weiter zitiert werden, zuletzt im filmischen Epos *Gangs of New York*.[44]

Neue Ansichten, die ästhetisch ungewöhnlich waren, vertraten nach der Wende zum 20. Jahrhundert Projekte wie die sehr teuer und aufwendig produzierte Fotozeitschrift *Camera Work*, gegründet von Alfred Stieglitz in New York, wo dieser gemeinsam mit dem Fotokünstler Edward Steichen eine Kunstgalerie betrieb. Man war allerorten und so auch hier einfach auf der Suche nach einem dritten Weg zwischen Malerei und Fotografie, nach einer neuen Medienästhetik. Dazu wurde der Dialog mit avantgardistischen europäischen Künstlern geführt, wie Henri Matisse (der später im Dialog mit dem Fotografen Brassai in Nizza arbeitete) oder Auguste Rodin (der von Edward Steichen fotografiert wurde), Paul Cézanne und Pablo Picasso. Manche Versuche der Fotografie gingen aber auch in Richtung der Malerei-Imitation, sowie der Erzeugung einer auratischen Erscheinung der Aufnahmen durch Retuschiertechnik.

---

43 Vgl. Yochelson und Czitrom (2014) – Zur Wiederentdeckung der Glasnegative in Long Island, die sich jetzt im *Museum of the City of New York* befinden vgl. ebd.: 124. Viele der Aufnahmen, für die Riis heute weltbekannt ist, wie *Bandit's Roost* (1887), hat er jedoch nicht persönlich gemacht.

44 Regie: Martin Scorsese (2002).

Es ist diese künstliche Aura, von der das fotografische Objekt sich erst befreien musste, um zu einer eigenen Ästhetik zu finden. Erst dann löst sich auch, wie Walter Benjamin an einer meist überlesenen Stelle seiner Reflexion zur *Photographie* interpretierte, das seltsame Verhältnis zur Magie der Aura auf, das zwischen Einmaligkeit und Reproduktion besteht. Benjamin bezog sich auf Eugène Atgets Aufnahmen von Paris um 1900, denen er eine die stickige Atmosphäre des 19. Jahrhunderts bereinigende Kapazität zusprach, ja sogar „die Befreiung des Objekts von der Aura". Benjamin beklagte nämlich nicht den *Verlust* der Aura, wie es in der etablierten Fehlinterpretation seiner Schriften heißt, sondern er begrüßte im marxistisch-surrealistischen Doppelsinn deren ästhetische *Auflösung* durch Medientechnik ganz so, als hätte er bereits Andy Warhols Produktion der Serie gekannt: „Die Entschälung des Gegenstandes aus seiner Hülle, die Zertrümmerung der Aura ist die Signatur einer Wahrnehmung, deren Sinn für alles Gleichartige auf der Welt so gewachsen ist, daß sie es mittels der Reproduktion auch dem Einmaligen abgewinnt."[45]

An dieser Stelle wird rückblickend klar, wie der Fotokunst alles Mögliche zugesprochen worden ist: die technische Perfektion der Reproduktion, die wahrhaftige Leistung der Dokumentation, die künstlerische Formfindung und überhaupt, die erstmals zu sich selbst findende Ästhetik einer Apparatur, welche die menschliche Wahrnehmung übersteigt. Es scheint also davon abzuhängen, welche Perspektive man anlegt, um zu einem Urteil über Fotografie zu gelangen. Zudem hat diese Medientechnik sich in eineinhalb Jahrhunderten doch technisch wie ästhetisch so oft neu erfunden, dass es immer wieder schwierig wird zu definieren, wovon überhaupt die Rede ist.

Die Fotografie lügt

Damit noch einmal kurz zurück zur Grundfrage der perfekten Wiedergabe, mit der Auguste Rodin in den Gesprächen zur Kunst konfrontiert wurde, und für die er eine eindeutige Antwort bereit hielt: „Der Künstler ist wahr, und die Fotografie lügt." Die Fotografie scheint im Besitz der Wahrheit zu sein, doch der Künstler widerspricht selbstbewusst diesem Eindruck. In Wahrheit stehe ja die Zeit nicht still, sodass der technisch-analytische Blick der Fotografie nicht dem entspreche, was wahr ist. Angesichts der Momentfotografie wirke ein Gemälde wie jenes von

---

45 Benjamin (2002): 308, bzw. 310.

Géricault natürlich falsch, aber der Künstler verdichte eben „mehrere auf die Zeit verteilte Bewegungen", um ein Bild zu schaffen.[46] Wenn dieses Argument in einer oberflächlichen Lesart auch etwas verstaubt anmutet, so hat es doch einiges für sich. Es geht letztlich darum, was wir sehen wollen, wenn wir sehen. Benjamin zitiert eine Abbildung des Philosophen Friedrich Schelling,[47] eine in Berlin 1848 gemachte Daguerreotypie, die sich von einem idealisierten Gemälde des bayrischen Hofmalers Stieler von 1835, der auch andere Größen seiner Zeit wie Beethoven oder Goethe portraitiert hat, ästhetisch ziemlich auffällig unterscheidet. Die Malerei synthetisiert anders, als die Fotografie das je könnte. Doch sie bereinigt eben auch, und verdichtet die Wahrnehmung des Künstlers die er dem Betrachter anbieten möchte, sie blendet aus, rafft Eigenschaften der portraitierten Person zusammen, idealisiert sie, kurzum: sie lügt auch ohne Ende. Die Fotografie hingegen folgt einer technischen Programmierung, zeichnet eine Lichtspur auf.

Einen entscheidenden Vorteilsmoment hat Fotografie, und das ist – neben allem, was schon heimlich von ihr begeisterte Maler wie Delacroix wahrgenommen haben – der eingefangene Zufallsmoment. Auch Benjamin war dafür empfänglich, als er bewusst von der „Schärfung der physiognomischen Auffassung"[48] sprach, während er kleine Eigenheiten vor sich hatte, wie die verschlissenen Hosen und Hemden, die diese längst verblichenen Herren auf den frühen Fotografien an sich tragen, sowie schale Gerüche, die sich erahnen lassen. Es sind genau die Einzelheiten, die in der Malerei ausgespart werden können und die, in Fotografien unbemerkt auftauchend, als Irritation wirken, als Zufälle, die ins Bild kommen ohne unbedingt gemeint zu sein und die genau deshalb signifikant sind.

In seinem klassischen Essay zur fotografischen Ästhetik nannte Roland Barthes dieses Phänomen des zufällig definierten Gefallens das *punctum* – ein entscheidendes Detail, der Stich, das kleine Loch, der gefallene Würfel, so und nicht anders: „Das *punctum* einer Photographie, das ist jenes Zufällige an ihr, das *mich besticht* (mich aber auch verwundert, trifft)."[49] Nun wäre es gerade die Unbestechlichkeit gewesen, mit der man versuchte, die neue Medienästhetik der Fotografie zu verteidigen, doch sehr überzeugend fiel es auch bei Barthes nicht aus. Es wird klar, dass es auf die Position ankommt, von der aus der mediale Effekt beobachtet wird. Damit geht es nicht allein um die Fotografie als ‚Kunst', als subjektive Artikulation, sondern

---

46 Auguste Rodin, Paul Gsell: *L'art; entretiens réunis*, Paris 1911 – Zit. nach Virilio (1989): 11ff.
47 Vgl. Benjamin (2002): 319.
48 Benjamin (2002): 311.
49 Barthes (1989): 36.

um ihre Funktion in einer Kultur der zunehmenden Reproduzierbarkeit und Dokumentation von Ereignissen. Das fotografische Verfahren nämlich veränderte definitiv das Verhältnis von Kultur und historischer Überlieferung.

Fotografie als Dokumentation

Es gibt erste Aufnahmen historischer Ereignisse wie vom Krimkrieg (vom britischen Fotografen Roger Fenton, 1855) und vom amerikanischen Sezessionkrieg (den Alexander Gardner ab 1861 fotografisch dokumentierte). Was im medientheoretischen Diskurs oft übersehen wurde: die Fotografie ist eher Dokumentation als Repräsentation einer bestimmten Wahrheit, die stets aus mehr besteht als aus dem, was gezeigt wird; zur Wahrheit gehört auch das, was außerhalb des Bildrahmens sich ereignet oder was eben ausgelassen wurde.[50] Nicht zuletzt sind das Bildschärfe und die Qualität der Reproduktion. Fotografien konnten lange Zeit im Druck nicht befriedigend reproduziert werden, dies war erst mit dem Verfahren der *Autotypie* ohne großen Verlust in der technischen Qualität möglich.

Erste drucktechnische Reproduktionen von Fotografien mittels dieses Verfahrens wurden um 1880 veröffentlicht. Sie lösten einen ganzen Berufsstand ab, der von der manuellen Technik der Xylographie (Holzstich) lebte, aus dessen durch netzartige Linienmuster jene Halbtonwerte erzeugt wurden, die auf Papier gedruckt werden konnten. Die Autotypie hingegen mag man sich als eine Frühform des Pixels vorstellen. Die Technik bestand darin, „eine Photographie durch einen gerasterten Schirm hindurch zu reproduzieren, der sie in eine Vielzahl von Punkten unterteilt. Anschließend lässt man das auf diese Weise von einer Photographie erhaltene Klischee zusammen mit dem gesetzten Text durch eine Presse laufen."[51]

Häufig wird nur die Kameratechnik erwähnt, wenn es um Innovationen in der Fotokunst geht (etwa die seit den Kleinbildkameras wie der Leica, 1912, veränderte Ästhetik), doch ebenso wichtig für die Verbreitung der Fotografie als einer zentralen Kulturtechnik der Medienmoderne war die Möglichkeit ihrer drucktechnischen und später auch digitalen Reproduktion. Dieses technische Detail sei vor allem deswegen betont, weil als Bedingung für eine Veröffentlichung die Distribution der

---

50 Zur Diskussion etwa anhand der weltweit verbreiteten Fotografien aus Abu Ghraib 2003 vgl. „Photographs reveal and conceal", Morris (2011): 75ff – Der Dokumentarfilmer Errol Morris zeigt deutlich auf, dass nur eine rechercheintensive Interpretation solcher in der Presse verbreiteten Fotos ihre wahre Bedeutung erschließt.
51 Freund (1979): 116.

Fotografie für ihre Bedeutung im vergangenen Jahrhundert ebenso wichtig war wie zunächst die Erzeugung des Lichtbildes selbst. Sie bildete das Verbreitungsmedium für die fotografischen Ikonen des 20. Jahrhunderts, womit sich eine neue Art des kulturellen Gedächtnisses herausbildete. Mit *Daily Graphic* (New York 1880) beginnend, lieferte sie die Basis für den Fotojournalismus und dessen Medien wie *Time* (New York, ab 1923) und das *Life Magazine* (New York, ab 1936).[52] Es ist oft nicht ihr Inhalt, nicht das Abgebildete, was bestimmte ikonische Fotografien berühmt gemacht hat, sondern ihre Verbreitung in der Presse, und weniger die immanente ästhetische Qualität.[53]

Die fotografische Inszenierung

Nicht Evidenz des Abgebildeten trägt zur Bedeutung einer Fotografie bei, nicht nur der sichtbare Inhalt, sondern immer auch der Kontext, in dem sie produziert wurde und in dem sie auftaucht.[54] Fast jede Fotografie wird nur im Zustand ihrer Reproduktion wahrgenommen, in gedruckten Zeitungen oder Magazinen, wo die Bildredakteure und mit diesen der Zufall der Ereignisse ‚Bedeutung' inszenieren. Auch die Referenzen, die mit einer Bildunterschrift gegeben werden, können das, was abgebildet wird, völlig anders aussehen lassen. Oftmals wurde dabei die dokumentarische Wahrheit einer Fotografie (das festgehaltene Ereignis) einfach in passendes Licht gerückt: immer wieder wird bekannt, dass Möglichkeiten genutzt wurden, nicht nur das optisch Unbewusste zu zeigen, sondern bestimmte Aspekte der Wirklichkeit auszublenden oder bewusst auf ihre Bildwirkung hin zu inszenieren.[55] Einerseits hat dies bei vielen Fotografen mit dem Willen zu einer programmierten Ästhetik zu tun (Krieg muss eben nach Krieg aussehen), was nicht nur bezogen

---

52 Siehe dazu: *LIFE photo archive hosted by Google* – http://images.google.com/hosted/life
53 Vgl. *The Most Influential Images of All* Time – http://100photos.time.com
54 Dazu kommt noch die Eigenheit der Visuellen Kulturen: „Nach der Erfindung des Zelluloids und des Magnetbandes geht auch das bedeutendste Bild einer Generation von einem Medium zum andern über. Jede Generation der Bild-Betrachtung hat ihre eigene Referenzkunst, die alle anderen durch ihre Stimmigkeit aussticht." -- Debray (2013): 302.
55 Vgl. „Manipulation, staging and the future documentary photography" in: Franklin (2016): Kap.8. Zur Inszenierung des Dokumentarischen bei legendären Fotografen wie Arthur Rothstein, Walker Evans und Dorothea Lange vgl. die quasi forensische Analyse von Morris (2011): Kap. 4.

auf einen Effekt beim Betrachter gilt, sondern eben auch mit den kommerziellen Erwartungen der Bildagentur.

Abb. 14
Fotografien gehen oft eigensinnige Wege: Während einer Trauerveranstaltung in Havanna schoss der kubanische Fotograf Alberto Korda 1960 das bekannte Foto Ché Guevaras. Bekannt wurde es aber erst 1967 durch seine Verwendung bei europäischen Studentenprotesten und in der schablonenhaften Interpretation des irischen Grafikers Jim Fitzpatrick von 1968 — als „Guerrillero Heroico" eine der bekanntesten Bildikonen.
Quelle: Museo Che Guevara, Havanna, Kuba

Viele berühmte Fotos entstanden als Reportageauftrag für Magazine, oder im Rahmen eines Verlagsprojektes, dem repräsentablen Fotobuch.[56] Dabei scheint die Praxis, kleine Details zu verbessern oder einen bestimmten „look for the camera" zu erzeugen relativ üblich und wurde Teil der routinisierten fotografischen Bildproduktion. So gab es immer wieder Ereignisse, die für die Kamera wiederholt oder eigens inszeniert wurden, um einen historischen Moment festzuhalten. Das gilt *pars pro toto* für die legendäre Aufnahme aus dem Spanischen Bürgerkrieg, publiziert in *Life Magazine* im September 1936, eine Fotografie eines erschossenen Milizionärs im Augenblick seines Todes. Sie hat Robert Capa berühmt gemacht, doch inzwischen gilt als eindeutig erwiesen, dass es sich um eine gestellte Szene handelt.[57] Dieses *Staging* oder Produzieren eines erwarteten Bildes ist ein zentraler ästhetischer

---

56 Die Fotoliteratur ist inzwischen geradezu ausufernd, vgl. das Buch über Fotobücher von Parr und Badger (2004ff). Schon Walter Benjamin befasste sich in dem berühmten Text „Kleine Geschichte der Photographie" (1931) eigentlich nicht mit Fotografie, obwohl er dazu auch Aussagen traf, sondern der Text entstand als Besprechung von Fotobüchern für *Die literarische Welt*, vgl. Benjamin (2002): 300-324.
57 Vgl. Morris (2011), Kap. X

Effekt der Medienmoderne, zu der im Gegensatz zur plumpen Bildmanipulation oder bewussten Fälschung ein komplexer Mechanismus aus Erwartungshaltungen gehört, der die Bilderzeugung beeinflusst. Es gibt keine Dokumentation ohne eine Reihe von Entscheidungen und Auswahlprozessen, die letztlich zu den Bildern führen – und damit auch zu einer bestimmten Ästhetisierung.

Was zählt, sind letztlich nicht die Bilder, sondern das, was aus ihnen und mit ihnen gemacht wird. Auch der Fotojournalismus ist Teil einer umfassenden Kulturindustrie geworden. Seit 1955 wird die bildjournalistische Sensation des Jahres in mehreren Kategorien von der niederländischen Stiftung *World Press Photo* ausgezeichnet. Der Skandal dabei ist nicht die zunehmende, mit den technischen Möglichkeiten gestiegene Manipulation der Bilder, die hier oft kritisiert wird, sondern ein über die Jahre im Medienverbund unbewusst entwickeltes System der Prämierung einer gänzlich erwartbaren Bildsprache, die sich häufig aus der christlichen Ikonographie ableitet.[58]

Noch ein weiterer Aspekt kommt hinzu, wenn der Bezug der Fotografie zur grafischen Gestaltung berücksichtigt wird. Einen unerwarteten Blick auf die Möglichkeiten der Fotografie bietet eine kluge Betrachtung des Ideologen der modernen Typografie, Jan Tschichold. Wie kommt es eigentlich, dass er die Fotografie als „wesentliches typografisches Mittel der Gegenwart" bezeichnete? Tschichold brachte einige neue Kategorien in die Diskussion um Fotografie, die er als ein zentrales Aufbauelement der modernen Gestaltung erachtete. Das im Autotypie-Verfahren gedruckte Foto bilde nämlich eine zerlegte Oberfläche aus Rasterpunkten, somit nähere sich das Fotoklischee der Technik des Setzens an, als „typo-foto". Fotografie müsse nicht beanspruchen, Kunst zu sein, denn als „Sachfoto" diene sie anderen Zwecken als dem individualistischen Ausdruck: „gerade in ihrer großen, oft übernatürlichen klarheit und ihrer unbestechlichkeit beruht der eigentümliche reiz der fotografie. durch die reinheit ihrer erscheinung und den mechanischen herstellungsprozeß wird so die fotografie zum gegebenen mittel bildlicher darstellung in unserer zeit." [*sic!*][59]

---

58 *worldpressphoto.org/collection*
59 Jan Tschichold: „Fotografie und Typografie", in: Die Form. Zeitschrift für gestaltende Arbeit, 1928, Heft 3: 142. Digitalisat der Universitätsbibliothek Heidelberg: http://digi.ub.uni-heidelberg.de/diglit/form1928/0150

Die fotografische Inszenierung 75

Abb. 15 „Perlgarn", Fotos für Werbezwecke, Hans Finsler. Illustration zum erwähnten Artikel von Jan Tschichold
Quelle: Die Form. Zeitschrift für gestaltende Arbeit, 1928, Heft 3, Seite 148

Bei zeitgemäßen Mitteln hat der Typograph hier natürlich die *Neue Sachlichkeit* vor Augen und die künstlerische Avantgarde des Bauhauses. Tschichold bebilderte seinen Artikel mit Reklamefotos von Hans Finsler und Arbeiten von Herbert Beyer, Willi Baumeister, László Moholy-Nagy. Fotografie schafft hier nicht einen besseren, sondern schlicht einen anderen Ausdrucksraum. Einzig sie könne den „bildhunger des modernen menschen" stillen, und zwar mit Sachfotos, Fotogrammen und Fotomontagen (John Heartfield und Man Ray finden Erwähnung). Dies ist ihm die gestalterische Entsprechung zur objektiven Schriftform, als die er – entsprechend dem Geist einer Zeit, die sich auch architektonisch vom Ornament radikal zu befreien suchte und also überall nach klaren Linien verlangte – einzig die Groteskschrift gelten ließ, also radikal moderne Schrift ohne Serifen und Schnörkel.[60]

---

60 Vgl. Jan Tschichold: *Die neue Typographie. Ein Handbuch für zeitgemäß Schaffende*, Berlin 1928. Zur Kritik des Ornaments vgl. Adolf Loos: *Ornament und Verbrechen*, Wien 1908: „Der moderne Mensch, der Mensch mit den modernen Nerven, braucht das Ornament nicht, er verabscheut es."

Wenn schon Kunst, dann also in neuer Form, ganz im Geist des Bauhauses nicht wirklichkeitsabbildend, sondern Wirklichkeit gestaltend, oder auch projizierend, bis hin zum frühen medienkünstlerischen Experiment im *Zeichnen mit Licht*. Moholy-Nagy, der als Lehrer am Bauhaus viel mit Licht, Fotografie und Projektion experimentiert hat, was für ihn von zentraler Bedeutung für die Medienmoderne war, schrieb 1928 zur künftigen Bedeutung der Fotografie: „die grenzen der fotografie sind nicht abzusehen. hier ist alles noch so neu, daß selbst das suchen schon zu schöpferischen resultaten führt. die technik ist der selbstverständliche Wegbereiter dazu. nicht der schrift-, sondern der fotografie-unkundige wird der analfabet der zukunft sein." [*sic!*][61]

Technik und Aisthesis

Fotografie hat die menschliche Wahrnehmung nachhaltig strukturiert, und ihre künstlerischen Verächter mussten vor der neuen Medienrealität kapitulieren. Bilder halten Erinnerungen präsent, und so begann im 19. Jahrhundert eine gewaltige, heute noch anhaltende Synchronisierung des kulturellen Archivs durch die Schaffung eines globalen und zunehmend leichter verfügbaren Bildgedächtnisses. Es ließe sich behaupten, dass mit der Fotografie ein ganzes Jahrhundert sich selbst inszenierte. Sie gehört zu den neuen Institutionen der bürgerlichen Repräsentation ebenso wie Museen und Bibliotheken, Archive und Statistiken: „Das 19. Jahrhundert war eine Epoche organisierter Erinnerung und zugleich gesteigerter Selbstbeobachtung.[62]

Eine weitere Veränderung geht mit der Detailschärfe einher, die schon Humboldt an den frühen Daguerreotypie so überrascht hat. Vor der Ära der Linsen, im umfassenden Sinn von Fernrohr, Brille und Kameraobjektiv, gab es keine Sehschärfe, so wie wir es gewohnt sind, sondern eine habituelle Unschärfe des Sehsinns. „Mikroskope und Fernrohre verwirren eigentlich den reinen Menschensinn", befand Goethe, und auch die neue Mode der „Annäherungsbrillen" mochte er nicht – in all dieser Schärfe und so genau wolle ja doch niemand die Welt wirklich sehen.[63]

---

61 László Moholy-Nagy: *Malerei, Fotografie, Film*, Berlin 1927 (Bauhaus-Buch Nr.8): XX
62 Osterhammel (2011): 26.
63 „Sooft ich durch eine Brille sehe", sagt Wilhelm, „bin ich ein anderer Mensch und gefalle mir selbst nicht" – Johann Wolfgang von Goethe: *Wilhelm Meisters Wanderjahre*, 1821. Für dieses seltsame Gefühl, das sich einstellt wenn Technik die menschlichen Sinneswahrnehmung überbietet, fand Günther Anders dann den Topos der „prometheischen Scham", vgl. Anders(1980): Band 1, 21-95.

Mit jeder neuen Technik verändert sich die menschliche *Aisthesis*.[64] Denn das Sehen ist medienabhängig in dem Sinn, wie es historische Traditionen und technische Erweiterungen des Sehsinns gibt. Das 19. Jahrhundert brachte zahlreiche Technologien hervor, die das Sehen veränderten, indem es die menschliche Wahrnehmung nicht nur verstärkte, wie mit der Brille, sondern um eine neue Kategorie der „Sehmaschinen" (Paul Virilio) erweiterte. Es ist nicht dasselbe Sehen, wenn Apparate wie etwa Überwachungskameras das Geschehen aufzeichnen, und damit die Subjektivität des Sehens zum Verschwinden bringen. Die Geräte, die den menschlichen Blick auf die Dinge ersetzten, änderten jeweils auch das Weltbild, und sie erzeugten eine unersättliche Nachfrage nach immer mehr Bildern.

Der amerikanische Kunsthistoriker Jonathan Crary sprach von einer „unerbittlich fortschreitenden Abstraktion des Visuellen", denn die Medienmoderne, so seine These, hat zahlreiche visuelle Apparatetechniken entwickelt, „die das Sehen auf einer vom Betrachter und vom menschlichen Auge getrennten Ebene neu anordnen".[65] Sichtbarkeit hat tendenziell nicht mehr nur mit dem Menschen zu tun, mit dem sprichwörtlichen Auge des Betrachters, sondern mit synthetischen Praktiken, die Technobilder erzeugen, die „keinen Bezug mehr zur jeweiligen Position des Betrachters in der ‚wirklichen', optisch wahrnehmbaren Welt haben".[66]

Menschen haben die Synthesis der Wirklichkeitswahrnehmung zu großen Teilen an die Apparate delegiert. Medienästhetisch bedeutsam ist daran, dass der Bereich der Apparatewahrnehmung zunehmend wächst und ein völlig neu geartetes Dispositiv entstehen lässt. Dieses ist, sowohl räumlich als auch zeitlich, von neuer Verfügbarkeit und verändert persönliche wie die kollektive Erinnerungsformen. Vor allem aber auch: es lässt zu, dass die Information über vergangene Ereignisse auch außerhalb von Schriften funktioniert. Fotografie ist damit auch das Medium der Privilegierung von Visualität in der westlichen Moderne. Dieser „Modernisierung des Sehens"[67] sollte sich die Unterhaltungsindustrie des 20. Jahrhunderts dann ausgiebig widmen, um eine bislang ungekannte Kultur des visuellen Begehrens zu entwickeln.

---

64 Der Ausdruck stammt aus dem Altgriechischen, und bedeutet nicht das Schöne im Sinne von Ästhetik, sondern die Formen sinnlicher Wahrnehmung.
65 Crary (1990): 12
66 Ebd. — Ein aktuelles Indiz für diese Tendenz ist, dass Fotografien zunehmend durch fotorealistische 3D-Darstellungen ersetzt werden, weil das für die Werbeindustrie wirtschaftlicher ist, vgl. „Illusionen aus dem Rechner", in: Der Spiegel 41/2016: 80f.
67 Jonathan Crary: „Die Modernisierung des Sehens", in Wolf Hg. (2002): 67ff.

PROPAGANDA

Dass Bilder zerlegt und damit weiterverarbeitet und auch in einen anderen Kontext gestellt werden können, ist Grundlage für eine global agierende Industrie geworden.[1] Das begann mit den Kupferstich-Kopien von Gemälden und erzeugte mit der drucktechnischen Reproduktion von Fotografien eine Proliferation der Bildproduktion, die sogenannte Bilderflut im 20. Jahrhundert. Zu Recht wurde die Authentizität des neuen Bildformates oft angezweifelt; mit Reproduktionstechnik und Fotomontage entstanden vermehrt auch Fälschungen und propagandistische Bedeutungsmanipulationen.

Ästhetik der Montage

In seinem berühmten Experiment, das er 1921 am Moskauer Institut für Kinematographie durchführte, zeigte der Regisseur Lew Kuleschow den Betrachtern ein und dieselbe Gesichtsaufnahme eines Schauspielers und montierte diese zusammen mit Bildern von einer Suppe, einer Frau, einem Sarg, einer Waffe. Obwohl sich das Gesicht nicht änderte, assoziierten die Zuschauer einen jeweils anderen Ausdruck. „Die wechselnde Montage dieser Einstellungen veränderte ständig ihren Sinn. […] Aus zwei Einstellungen entstand so ein neuer Begriff, ein neues Bild, das nicht in ihnen enthalten war: etwas Drittes war geboren. Diese Entdeckung verblüffte mich außerordentlich. Ich begriff, was man mit der Montage alles machen kann."[2]

---

1 Zwei amerikanische Bildagenturen, *Corbis Corporation* und *Getty Images*, sicherten sich ab den 1990er Jahren die Verwertungsrechte an zusammen über 180 Millionen Bildern. Bildagenturen für Stockfotografie entstanden ab den 1920er Jahren; sie haben Lizenzrechte an nahezu sämtlichen historisch bedeutsamen Aufnahmen.
2 Lev Kuleschow: „Künstlerischer Eindruck und Montage", zit. nach Schnell (2000): 92.

Nun gehört dieses dritte Bild zum bereits erwähnten kinematografischen Dispositiv und war im frühen 19. Jahrhundert durchaus bekannt, in Form der überaus populären *Philosophical Toys*, wie man das nannte. Das Thaumatrop (die Wunderscheibe, ein frühes Bewegtbild) etwa überlagert zwei Bilder zu einem dritten, eine optische Täuschung, da das Gehirn eine rasche Folge von Einzelbildern nicht mehr auflösen kann. Beides also, der Kontext von Aufnahmen wie die Reihung der Einstellungen, die im Filmschnitt genutzt werden, entscheiden über das, was ein Betrachter sieht. Je mehr die Betrachter wissen, und je besser sie eine Medientechnik kennen, desto weniger leicht lassen sie sich letztlich täuschen. Nur in ihren Anfängen wirkte die plumpe filmische Montage revolutionär, die heutigen Methoden hingegen sind sehr viel subtiler geworden.[3]

Medientechnisches Wissen erzeugt Transparenz, aber man lässt sich ja gern auf die Täuschung ein, sonst würden Kinofilme nicht gut funktionieren. Nur wer die technische Wirklichkeit mehr oder weniger wissentlich ignoriert – etwa dass sich Galaxien und Sternengeburten nicht wirklich *fotografieren* lassen – wird die in der Presse verbreiteten Aufnahmen des Hubble Weltraumteleskops schön finden, während sie in Wirklichkeit nicht anderes sind als inszenierte Wissenschaftspropaganda. Ästhetischen Genuss verschafft die *willing suspension of disbelief*, eine Bereitschaft seitens der Rezipienten, vorübergehend ihre Kritikfähigkeit auszusetzen, um eine literarische oder filmische Fiktion zu genießen und als temporäre Wirklichkeit zu akzeptieren. Sie erklärt auch, warum das Wissen des Publikums um das Fiktive einer Erzählung sich nicht unbedingt störend auf den Kunstgenuss auswirken muss, sondern im Gegenteil dazu gehört.[4]

Doch bei aller Professionalität in der Bildproduktion durch Montagetechnik oder Software-Manipulation bleibt die Tatsache bestehen, dass Bilder vor allem im Kopf erzeugt und abgespeichert werden und dass ihre Glaubwürdigkeit vom Wissen der Betrachter abhängt, und seien sie noch so perfekt gemacht. Eine mehr oder weniger starke Ahnung von seiner Künstlichkeit begleitet jedes Bild, doch nur unter der Bedingung einer gewissen Transparenz der technischen Voraussetzungen wird es kritisierbar. Das wäre der Fall für solche Bilder, die sich nicht mehr auf dieselbe ontologische Stufe mit dem Abgebildeten stellen. Die moderne abstrakte

---

3   Vgl. Murch (2001).
4   Das Phänomen der „willing suspension of disbelief" ist ein Topos aus der angloamerikanischen Literaturwissenschaft, der auf eine Formulierung des englischen Poeten Samuel Taylor Coleridge von 1817 zurückgeht.

Malerei tat dies absichtlich nicht mehr und ließ den künstlerischen Anspruch, eine Raumillusion zu erzeugen, irgendwann einfach fallen.[5]

Bild und Bilderverbot

Seit langer Zeit besteht ein gewisser Argwohn gegen die Bilder mit ihrem Anspruch, die Existenz des Abgebildeten zu bezeugen. Das Trugbild der Wirklichkeit wird schon in Platons Höhlengleichnis kritisiert, in dem die ihrer Sinnlichkeit verhafteten Menschen an die Wand geworfene Schattenbilder für das halten, was wahr ist, weil sie es nicht besser wissen können. Wahre Bildung, so wurde daraus abgeleitet, findet in einem abstrakten Medium statt und nicht in einem Medium der sinnlichen Anschauung. Sie hält sich an die Idee des Wahren, des Guten und des Schönen statt an trügerische Schattenbilder und arbeitet, als philosophisches Programm, an der Auflösung des Scheins zugunsten des Seins.[6]

Soweit diese Überlieferung. Der vermeintlich wahre Glaube an die geschichts- und kulturbegründende Funktion von Schrift statt Bild, wie ihn die Buchreligionen mit ihren heiligen Texten vertreten, weisen alle ikonoklastische Tendenzen auf.[7] In wiederholten Phasen der Geschichte kommt es zu Bilderverboten und Bilderstürmerei. Doch Bilder kehrten immer wieder zurück, sie ließen sich nicht so leicht unterdrücken. Seit dem byzantinischen Bilderstreit wird ihr Für und Wider diskutiert.[8] Die Reformation, die eine Rückbesinnung auf die wahre Bedeutung der Heiligen Schrift forderte und auch ein bildfeindliches Reinigungsprogramm auslöste, provozierte die katholische Gegenreformation, die ihre eigene Ästhetik mit einem opulenten Bildprogramm des Barock begründete. Zentrale Instanz dafür

---

5 Aus diesem Grund sagte McLuhan, es sei der *Kubismus* gewesen, der die Botschaft verkündete, dass das Medium selbst schon die Botschaft ist, vgl. McLuhan (1964): Kap.1.
6 So die moderne Ausdifferenzierung der Wertsphären in Wissenschaft, Politik und Kunst bzw. den klassischen Fragen nach Erkenntnis, Ethik und Ästhetik – die ihre Grundlegung in den drei Kritiken Kants gefunden haben. Diese Trennung der Wertsphären, das hat Vilém Flusser deutlich gemacht, und die darauf gründende philosophische Terminologie kommen aber in der Medienmoderne in die Krise, wenn technische Gesten ästhetische Phänomene begründen; vgl. Flusser (1993): 95.
7 Vgl. Latour (2002).
8 Der theologischen Debatte dazu ging es nicht um die Bilder als solche, sondern um den richtigen Umgang mit ihnen: seit dem zweiten nizäanischen Konzil im 8. Jahrhundert erlaubte die katholische Kirche „verehrungswürdige" Bilder, aber „angebetet" durften sie nicht werden. Siehe dazu u. a. Debray (2013): Kap.3.

war die von Papst Gregor XV institutionalisierte *Congregatio de Propaganda Fide* (1622), auf die unser Gebrauch des Begriffs Propaganda zurückgeht und die ein klassisches Dokument der christlichen Missionierung ist.[9] In der Folge spielten Bilder die Rolle einer sinnlichen Erfahrung des rechten Weges im katholischen Glauben, besonders die Jesuiten traten multimedial aufgerüstet mit Theater, Bildern, Vorführungen mit der *Laterna Magica* zur Gegenreformation an.

Ihre bildlichen Vorgaben wurden nicht ganz zu Unrecht als ein Hemmnis der Aufklärung gesehen. Auch Kant sah die *Via negativa* (d. h. den begrifflich abstrakten Ausdruck und nicht die bildliche Anschauung) als methodisch einzig möglichen Weg der Aufklärung – im Gegensatz etwa zu den Impulsen, welche die große *Encyclopédie* von Denis Diderot im vorrevolutionären Frankreich gab, die bereits mit zahlreichen anschaulichen Kupferstichen ausgestattet war.[10] Die deutsche Aufklärung hingegen sah das Paradigma einer Herstellung von propositionaler Begrifflichkeit in vernünftigen Texten als einzig probates Mittel an, um egalitäres Gedankengut zu verbreiten. Als rationales Wesen vertraut der moderne Mensch auf die internalisierten Zwänge der Vernünftigkeit, und hält Abstand von den emotionalisierenden Regungen, die äußere Einflüsse auf ihn ausüben. Der Soziologe Ernest Gellner sprach von einem von Descartes über Hume bis Kant „gereinigten inneren Zwang" als dem Erfolgsweg der Vernunft; er machte dabei auch klar, dass es sich dabei um keine Universalie handelt, sondern um eine kulturtechnisch, durch Schriftlichkeit und Schriftgebrauch bedingte Gewöhnung.[11]

Dementsprechend hielt bereits Kant fest, daß Hilfe in „Bildern und kindischem Apparat" nur suche, wer auf solche Darstellungen vertraue statt auf die Kraft großer sittlicher Ideen. An dieser Stelle seiner *Critik der Urtheilskraft* kommt es zu einer geradezu ideologiekritischen Formulierung: „Daher haben auch Regierungen gerne erlaubt, die Religion mit dem letzteren Zubehör [= Bildern, F.H.] reichlich versorgen

---

9   Faksimile: http://classic.archives.nd.edu/bull.htm
10 Denis Diderot schrieb im „Prospekt der Encyclopédie" (1750): „Wir schickten Zeichner in die Werkstätten. Wir ließen Skizzen von Maschinen & Werkzeugen machen. Wir unterließen nichts, um sie deutlich vor Augen zu führen." So sieht der Betrachter der Bildtafeln komplexe Maschinen und Werkzeuge in mehreren Abbildungsstufen, wobei es wichtige Bestandteile ebenso wie die ganze Maschine zu sehen gab. Das Bild galt als ein probates Mittel zur Darstellung auch komplexer Maschinen, die ganz und in ihren Bestandteilen abgebildet wurden. Dies steht in der wissenschaftlichen Tradition von Descartes, dessen Methode die geometrische Darstellung propagierte, um das Denken zur Aufmerksamkeit anzuhalten. Für die ab 1752 publizierten Bände der großen Encyclopédie schließlich wurden rund 2.800 Kupferstiche eigens angefertigt. Vgl. Selg / Wieland (2001): 47
11 Vgl. Gellner (1995): 38.

zu lassen, und so dem Untertan die Mühe, zugleich aber auch das Vermögen zu benehmen gesucht, seine Seelenkräfte über die Schranken auszudehnen, die man ihm willkürlich setzen, und wodurch man ihn, als bloß passiv, leichter behandeln kann." Der protestantische Philosoph kritisierte Bilder als Manipulationswerkzeuge, weil er an ihre heimliche Macht glaubte. Da Bilder das Vorstellungsvermögen durch die visuelle Vorgabe einschränken, setzte er für die Aufklärung radikal auf die Aktualisierung des alttestamentarischen Bilderverbotes: „Vielleicht gibt es keine erhabenere Stelle im Gesetzbuche der Juden, als das Gebot: Du sollst dir kein Bildnis machen, noch irgendein Gleichnis, weder dessen was im Himmel, noch auf Erden, noch unter der Erden ist, usw.[12]

Wer Bilder macht, schränkt die Einbildungskraft ein, denn das Bildermachen verschafft dem sinnlichen Eindruck Obermacht über das abstrakte intellektuelle Urteil. Das schaffe passive Subjekte, die leicht manipulierbar sind. In seinen Schriften zur Anthropologie trat Kant vehement für die Herstellung einer generellen Publizität ein, als einer Garantie jeder Rechtsordnung, und für die öffentliche Argumentation zur Durchsetzung von Geltungsansprüchen.[13] Doch er ließ keinen Zweifel daran, dass jegliche Konkretion in Bildern einer *persuasiven* Form von Kommunikation näher steht als einer *argumentativen*.

Publizität und Sozialreportage

Publizität war ein problematisches Thema bereits zu Zeiten der politischen Wirrnis im revolutionären Frankreich. Zensur im Presse- und Verlagswesen war damals an der Tagesordnung, und die Verteidigung der Pressefreiheit ein Anliegen des sich emanzipierenden Bürgertums. Emblematisch für die Zeit steht ein berühmtes Bild, nämlich Eugène Delacroix' Gemälde: *Die Freiheit führt das Volk* von 1830. Es symbolisiert den Aufstand der Pariser Bevölkerung und wurde mit der Symbolgestalt der barbusigen Marianne als Nationalfigur der französischen Republik zu einer kulturellen Ikone.

Das eigentliche Thema im Europa jener bewegten Zeit war Freiheit an sich, der Aufbruch in die bürgerliche Selbstbestimmung. Die Pressefreiheit gehörte dazu, und mit ihr die Karikatur – bis heute immer wieder ein Problemfall. In Druckwerken konnten dank technischer Fortschritte wie Lithographie und Xylographie schon

---

12 Kant, „Kritik der Urteilskraft" (1974): Band X: 201f.
13 Vgl. insbesondere Immanuel Kant: „Beantwortung der Frage: Was ist Aufklärung?" (1784) und „Zum ewigen Frieden" (1795).

mehr Bilder publiziert werden. Damit erreichte man auch das nicht alphabetisierte Publikum, das die Bilder und Karikaturen in Zeitungen, in den Auslagen der Kunsthandlungen oder in öffentlich affichierten Bögen (Plakaten) sehen konnte. Im Diskurs der aufgeklärten bürgerlichen Öffentlichkeit spielten diese Bilder durchaus eine gewichtige Rolle zur Meinungsbildung, und nicht allein die publizistischen Beiträge und literarischen Kaffeehausdebatten, wie die Theorie zur bürgerlichen Öffentlichkeit von Jürgen Habermas (1962) einst behauptete.

Mit der Medienmoderne etablierte sich eine neuartige Logik des Bildlichen. Im Zusammenhang mit der bürgerlichen Julirevolution 1830 in Frankreich entstand eine politische Bildpublizistik. Ton angebend waren kritische Zeichner wie Honoré Daumier, Grandeville, und andere.[14] Bereits der Historienmaler Jacques-Louis David setzte neben seiner plakativen Kunst die politische Karikatur als bildliches Instrument zur Vermittlung revolutionären Gedankengutes ein; seine Propagandablätter transportierten die Ideen einer neuen Zeit. Es etablierte sich ein neues Genre der Sozialreportage, auch im viktorianischen England etwa mit Fred Barnard, der Zeichnungen für die illustrierte Presse fertigte und sozialkritische Romane von Charles Dickens illustrierte.

Der französische Karikaturist Grandville illustrierte die Tierfabeln La Fontaines, *Gullivers Reisen* von Jonathan Swift, *Robinson Crusoe* von Daniel Dafoe, weiter Miguel de Cervantes *Don Quichotte* und er schuf die metaphorische Serie *Bilder aus dem Staats- und Familienleben der Tiere*. Sein Schüler Gustave Doré publizierte 1866 die berühmten Bibelillustrationen, sodann bebilderte er die Werke von François Rabelais, Shakespeare, Lord Byron, Victor Hugo, Dante Alighieri, John Milton, Edgar Allan Poe, Honoré de Balzac, Grimms Märchen etc. Doré war wohl der produktivste, bestbezahlte Illustrator seiner Zeit, der es sich damit leisten konnte, die besten Lithographen und Kupferstecher für die Reproduktion seiner Vorlagen zu engagieren. Seine künstlerisch nachhaltige Wirkung zieht sich bis hin zu den Künstlern des Surrealismus wie Salvador Dalí und Max Ernst.

Wie diese kleine Auswahl an Beispielen zeigt, bedeutete die Aufklärung durchaus auch bildkünstlerisch eine Epochenschwelle, wenn es galt, neben der Verbreitung von Wissen (exemplarisch in Diderots *Encycopédie*) und der Propaganda für die revolutionäre Sache in einer neuen emblematischen Visualität soziale Verhältnisse und politische Missstände buchstäblich ins Bild zu setzen.[15] Die Visualisierung

---

14 Charles Philipon gab im Paris der 1830er-Jahren die satirischen Zeitschriften *La Caricature* und *Le Charivari* heraus, in der u. a. Grandville und Daumier politische Karikaturen publizierten.

15 Zur visuellen Archäologie der Moderne im Geist der französischen Revolution vgl. Starobinski (1973).

zeitgenössischer Ereignisse bediente ein offensichtliches Verlangen, das eine Art Bildersucht (*Ikonomanie*, Günther Anders) erzeugt, die zunehmend mit den technischen Möglichkeiten der Reproduzierbarkeit eine medial konditionierte Wahrnehmungsform des Im-Bilde-Seins hervorbringt, was früher ausschließlich den politisch Herrschenden und den religiösen Autoritäten vorbehalten war.

Visueller Aufbruch in die Moderne

Die berühmten Illustratoren des 19. Jahrhunderts bedienten virtuos die kollektive Einbildungskraft ihrer Zeit und prägten jene Vorstellungsbilder der europäischen Kultur, die bis weit in die Gegenwart hinein die Kinder- und Jugendbücher, populärwissenschaftliche Publikationen sowie in deren Folge auch die Produktionen im Film und Fernsehen mit ihrer stereotypen Ikonographie prägen sollten: Märchensammlungen und berühmte Romane, Ausgaben antiker Klassiker, religiöse Schriften und wissenschaftliche Werke wurden nun als illustrierte Ausgaben aufgelegt. Es gab fast nichts, was nicht bebildert wurde, von der Bibel bis hin zu den Volksmärchen. War einerseits die Verbreitung von farbigen Lithografien und von Radierungen nach berühmten Gemälden ein einträgliches Geschäft für die Künstler, so brachten andererseits die illustrierten Unterhaltungsmagazine und bebilderte Editionen populärer Romane eine neue, oft geradezu surreale Professionalität in der Bilderfindung hervor.

Mit seinen phantastischen Bildvisionen von der „Anderen Welt" präsentierte Grandville Zukunftsvisionen einer Entgrenzung von den Traditionen, Zeugnisse des ideellen Aufbruchs in die Moderne.[16] Auch die politischen Karikaturen Grandvilles, die oft Pressefreiheit selbst zum Thema hatten, sind bemerkenswert. Viele Künstler schufen Bilder politischen Inhalts, um die bürgerlich-liberale Bewegung zu feiern, wie schon erwähnt Eugène Delacroix, oder auch Théodore Géricault, dessen 1819 gezeigtes monumentale Gemälde *Das Floß der Medusa*, welches politische Leidenschaften bediente und ein Bild für die Massen war, das in vielen Städten gegen Eintrittsgeld vorgezeigt wurde.[17]

---

16 Grandville: *Un Autre Monde. Transformations, Visions, Incarnations, Ascensions, Locomotions, Explorations, Pérégrinations, Excursions, Stations – Cosmogonies, Fantasmagories, Rêveries, Folatreries, Facéties, Luries – Métamorphoses, Zoomorphoses, Lithomorphoses, Métempsycoses, Apothéoses et autres Choses par Grandville*, Paris 1843/44.
17 Vgl. Virilio (1989): 96f.

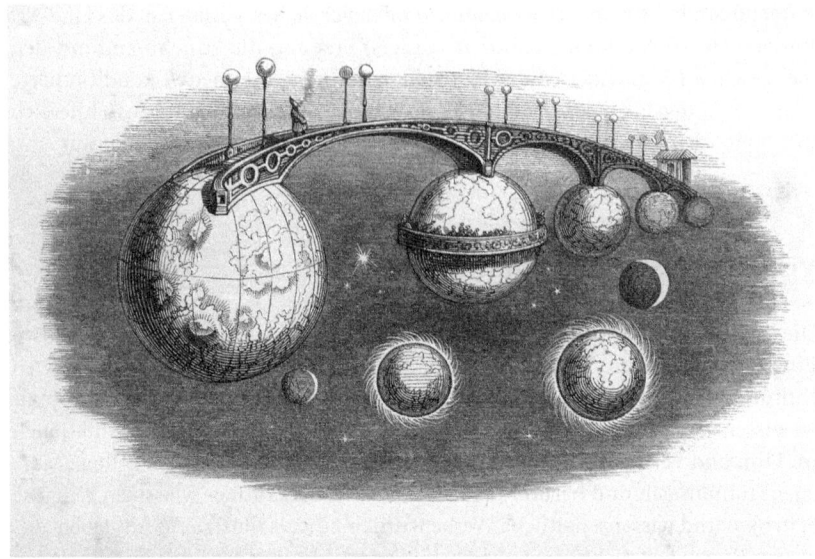

Abb. 16 Un Autre Monde, Illustration von Grandville, Paris 1844
Quelle: http://www.zeno.org/Kunstwerke/A/Grandville

Solche Bilder gehören zur Propaganda, was nichts anderes bedeutet als das in der Medienmoderne verstärkte Bestreben, die öffentliche Sichtweise auf politische Ereignisse beeinflussen zu wollen. Mit bildlichen Mitteln propagiert wurden aber auch wissenschaftliche Ideen und Denkweisen. Zunächst waren das die Bilder, die auf Grundlage von Mikroskop und von Teleskop entstanden sind. Die Wissenschaft produzierte neue Einblicke, die auch für ein breiteres Publikum ansprechend waren. Sie waren Teil einer Säkularisierung der Wissenschaft, deren Weg von der großartigen Bebilderung von Diderots *Encyclopédie* im 18. hin zu den populärwissenschaftlichen Illustrationen des 19. Jahrhunderts führte, die neuen Ideen wie der Evolutionstheorie zum Durchbruch verhalfen.

Wissenschaftlicher Fortschritt in Bildern

Nicht nur Reproduktionstechniken, sondern auch neue Vorstellungen und Theorien weckten den Bedarf an neuen Bildern. Allein die Idee, der Mensch stamme vom Affen ab – eine verzerrte Interpretation der Evolutionstheorie – sorgte für eine Flut an Illustrationen und Karikaturen, die sich längst ins kollektive Gedächtnis gegraben haben. Als Charles Darwin 1859 seine *Entstehung der Arten* veröffentlichte, enthielt der Band keinerlei Bilder oder Zeichnungen, lediglich ein wenig anschauliches Diagramm zum „principle of divergence".[18] Dennoch hatte das allgemeine Publikum sehr bald ein Bild vom ‚Stammbaum' der Arten (*Tree of Life*) im Kopf, und auch vom biologischen ‚Entwicklungsfortschritt' (*March of Progress*) vom Primaten bis zum *Homo sapiens*. Heute noch wird dieses mentale Bild vom Fortschritt verwendet, wenn etwa Journalisten über den (natürlich immer ‚sensationellen') Fund irgendeines fossilen Knochenrelikts berichten. Stets handelt es sich um das Vorstellungsbild einer „niederen Herkunft" und einer „Höherentwicklung" des Menschen, wie nach einem göttlichen Plan, also genau um das Gegenteil dessen, worum es Darwin und den anderen Evolutionstheoretikern ging, d. h. nicht um die Abstammung sondern um die inzwischen längst erwiesene Verwandtschaft von Primaten und Menschen als Säugetieren.

Woher stammt dieses Zerrbild der Entwicklung? Es ist Teil einer Wissenschaftsideologie, die von eifernden Propagandisten der neuen Sichtweise in die Welt gesetzt wurde. Einer der bekanntesten Popularisatoren Darwins im deutschsprachigen Raum war der deutsche Zoologe Ernst Haeckel, der mit seinen *Kunstformen der Natur* die Medienästhetik des ausgehenden 19. Jahrhunderts entscheidend prägte. Sie geht auf seine Veröffentlichungen über Meeresorganismen wie Quallen und Radiolarien (Plankton) zurück, die von der damals noch jungen ozeanografischen Forschung gerade erst entdeckt worden waren. Diese bis dahin unbekannten Lebewesen, die Haeckel überaus eindrucksvoll skizziert und aquarelliert hat, beeinflussten ganz wesentlich die ornamentale Formensprache des Jugendstils, von der Architektur, dem Interieur-Design bis hin zur Druckgrafik.[19]

Auf Haeckel geht nun auch das irreführende Bild des Stammbaums in der Biologie zurück, das den historischen Verlauf der Evolution veranschaulichen soll.[20]

---

18 Charles Darwin: *On the Origin of Species by Means of Natural Selection, or the Preservation of Favoured Races in the Struggle for Life*, London 1859; ders.: *The Descent of Man, and Selection in Relation to Sex*, London 1871
19 Ernst Haeckel: *Kunstformen der Natur*, Leipzig und Wien 1904.
20 Ernst Haeckel: *Natürliche Schöpfungsgeschichte. Gemeinverständliche Vorträge über die Entwicklungslehre im Allgemeinen und diejenige von Darwin, Goethe und Lamarck im*

Dieses bekannte Schema zur Darstellung der Abstammung von Arten trägt eine implizite Bedeutung mit sich, da es Hierarchien suggeriert, wie auch Verläufe, die keineswegs mit der wissenschaftlichen Erkenntnis zur Diversifikation von Arten übereinstimmen, wohl aber mit Haeckels weltanschaulichen Ideen im Sinne dessen, was heute Sozialdarwinismus genannt wird, dem ‚Survival of the Fittest'. Dafür hat er sogar seine eigenen wissenschaftlichen Abbildungen visuell manipuliert.[21]

Einmal in die Welt gesetzt, prägt ein Bild wie auf quasi-natürliche Weise die Wahrnehmung der Verhältnisse. Für vieles gab es aber kein Bild, also musste es erst einmal erfunden und in die Welt gesetzt werden. Auch in Frankreich wirkte in jener Zeit ein Popularisator der Wissenschaft, dessen Bilder ins kollektive Gedächtnis eingegangen sind. Louis Figuier, ein Redakteur des populärwissenschaftlichen Magazins *La Science illustrée*, sorgte mit seiner Bebilderung neuer wissenschaftlicher Theorien ebenfalls für das Zerrbild der Evolution, die mit einer ‚Höherentwicklung' bestimmter Arten – vom Primitiven zum Zvilisierten – in Verbindung gebracht wurde.[22] Zahlreiche dieser Bilder, die man sich etwa vom ‚primitiven Menschen' als unseren Vorfahren machte, sind über Reproduktionen und suggestive Wiederholungen in die simplifizierende Publizistik der Medienmoderne eingedrungen.

Die Evolutionstheorie wurde im Wesentlichen über solche Bilder popularisiert, die eine ständige Entwicklung zu neuen, höheren und komplexeren Formen suggerierten. Zu den Frühmenschen gibt es normierte Bildinhalte, die nicht etwa feinsinnige Handwerker zeigen, sondern Steinkeulen schwingende, in Tierfelle gehüllte Höhlenmenschen. Es ist bis heute nicht bekannt, wie die frühen Menschenarten ausgesehen haben, doch neuere Funde und eine Neubewertung der paläontologischen Zeugnisse wie Faustkeile, Schneidsteine, Felsbilder, Jagdwerkzeuge und Ackergeräte, Siedlungsplätze und Kultstätten zeichnen ein differenzierteres Bild als das des primitiven ‚Höhlenbewohners'.[23] Auch die falsche Vorstellung einer ständigen Höherentwicklung macht jetzt einer anderen Platz, die den Frühmenschen soziale und kognitive Fähigkeiten auf einem bereits hohen Komplexitätsniveau zugesteht.

Der Weg vom Affen zum Menschen ist und bleibt dennoch Teil der modernen Bildpropaganda, die sich tief ins kollektive Gedächtnis eingegraben hat. Davon zeugt nicht zuletzt *The March of Progress*, eine Abbildung, die der Illustrator Rudolph Zallinger 1965 für *Time-Life Books* angefertigt hat und die zu den berühmtesten

---

Besonderen, über die Anwendung derselben auf den Ursprung des Menschen und andere damit zusammenhängende Grundfragen der Naturwissenschaft, Berlin 1868.
21 Vgl. „Haeckels Hierarchien", in Kemp (2000): 138-140.
22 Louis Figuier: *Les Merveilles de la Science*, Paris 1867, und *L'homme primitive*, Paris 1870.
23 Vgl. Parzinger (2014).

Wissenschaftsbildern (neben seinen Dinosaurier-Fantasiebildern) überhaupt zählt: hier marschieren fünfzehn Figuren von links nach rechts durchs Bild, um die vergangenen Jahrmillionen menschlicher Evolution zu veranschaulichen. Wieder wird, wie in den ersten Karikaturen zu Darwin, die Abstammung vom Affen suggeriert sowie eine lineare Sequenz, in welcher der Neandertaler ein Vorfahre ist und der moderne Mensch selbstverständlich die höchst entwickelte, ideale Form der menschlichen Existenz.

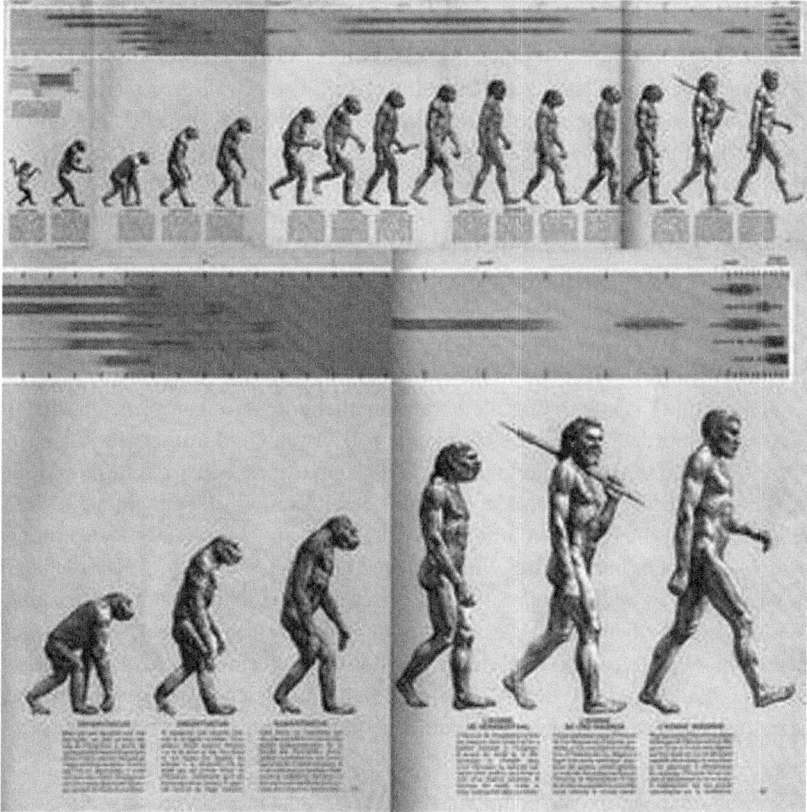

Abb. 17 „The March of Progress", Ausschnitt aus ‚Early Man', Time-Life Books 1965. Illustration: Rudolph F. Zallinger. An diesem Bild ist alles falsch, doch es wurde zu einer der bekanntesten und von Werbegrafikern weidlich ausgenutzten Visiotypen des 20. Jahrhunderts.

Visuelle Stereotypisierung

Man propagierte derart eine Idee mittels Bildern, was der Evolutionsbiologe Stephen Jay Gould scharf kritisierte. Er hinterfragte diese ‚kanonischen Bilder', die allgemeine Akzeptanz genießen, obwohl sie schief sind oder schlicht falsch, weil die Evolution eben nicht zielgerichtet verläuft. Auch Ernst Haeckels berühmter Evolutionsbaum (unten die Einzeller und Amöben, oben die Affen und an der Spitze dann der Mensch) ist falsch. Die Darstellung scheitert daran, so Gould, dass eine angemessene Visualisierung der Evolution logisch und zeichnerisch gar nicht möglich sei.

Manche Bildinhalte werden durch unreflektierte Wiederholung zur Norm, wirken unterschwellig verstärkend für Schlüsselbegriffe unseres Gesellschafts- und Geisteslebens, bis schließlich wie im Fall von Zallingers Grafik zur menschlichen Evolution eine kanonische Ikonographie entsteht, die sich gegen Kritik und abweichende Meinung durch vielfache Reproduktion bereits immunisiert hat.[24] Sogenannte *Visiotypen* kommen nicht nur in der Popularisierung der Wissenschaft oder in der politischen Propaganda vor, sondern haben sich auch im Alltag längst etabliert. Die sogenannte *Stock Photography* profitiert davon, der Einsatz von stereotypen Bildern in den Medien ist damit übersättigt: neben dem Stammbaum ist die nach oben führende „Karriereleiter" ein populäres Beispiel, ebenso der verkitschte Einsatz der „Whole Earth" (das Bild vom ‚blaue Planeten') als Illustration aller möglichen Themen, die mit Umwelt zu tun haben.

Soll mittels Visualisierung die Veranschaulichung eines komplexen Sachverhalts erzielt werden, dann wird bis zu einem gewissen Grad immer ein Rückgriff auf die bereits bekannte Ikonographie nötig sein. Menschen strukturieren ihre Wahrnehmung der Wirklichkeit, indem sie deren Komplexität auf einfache Muster reduzieren, die für ihren jeweiligen Alltag relevant sind. Durch Gewöhnung legen sie sich ein bestimmtes Muster zurecht, welches ohne viel Nachdenken das Verhalten in bestimmten Situationen steuern kann. Medienbotschaften und Medienbilder bedienen sich dieses Repertoires, doch sie sind natürlich nicht die neutralen, objektiven Berichterstatter, als die sie meist genommen werden. Diese visuelle Strukturierung der Wirklichkeit hängt einerseits von Interessen und Spezialisierungen ab, andererseits von den Vorgaben kultureller und politischer

---

24 „Wenn eine ikonographische Tradition ein ganzes Jahrhundert (...) erhalten bleibt, wird uns endgültig klar, welche Macht Bilder ausüben und wie beschränkt die Vorstellungen sind, die nie in Frage gestellt werden, weil sie nicht ausdrücklich im Text stehen, sondern unerkannt in den Bildern stecken." – Gold (1996: 64). Im Originaltext, der 1995 in der *New York Review of Books* erschien, sprach Gold von „Canonical Icons"; dieses Konzept wurde von Pörksen (1997) aufgegriffen, hier ist die Rede von „Visiotypen" (= visuelle Stereotypen).

Natur, von ökonomischen und ideologischen Interessen, die auf allen Ebenen der Entscheidungsfindung einfließen. Doch ob nun kritisch oder systemkonform, Medien geben die Wirklichkeit nicht einfach nur wieder, sondern lassen sie in einer bestimmten Art und Weise *erscheinen* – das bedeutet: sie zeitigen einen Wirklichkeitseffekt. Denn was beispielsweise als wissenschaftliche Ikone verbreitet, als Erkenntnis aus den Weiten des Universums in unsere kleine Welt hereingeholt wird, oder was im Programmauftrag der öffentlich-rechtlichen Sender als Darstellung wichtiger Ereignisse dienen und damit als ‚Public Service' ohne politische oder wirtschaftliche Einflüsse kritische Meinungsbildung stützen soll, ist selbst eine gewissermaßen programmierte Sache. Jeder Medieninhalt ist ein mediales Konstrukt, ist letztlich eine „Reproduktion von Kommunikation aus Resultaten der Kommunikation".[25]

Konstruktion der ‚Bilder im Kopf'

Wirklichkeit wird nicht einfach nur abgebildet, sondern aus den bestehenden Medienangeboten rekonstruiert (wobei Zeitgeschehen und Kulturtechniken notwendig mit hinein spielen). Diese Ausdifferenzierung moderner Kommunikationen als einer Verdoppelung der Realität ist, neben den technischen Errungenschaften, ein zentrales Konzept der Medienmoderne. Es zielt auf den Wirklichkeitseffekt, den jede mediale Botschaft mit erzeugt.[26] Was medial reflektiert wird, ist nicht irgendeine Wirklichkeit, sondern ein dem jeweiligen Medium entsprechender Ausschnitt der Welt oder auch eine Simulation, ein Wirklichkeitseffekt. Einer dieser zentralen Wirklichkeitseffekte ist die durch Umfragen erzeugte Konstruktion der öffentlichen Meinung.

---

25 Luhmann (1996): 150 – Wie die Formulierung schon zeigt, greift es zu kurz, die mediale Wirklichkeit einfach als „Konstruktion" bestimmter Personen oder Institutionen zu begreifen; die Realität der Massenmedien ist für Luhmann immer die Realität der Beobachtung zweiter Ordnung. Ausgehend von der unscheinbaren Feststellung: „Was wir über unsere Gesellschaft, ja über die Welt, in der wir leben, wissen, wissen wir durch die Massenmedien" (ebd.: 9) warnte er davor, daraus einen universellen Ideologieverdacht abzuleiten, doch die mediale Reproduktionsschleife, die der Erzeugung von „Informationen" in den Medien vorhergeht, weist eben immer auch in diese Richtung, da bestehende Ordnung erhalten und Normalitätserwartungen (aus deren Störung die Nachricht besteht) bedient werden sollen.

26 Auf dieser Grundlage entstand in den 1970er-Jahren die Simulationstheorie, nach der die Wirklichkeit und medial erzeugte Zeichenwelt tendenziell unuterscheidbar werden und uns als „Hyperrealität" gegenübersteht, vgl. Baudrillard (2009).

‚Public Opinion' war das Schlagwort der 1920er Jahre, ein völlig neues Konzept der Jahrhunderte alten *Persuasio publico*, unter neuen medientechnischen Vorzeichen jedoch. Gleich mehrere Buchtitel bezeugen dies: der deutsche Soziologe Ferdinand Tönnies publizierte 1922 seine *Kritik der öffentlichen Meinung*, im selben Jahr der amerikanische Politikberater Walter Lippmann sein Buch *Public Opinion*, gefolgt von *Crystallizing Public Opinion* (1923) von Edward Bernays. Die ‚öffentliche Meinung' in der Politik und die ‚Public Relations' in der Wirtschaft sind nichts anderes als ein Produkt von Presseagenten und Propagandisten – heutzutage ergänzt durch die ständigen Meinungsumfragen.

Ganz klar konnte etwa Lippmann feststellen, dass alles, was an die Öffentlichkeit gelangt, von einer Reihe medialer Selektoren abhängt. Er nannte sie ‚Gatekeeper', das bedeutet Torwächter oder Türsteher, also jene Personen, Agenturen und Institutionen, die darüber entscheiden, welche Inhalte veröffentlicht und kommunikativ verstärkt und welche nicht durchgelassen werden. Ganz im Sinne des angestrebten Wirklichkeitseffektes nannte Lippmann das, was dabei entsteht, eine durch mediale Berichterstattung erzeugte ‚Pseudoumwelt', als künstliches Orientierungsangebot für das Publikum.

Stereotype (ein Begriff aus dem Druckwesen) machen dann als Setting von zur Reproduktion feststehenden Ideen das aus, was als öffentliche Meinung gilt. Aus einer Reihe von komplexen, unübersichtlichen Eindrücken wird mit Hilfe des Experten eine medial strukturierte Wirklichkeit, eine Umwelt, die vorgestanzte Orientierungselemente anbietet. Mit dieser Botschaft richtete Lippmann sich an die Politik, durchaus unkritisch als Vorschlag zum Management von Komplexität, das von innovativ ausgebildeten Spezialisten der Publizistik übernommen werden sollte. Mit ihrer Hilfe würde der erfolgreiche Politiker sich der Medien so bedienen können, dass er weniger darauf bedacht wäre, Inhalte (Fakten) zu kommunizieren, sondern Bilder (Stereotypen) adressiere, die schon fertig in den Köpfen der Leute existieren bzw. sollte er bewusst danach streben, eben solche Bilder in deren Köpfen zu erzeugen.[27]

---

27 „We do not first see and then define, we define first, and then see. In the great blooming, buzzing confusion of the outer world we pick out what our culture has already defined for us, and we tend to perceive that which we have picked out in the form stereotyped for us by our culture." – Walter Lippmann: *Public Opinion*, London 1922.

Öffentlichkeit und Volksbetrug

Das hiermit angesprochene Problem existiert seit der Aufklärung, als Immanuel Kant die Bürger aufforderte, Mut zum eigenen Wissen aufzubringen: *Sapere aude!*[28] Seine Forderung nach Publizität bekam dabei die Rolle eines publizistischen Imperativs, der für das Format einer aufgeklärten Öffentlichkeit einsteht, damals nicht anders als heute in Zeiten von Edward Snowden und WikiLeaks.[29] Seit der bürgerlichen Revolution übernimmt die bestehende oder herzustellende *Öffentlichkeit* dabei eine funktional kritische Rolle in der Politik, sie soll nicht vorgefertigte Meinungen liefern, sondern Inhalte bereitstellen, um die Meinungsbildung zu befördern. Der breiten Masse wurde und wird dies von den Meinungsführern aber nicht immer zugetraut.

Die uninformierte Masse bleibe immer auf die besser informierten Führer der Gemeinschaft, auf die sogenannten *Opinion leader*, angewiesen. Oder auf den politischen Herrscher. König Friedrich der Große beispielsweise weiß, was gut für Preußen ist, der große Vorsitzende Mao Zedong weiß, was gut für China ist, Máximo Líder Fidel Castro weiß, was gut für Kuba ist, usw. Im Briefwechsel von Friedrich II mit dem französischen Aufklärer Jean Le Rond d'Alembert, dem Mitherausgeber der großen *Encyclopédie*, taucht die Frage nach der Legitimität des Volksbetrugs auf: soll die Aufklärung etwas sein, das für alle gilt? Oder nur für eine Elite, die dann alles für das Volk übersetzt? Eine damals wie heute brisante Fragestellung. Die Gelehrten fanden auf die 1780 von der königlichen Preußischen Akademie der Wissenschaften ausgelobte und für damalige Verhältnisse schockierende Preisfrage, ob es dem Volke denn nütze, betrogen zu werden, trotz reger Beteiligung einfach keine eindeutige Antwort.[30]

Der amerikanische Politikberater Lippmann argumentierte nun aber nicht im Sinn einer Betrugstheorie, sondern eher einer Gesellschaftstechnik, die er als *Social engineer*[31] betrieb: die Manipulation der breiten Masse wäre auch dem Funktio-

---

28 „Habe Mut, dich deines eigenen Verstandes zu bedienen" – Dieses Leitmotiv der Aufklärung entstammt den Episteln des Horaz. Vgl. „Was ist Aufklärung" Kant (1974): Band XI: 53.
29 In seinem Traktat „Zum ewigen Frieden" (1795) ersann Kant diese transzendentale Formel öffentlichen Rechts: „Alle auf das Recht anderer Menschen bezogene Handlungen, deren Maxime sich nicht mit der Publizität verträgt, sind unrecht." Kant (1974): Band. XI: 245.
30 „Nützt es dem Volke, betrogen zu werden? Est-il utile au Peuple d'être trompé?" Die Preisfrage der Preußischen Akademie für 1780, hrsg. von Hans Adler, Forschungen und Materialien zur Universitätsgeschichte, 2 Bände, Stuttgart 2007.
31 Vgl. Tye (1998), S. 92.

nieren einer Demokratie zuträglich, um sich vor problematischen, dem Unwissen geschuldeten Ideen der öffentlichen Meinung zu schützen. Daher soll besser von einer kleinen Gruppe Spezialisten verhandelt werden, was gut für die Allgemeinheit wäre. Diese natürlich gerade im Neoliberalismus fortlebende antidemokratische Grundidee zeichnet ein hierarchisches Schema der Organisation gesellschaftlicher Kommunikation von oben nach unten, durch Delegation von Entscheidungen an die informierten Experten.

Public Relations und Kampagnen

Die Politikberater und PR-Spezialisten im frühen 20. Jahrhundert sahen einen eigenen politischen Akt darin, im Chaos des Alltags die sozialen Verhaltensmuster und mentalen Prozesse der Masse herauszufiltern und zu manipulieren, und sie lagen damit keineswegs falsch. Das moderne Instrument für diese Zwecke ist, wie es der „Spindoctor" Edward Bernays definierte: *Propaganda*. „Intelligent men must realize that propaganda is the modern instrument by which they can fight for productive ends and help to bring order out of chaos."[32]

Im Ersten Weltkrieg wurde das mediale Repertoire der Propagandatechniken (z. B. Bilder, Plakate, Filme) entscheidend erweitert; sie setzten zwar das fort, was historisch als psychologische Kriegsführung immer schon angewandt wurde, aber die publizistischen Mittel wurden verfeinert. Um deren Mechanismen zu analysieren und passende Propagandainstrumente zu entwickeln wurde in den Vereinigten Staaten von der Creel-Kommission das „Committee on Public Information" eingesetzt, dem sowohl Lippmann als auch Bernays angehörten. Vortragsreihen und Zeitungsartikel, Radio und Hollywoodfilm wurden damals instrumentalisiert, um die Politik der Ära Woodrow Wilsons zu propagieren und für einen Kriegseintritt der USA zu werben.[33] Es geht nicht darum ob dies gut war oder schlecht, sondern darum, wie die Mittel instrumentalisiert worden sind.

Unter geschickter Bezugnahme auf seinen berühmten Onkel in Wien, den Psychoanalytiker Sigmund Freud, begründete sich der Anspruch von Edward Bernays, die modernen *Public Relations* erfunden zu haben. Die Beherrschung der Technik der Massenmedien einerseits, die Berufung auf Kenntnis der Mechanismen von Massenpsychologie andererseits sowie sein ungeheurer Geschäftserfolg mit

---

32 Edward Bernays: *Propaganda*, New York 1928, S. 159; deutsche Ausgabe: Bernays (2007): 133.
33 George Creel: *How We Advertised America*, New York: Harper 1920.

diversen Kampagnen für die amerikanische Großindustrie machten ihn zu einer zentralen Figur dieser neuen ‚Wissenschaft', die weit mehr zu sein beanspruchte als eine plumpe Propaganda zur Durchsetzung politischer Zwecke. Bernays hatte etwas erkannt, was seine volle Gültigkeit im Laufe des 20. Jahrhunderts entfalten sollte: die Abkehr vom Gebrauchswert der Waren im konsumistischen Zeitalter. Konsumenten kaufen nicht einfach nur irgendein Produkt, sondern immer auch die damit verbundenen Vorstellungen und assoziierten Werte oder den Lebensstil. Folglich müsse man Techniken entwickeln, um genau diese Vorstellungen zu manipulieren.[34]

Abb. 18 „Torches of Freedom" Kampagne, New York 1929. Bernays inszenierte im Auftrag von American Tabacco in der Öffentlichkeit rauchende Frauen. Die Zigarette sollte ein die weibliche Emanzipation begleitendes Symbol werden – ein leider ‚gelungenes' Projekt.
Quelle: Wikimedia Commons

---

34 „If we understand the mechanism and motives of the group mind, is it not possible to control and regiment the masses according to our will without their knowing about it?" – Edward Bernays: *Crystallizing Public Opinion*, New York 1923.

Bernays löste die gesamte Branche von der Reklame alten Stils ab, die Werbung für ein bestimmtes Produkt und dessen Gebrauchswert machte. Der neue Stil hingegen sah vor, zwischen Erzeugern und Verbrauchern von Gütern eine Beziehung zu stiften und die Manipulation der öffentlichen Meinung war dabei Mittel zum Zweck. Eine seiner berühmtesten Aktionen, die in die Lehrbücher der PR einging, war die im Rahmen des Marketingauftrags der amerikanischen Tabakindustrie lancierte *Torches of Freedom campaign*. Um den Absatz für Tabakwaren zu steigern, sollten besonders Zigaretten beworben werden. Hierzu wurden Frauen als neue Zielgruppe erschlossen mit dem erfolgreichen Trick, eine ideelle Verbindung zwischen weiblicher Emanzipation und dem Zigarettenrauchen herzustellen, was wiederum die Umsätze der Tabakindustrie über Jahrzehnte hinweg signifikant steigen lassen würde.[35]

Mit seinen landesweiten Kampagnen für Landwirtschaft und Industrie, für Tabakkonzerne ebenso wie für Gesundheitsbehörden etablierte Bernays wesentliche Ausprägungen der Ideologie des amerikanischen Lebensstils und eines neoliberalen Demokratieverständnisses. Dies hinderte einen begeisterten deutschen Leser, nämlich den nationalsozialistischen Propagandaminister Joseph Goebbels, keineswegs daran, das komplette Instrumentarium der *Public Relations* für seine völkischen und antisemitischen Kampagnen zu übernehmen. Die damalige ‚Gleichschaltung' von Presse, Rundfunk und Filmproduktion (UFA, Universum Film AG) demonstriert im Übrigen die gewaltige Macht propagandistischer Mittel im Einsatz für politische Zwecke.

Propaganda ist keineswegs, wie oft geglaubt wird, ein Phänomen allein aus Kriegszeiten, es geht im weiteren Sinn um die ideologische Manipulation der sozialen Symbolwelten und der erwünschten Deutungsart seitens der politischen und ökonomischen Macht. Nicht alle Experten würden dem zustimmen, dass *Public Relations* dann lediglich eine weitere und viel geschmeidigere Bezeichnung dafür ist.[36] Doch die kommunikativen Beziehungen mit der Öffentlichkeit sind überwiegend einseitig gestaltet. Bei dieser manipulativen Kommunikationsform werden

---

35 „Torches of Freedom Campaign" (= Fackeln der Freiheit). Das Rauchen, besonders in der Öffentlichkeit, war für Frauen damals verpönt. Gemeinsam mit dem Psychologen Abraham Brill ließ Bernays Reporter dokumentieren, wie zur Parade am Ostersonntag 1929 einige junge Frauen (es waren Schauspielerinnen) ihre Zigaretten hervorholten und öffentlich rauchten. Über diese Tabubruch wurde landesweit berichtet und fortan galt das Zigarettenrauchen als Symbol einer emanzipierten Frau – vgl. Tye (1998): 28ff.

36 Zu Bernays' Begründungsanspruch von Public Relations vgl. Tye (1998): Kap. 11. Der britische Dokumentarfilmer Adam Curtis produzierte für die BBC 2002 die vierteilige Serie „The Century of the Self" zur Instrumentalisierung der Psychoanalyse für die Public Relations.

Auftraggeber, Strategien und Ziele zumeist verdeckt gehalten. Kommunikation wird hierbei in Sender-Empfänger Verhältnissen („Rezipienten') gedacht, als ein reduktionistisches und persuasives Schema. Seine Anwendung in Agenturen, als eine besondere Form des Herrschaftswissens verkauft, soll die Menschen zu etwas zu bewegen (Agitation) oder sie in einem bestimmten Vorstellungsrahmen halten (Integration).[37]

Die in den Köpfen einmal festgesetzten Bilder erfüllen eine Art liturgische Funktion. Sie werden zeremoniell wiederholt, wann immer sich Gelegenheit dazu bietet: Wenn Politiker vor die Kamera treten oder Sportler ihre Triumphe feiern und dabei völlig groteske Gesten zur medialen Wahrnehmung produzieren. Bilder verbreiten den Glauben an eine Idee, sei es der Religion, der Kunst, der Gesundheit, des Lebensstils oder gar der Wissenschaft.

Die Verwunderung darüber, warum es immer dieselben Bilder sein müssen, ist fehl am Platz. Keine Botschaft ohne die Bilder. Bilder schaffen Prominenz, manche Personen der Mediengesellschaft sind sogar für überhaupt nichts anderes bekannt als dafür, dass ihre Bilder verbreitet werden. Hier ist es immer die visuelle Komponente der Botschaft, die Teilhabe *propagiert*. In einer medialen Wiederholungsschleife werden also immer dieselben Bilder gezeigt, werden dieselben Hits abgespielt. Es sind spezifisch ästhetisierte Produkte, die im Sinne einer Konsensfabrikation eingesetzt werden und die in ihrer Gesamtheit das Spektakel der Medienmoderne ausmachen.

---

37 „In almost every aspect of our daily lives, whether in the sphere of politics or business, in our social conduct or our ethical thinking, we are dominated by the relatively small number of persons (...) who understand the mental processes and social patterns of the masses" – Bernays (1928): 9f. Zur Unterscheidung zwischen *Agitationspropaganda* und *Integrationsproganda* vgl. Ellul (1973).

SPEKTAKEL

Es gibt kulturelle Tendenzen, die sich in der Tradition des biblischen Bilderverbots eigentlich nicht gegen die Anschaulichkeit als solche richten, sondern gegen die mit dem Bild verbundene Idolatrie. Die Grundidee des Bilderverbots war es, Gott selbst (als Idee) anzubeten und eben nicht das Bild Gottes, weil dieses ein menschliches Erzeugnis ist.[1] Aber ob ein Bild dann bewundert oder schlicht ignoriert wird, ob verehrt oder bekämpft und zerstört, das alles ist wahrscheinlich genauso wichtig, wenn nicht sogar entscheidender als das, was ein Bild darstellt oder repräsentiert. Die Wirkung von Bildern ist oft unergründlich, der Effekt schwer vorhersehbar. Doch Bilder besetzen die Imagination, die menschliche Einbildungskraft. Das hat sich in der Medienmoderne eine Kulturindustrie zu Nutze gemacht, die diese Prozesse bewusst zu steuern und auszubeuten sucht. Filme und Konzerte, visuelle und akustische Inszenierungen, die zum passiven Konsumieren einladen, sind dafür zentrale Elemente. Die technischen Möglichkeiten der Medienmoderne verwandeln Menschen in willenlose Zuschauer von endlosen Fernsehserien, in rastlose Konsumenten ständig verfügbarer Unterhaltung.

Die Antiquiertheit des Menschen

Die Proliferation von Bildern und Symbolen erfolgte bereits im 19. Jahrhundert auf Grundlage der Industrialisierung von Druckverfahren und Papierproduktion. Es

---

1 Das veranschaulichende oder repräsentierende Bild ist in diesem Sinn eine sehr europäische Idee; es gibt überall auf der Welt spirituelle Praktiken, die auch ohne Konkretisierung auskommen und Objekte (Fetische) mit Ausnahmefunktionen prämieren, obwohl diese überhaupt nichts darstellen in unserem Sinn des Wortes; vgl. die Theorie des sakralen Objekts von Kohl (2003).

entstanden die sogenannten Massenmedien, zunächst die Printmedien aus einem Verbund von Telegrafie, Zylinderdruckpresse und Holzschliffpapier, die dann im 20. Jahrhundert mit elektronischer Technik wie Radio, Film und Fernsehen ein geräteabhängiges Mediendispositiv hervorbrachten, dem Kulturkritiker mit grundlegender Skepsis begegneten: dafür steht der Topos von der *Antiquiertheit des Menschen*.[2] Kritiker sahen Kultur und technische Medien – solche der Reproduktion wie der Verbreitung – in einem Spannungsverhältnis, da die gesteigerte Verfügbarkeit von Inhalten produktionsseitig eine negative Rückwirkung habe.

Massenmedien bedeuten auch Massenkultur, und diese dient mehr als allen anderen Zwecken der Unterhaltung. Zugleich findet sich in der Art und Weise, wie sich diese Medienformate ausbilden, eine äußerst politische Dimension.[3] Kulturelle Vorbehalte gegenüber neuen medialen Praktiken sind hier immer schon zu registrieren, wovon viele Karikaturen zeugen, die moderne Innovationen stets begleiteten. Jedem technischen Fortschritt galt einige Skepsis, gern wurden auch die Kosten aufgerechnet, die neue Technologien in kognitiver oder sozialer Hinsicht produzieren, und dies vor allem hinsichtlich der fortschreitenden Mechanisierung und Rationalisierung des Alltags.[4]

Die Vereinigten Staaten spielten eine Vorreiterrolle der Medienmoderne. Neben Haushaltsgeräten wie Kühlschrank und Waschmaschine hielten auch Unterhaltungsmedien wie Radio, Kino und Fernsehen hier deutlich früher Einzug in den Alltag als in Europa. Für die vom Nationalsozialismus vertriebenen europäischen Geisteswissenschaftler, die in den 1930er Jahren in die Vereinigten Staaten emigrierten, war die Konfrontation mit der amerikanischen Medienmoderne ein nicht unerheblicher Kulturschock. Bei manchen aus Deutschland emigrierten Intellektuellen führte die Konfrontation mit Radio- und Fernsehangeboten für die breite Masse zu einer Radikalisierung der Kulturkritik – Theodor W. Adorno ist vielleicht

---

2 Vgl. Anders (1980).

3 Es ist zu betonen, dass Medien keine transzendenten Mächte sind, die aus dem Nichts auftauchen, um als das neue geschichtsphilosophische Subjekt zu agieren. Eine Beschwörung ihrer „Materialität" ist zwar zur medientheoretischen Obsession geworden, um Medientechnik als Operationsbedingung von Kommunikation dort ins Spiel zu bringen, wo üblicherweise die hermeneutischen Denkfiguren der Geisteswissenschaften vorherrschen. Dennoch, wo immer medientechnische Operationsketten in Gang gesetzt werden, gibt es eine Infrastruktur, deren Einrichtung und Betrieb auf politischen und ökonomischen Entscheidungen beruht. Keine kommunikative Absichten trieb beispielsweise die Kabelverlegung ab ca. 1850 voran, sondern strategisches Kalkül und Profitinteresse. Peter Hugill (1999) betont in seiner grundlegenden Studie zur Weltverkabelung die geopolitische Rolle von Telegrafie und Radio, auch für die Kolonialexpansion in der zweiten Hälfte des 19. Jahrhunderts.

4 Vgl. die klassische Studie zur Mechanisierung von Giedion (1948).

der bekannteste, aber bei weitem nicht einzige Vertreter einer Generation, deren Irritation über die neue Produktivkraft von Medien noch lange nachklingen sollte. Der völlig ungewohnten Ästhetik der amerikanischen Medien, die gerade damit begannen, eigene Formate (Radio-Shows, Hollywood-Filme, und bald auch Fernsehserien) zu entwickeln, wollte das Instrumentarium ihrer geisteswissenschaftlich an klassischen Texten geschulten Kritik so gar nicht entsprechen.

Jedenfalls war man sich eines fundamentalen Wandels bewusst, was einerseits die philosophische Kulturkritik beförderte, andererseits aber auch die empirische Medienforschung.[5] In den 1950er Jahren entstand eine medienphilosophische Studie, die trotz ihres altertümlichen Titels bis heute eine lesenswerte Analyse der neuen Medienästhetik enthält: *Die Welt als Phantom und Matrize*, von Günther Anders.[6] Die vermischten philosophischen Betrachtungen des Heidegger-Schülers sind sämtlich mit Erfahrungen aus dem amerikanischen Exil durchsetzt und finden sich unter das Leitmotiv der bereits erwähnten *Antiquiertheit des Menschen* gestellt. Der Mensch erscheint, ganz wie wir es von Charlie Chaplins filmischer Kritik an der tayloristisch rationalisierten Arbeitswelt (*Modern Times*, 1936) kennen, als das Opfer einer neuen Zeit, in der Maschinen und Apparate seine Lebens- und Arbeitswelt strukturieren.

Dieser durch Technik gestresste Mensch kann sich an den modernen Errungenschaften nicht nur erfreuen, denn er fühlt sich auch zurückgesetzt und unperfekt. Mit seiner phänomenologischen Analyse versuchte Anders, den Herausforderungen der Medienmoderne auf die Spur zu kommen. Nach eigenem Bekenntnis haben sie ihn als gelegentlichen Zuseher einer Sportsendung in einer New Yorker Bar schon nach wenigen Minuten so nachhaltig irritiert, dass er danach angeblich nie wieder ferngesehen habe. Sein Text ist aber auch deshalb ein eindrucksvolles Dokument der Analyse von Medienphänomenen, weil er der traditionellen philosophischen Theoriesprache eine ziemlich radikale Absage erteilte. Allein das Bewusstsein, dass es Fernsehbilder gibt, hatte diesen medienphilosophischen Effekt, hinter dem schon die Ahnung stand, in der Medienmoderne könnte die Philosophie in ihrem traditionellen Textformat überflüssig werden.[7]

---

5   Ein entscheidender Beitrag dazu kam vom Wiener Soziologen Paul F. Lazarsfeld, der ab 1935 zunächst als Stipendiat das von der Rockefeller Foundation geförderten *Office of Radio Research* (Princeton University, später Columbia University) betrieb. Von ihm stammt die überhaupt erste sozialwissenschaftliche Medienforschung im Auftrag der österreichischen Radio-Verkehrs AG (RAVAG), Wien 1932, vgl. Mark Hg. (1996).
6   Vgl. Anders (1980): Band 1, 97-211.
7   Jahrzehnte später sollte Vilém Flusser, ganz ohne Bezug auf Anders, aber ebenso wie dieser aus der phänomenologischen Tradition kommend, die tradierten philosophischen Sprachspiele vehement kritisieren: Philosophieren müsse sich (etwa mit Video) den

Mediales Dasein und ‚Ikonomanie'

Medien wie Rundfunk und Fernsehen, denen er sein philosophisches Interesse widmete, waren für Anders eine fortgeschrittene Form der Technik, die nicht der Wirklichkeitsvermittlung dient, sondern dazu, die menschliche Existenz schablonenhaft zu formen und gleichzuschalten. Indem sie Wirklichkeit abzubilden vorgeben, und uns die Welt ideologisch gefiltert ins Haus liefern, schaffen Medien eine Hyperrealität, in der Menschen nicht mehr wirklich Handelnde sind, sondern Konformisten eines allgemeinen Agierens, von dem sie selbst wieder getrieben werden. Für diesen Zustand des Dasein setzte er den damals sehr ungewöhnlichen Ausdruck „medial".[8] Das ‚mediale Dasein' führe zu einer Krise des Menschlichen, daher die Rede von einer Antiquiertheit: hinter seinen technischen Errungenschaften erscheint der Mensch als ein klägliches Relikt, voller Kompensationswünsche hinsichtlich der glatten Perfektion moderner Produktionen.

Alles, was später dann als ‚Hyperrealität' und ‚Simulation' beschrieben werden sollte, findet sich bereits in den Texten von Günther Anders, dessen der phänomenologischen Tradition Husserls verpflichtete Theoriesprache jedoch keinerlei Anknüpfungspunkt an jene poststrukturalistischen Diskurse seiner Zeit (d. h. um 1970/80) geboten hat, denen sie eigentlich auf Augenhöhe hätte begegnen können. Die Analyse einer neuen Bildlichkeit ist hier nur ein Aspekt, an den unbedingt erinnert werden muss. Die moderne ‚Ikonomanie' (Bild-Vernarrtheit) war für Anders eins der wesentlichen Indizien für die Antiquiertheit des Menschen, der sich nach den medial vorgesetzten Bildern richtet. Die Kritik wurde vor dem Hintergrund medientechnischer Innovationen formuliert, die aus der druckgrafischen Reproduktionstechnik einerseits, sowie aus dem neuen televisuellen Dispositiv andererseits.

Das bald überaus populäre Fernsehen begann ab den 1950er Jahren Politik und Gesellschaft zu verändern, nicht nur als Unterhaltungsmedium, sondern auch als politischer Faktor.[9] Doch die Errungenschaften der Medienmoderne strafte der indignierte Philosoph mit verächtlichem Urteil. Unter der universell gewordenen Bedingung, dass alles, was ist, zuerst und vor allem einmal „im Bilde" zu sein hat, lade die medial vermittelte Wirklichkeit zu einer trügerischen Teilhabe an den Weltverhältnissen ein. Doch obwohl es nun ständig mehr und mehr zu sehen gibt,

---

    Raum jenseits der Schrift erobern, um dem zu beggnen, was er den „Rückschlag der Bilder auf uns (Menschen)" nannte, vgl. Flusser (2009): 99.

8 Anders (1980): 286.

9 Vgl. die Analysen zur Fernseh-Gesellschaft von Meyrowitz (1985), in der es vor allem darum geht, dass elektronische Medien das Verhältnis von physischem Aufenthalt und sozialer Interaktion grundlegend verändern.

verschwinde die Wahrnehmung der Zusammenhänge und die Authentizität der Erfahrung. Kein Ganzes steht mehr in Aussicht, und so werde mit den Medien „die Simultan-Lieferung völlig disparater Elemente" zum akzeptierten Normalzustand.[10] Vom televisuellen Apparat als neuem Wahrnehmungsdispositiv – was im Fernsehen ist, erhebt einen einzigartigen und unerhörten Anspruch auf Aufmerksamkeit – kann man sich schwer distanzieren. Kritik scheint unmöglich, besonders wenn Medienexperten „uns das Weltbild liefern" und mit ihren Sendefragmenten „ein Ganzes für uns zusammenlügen". Als Fernsehzuschauer werde der Mensch systematisch „passivisiert".[11]

Aber hält diese philosophische These denn der Überprüfung stand? Gelingt es den Menschen tatsächlich nicht mehr, hinter die medial erzeugte Oberfläche zu dringen? Hätte es Günther Anders bei seinen kulturapokalyptischen Betrachtungen belassen, dann wären diese Übertreibungen aus medienphilosophischer Sicht nicht weiter zu diskutieren. Er entwickelte jedoch eine Argumentation, die weit darüber hinausgeht: die These von der neuen medialen Ontologie.

Ontologische Zweideutigkeit des Medialen

Das Fernsehen setzt die Zuschauer zwar ins Bild, vermittelt dabei aber weniger die Aspekte eines wirklichen Geschehens, sondern konstruiert dieses Geschehen stets aktiv mit.[12] Die Fernsehkamera nimmt im Produktionsprozess der Bilder ein Wahrnehmungsurteil vorweg, das die Zuschauer tatsächlich schwer hintergehen können. Medienbilder sind nicht das Ereignis selbst, sondern liefern mit ihrem technisch vorgefassten Deutungsschema eine ästhetisch wie epistemisch selektive Sicht der Ereignisse. Zur ästhetischen Macht der Medien gehört, dass die Ereignisse zunehmend im Hinblick auf die Möglichkeit ihrer Medienwahrnehmung hin

---

10 Anders (1980): 141.

11 Anders (1980): 164 – Anders hat ein Vierteljahrhundert später sein Urteil revidiert, da Fernsehbilder sehr wohl in politische Aktivität wie etwa Protest gegen den Vietnamkrieg münden können: „Wahrgenommene Bilder sind zwar schlechter als wahrgenommene Realität, aber sie sind doch besser als nichts. Die täglich in die amerikanischen Heime kanalisierten Bilder vom vietnamesischen Kriegsschauplatz haben Millionen von Bürgern die auf die Mattscheibe starrenden Augen erst wirklich ‚geöffnet' und einen Protest ausgelöst, der sehr erheblich beigetragen hat zum Abbruch des damaligen Genozids." – ebd., S.VIII (Vorwort zur 5. Auflage).

12 McLuhan sollte das dann so formulieren: „Media are active metaphors in their power to translate experience into new forms" – McLuhan (1964): 57.

optimiert werden. Die ritualisierte Darbietung von inszenierten Ereignissen der Tagespolitik, des Sports und am Rande immer auch der kulturellen Ereignisse in den Nachrichtensendungen steht für die offensichtliche Tendenz, Wirklichkeit im Hinblick auf ihre mediale Wahrnehmungsform hin zu selektieren.

Doch dies war vermutlich immer schon ein Teil der Formen öffentlicher Kommunikation, die für die Wirkung auf ein Publikum hin inszeniert worden sind. Für Anders besteht die neuartige Problematik nun in der offensichtlichen Tatsache, dass „die Ereignisse zu uns kommen, und nicht wir zu ihnen" – während also die philosophische Frage bislang darin bestand, wie „der Mensch zur Welt" kommt, dreht sie sich mittlerweile darum, welche Veränderung „der Mensch als mit Welt beliefertes Wesen durchmacht".[13] Die medientechnisch gestützte Form der Wirklichkeitsaneignung lässt das traditionelle Gefüge von Sein und Schein ins Wanken geraten, allein schon aufgrund der Tatsache, dass die Medienereignisse auch dann wirklichkeitsprägend sind, wenn die Zuschauer gerade nicht zusehen – die Medienwirklichkeit ist immer auf Sendung und schafft jene Umwelt, die letztlich für alle Zeitgenossen verbindlich ist. Alle haben sich nach den Fakten zu richten, die ihnen die Nachrichten vermitteln: *„Der Daseinsgrund der Nachricht besteht darin, dem Adressaten die Möglichkeit zu geben, sich nach ihr zu richten."*[14]

Wer also das Medium als Boten, als Überbringer von Botschaften oder als Sender von Inhalten missversteht, verkennt vollkommen die philosophische Komplexität des Phänomens. Mit der Fotografie, vor allem aber mit dem Fernsehen geraten die ästhetischen, aus philosophischen Texten überlieferten Kategorien durcheinander, und die transzendentalphilosophische Ordnung (bzw. das darauf gebaute Urteilsvermögen) schwankt mit den neuen Speicher- und Übertragungsverhältnissen. Denn die Zuschauer empfangen nicht einfach nur Bilder, sie werden damit auch in ein neues Weltverhältnis gesetzt: „Die Frage ‚sind wir anwesend oder abwesend?' ist tatsächlich gegenstandslos. Aber eben nicht deshalb, weil die Antwort ‚Bild' (und damit ‚abwesend') sich von selbst verstünde, sondern weil das Eigentümliche der durch die Übertragung geschaffenen Situation in deren *ontologischen Zweideutigkeit* besteht; weil die gesendeten Ereignisse zugleich anwesend *und* abwesend, zugleich wirklich *und* scheinbar, zugleich da *und* nicht da, kurz: weil sie *Phantome* sind."[15]

---

13 Anders (1980): 110 – Den „medialen Stil des Daseins" kritisiert Anders als ein Mit-Tun, ein Aufrechterhalten des Betriebs im Unterschied zum zielgerichteten Handeln und zur Veränderung, mithin als konformistisches und potenziell totalitäres Verhalten, vgl. ebd.: 286f.

14 Anders (1980): 156 – Ganz ähnlich übrigens das Fazit einer aktuellen Analyse von De Botton (2015).

15 Anders (1980): 131.

Diese keineswegs triviale phänomenologische Einsicht, auf die Anders seine gesamte Argumentation aufbaut, stellt natürlich die Frage nach dem Wirklichkeitsstatus der neuen Zeichenordnung in elektronischen Medien. In der akademischen Philosophie, die sich in das platonisch-dualistische Denkschema *Sein* und *Schein* eingeübt hat, blieb er mit seinem Anliegen weitgehend ungehört. Anders antizipierte kritische Einwände mit einem im Text mehrfach auftauchenden „Zwischenrufer", der in bekannter akademischer Manier darauf besteht, das sei *alles schon da gewesen*, das wäre *alles nicht neu*. Es sei doch ganz klar und galt immer schon, dass man den Apfel, der in einem Bild zu sehen ist, eben nicht essen sondern nur betrachten kann. Denn das Bild ist *ästhetischer Schein*, bloße Repräsentation. Mehrfach hebt Anders diesen möglichen traditionalistischen Einwand hervor, um mit gutem Grund dieses alte Denkschema abzuweisen: die Ereignisse sind eben nicht einfach nur Bild, oder ästhetischer Schein (er wählt das Beispiel vom Fußballmatch, das im Fernsehen ja auch wirklich stattfindet und nicht zum bloßen „Als ob" der Kunst werde). Die Ästhetik der Medienmoderne besteht genau darin, dass im Griff der elektronischen Medien das Wirkliche phantomhaft, und alles Fiktive wirklich wird.[16]

Dieser Traktat von Anders steht für einen ersten Versuch, die Medienmoderne phänomenologisch aufzuschlüsseln. Er zeigt, wie hier eine Art existenzieller Zwischenraum entstand, ein transanthropologischer Raum, in dem sich der Eigensinn des Medialen zu entfalten begann. Mit der weiteren Medienentwicklung sollte sich diese Diagnose bekräftigen. Die Rolle der Medien wurde im Fernsehzeitalter neu definiert, so die zentrale These von McLuhan. Auch die Psychologie begann, sich mit diesen Medienphänomenen zu beschäftigen, und erforschte die Kanonisierung von Posen, das Personality Training, die Rolle der *Persona*, und das, was jetzt „para-soziale Interaktion" genannt wurde: dass medial konstruierte, im Fernsehen wahrgenommene Figuren für wirklich genommen werden.[17] Offensichtlich gibt es diese sogenannte Medienwirklichkeit ja tatsächlich. Von philosophischer Relevanz ist hier die These, dass mit dem elektronischen Bild ein neuer Wirklichkeitsstatus erreicht wird: mediale Virtualität ist nicht einfach begrifflich-kritisch aufzulösen in klare Verhältnisse von Sein und Schein. Der Grund dafür besteht darin, dass Menschen mit der virtuellen Wirklichkeit *real* interagieren.

---

16 Anders (1980): 142.
17 Vgl. Donald Horton, R. Richard Wohl: „Mass Communication and Para-social Interaction", in: Psychiatry Nr. 19 (1956): 215-229.

Kritik der Kulturindustrie

Elektronische Massenmedien lassen die Welt der Texte hinter sich. Sie übertragen das kulturelle Gedächtnis in neue Speicherformate, außerdem beeinflussen sie grundlegend die sozialen Interaktionen. Nicht die für ein unterhaltungsorientiertes Publikum produzierten Inhalte sind die Konsequenz, sondern die Neuorganisation von Kultur als profitorientierter Medien- und Unterhaltungsindustrie sowie die damit verbundene konsumistische Haltung. Es war in den vergangenen Jahrzehnten wohl schwierig, das jeweilige Potenzial der Demokratisierung zu sehen, das in der Medientechnik zweifellos auch steckt. Die Generation von Theoretikern jedenfalls, die sich gegen Mitte des 20. Jahrhunderts artikulierte, blieb generell sehr skeptisch gegenüber dem Programmangebot der Massenmedien. Daher auch das Verdikt einer *Infantilisierung* des Publikums, unter welches Günther Anders, wie auch Theodor Adorno, das Programm von Rundfunk und Fernsehen gestellt haben.

Ähnlich geprägt durch das amerikanische Exil und die Produktionsverhältnisse in Hollywoods Traumfabrik, sahen die Autoren der *Dialektik der Aufklärung* eine besondere Form der kulturellen Entwicklung entstehen, für die sie den Begriff ‚Kulturindustrie' prägten.[18] Diese Bezeichnung sollte zum Ausdruck bringen, dass das mit der Industrieproduktion etablierte kapitalistische Profitstreben nun auf die gesamte Kulturproduktion übergreift. Der viel zitierte Text ist keine in sich geschlossene Theorie, sondern eine fragmentarische Dokumentation von Diskussionen, die das *Frankfurter Institut für Sozialforschung* im kalifornischen Exil geführt hat. Die Fragmente zur Aufklärung, entstanden zu Zeiten des Faschismus und Nationalsozialismus, sollten ein neues Forschungsprogramm begründen und gerieten danach völlig in Vergessenheit, bis sie durch die politische Konstellation im Deutschland der 1968er-Generation und der gesellschaftlichen wie politischen Krise zur Zeit des Kalten Krieges wieder bedeutsam geworden sind. Diese essayistische Werk von Horkheimer und Adorno zählt inzwischen zu den kulturphilosophischen Grundlagentexten.

Vor dem Hintergrund von Krieg und Totalitarismus geschrieben, widmete sich vor allem das Kulturindustrie-Kapitel der im 20. Jahrhundert durchgreifenden technischen Rationalität, die alles einer Logik der ‚instrumentellen Vernunft' zu unterwerfen strebt.[19] Ein unbedingtes Verwertungsinteresse habe sich auf alles ausgeweitet, auch auf Kulturgüter und geistige Gebilde, von denen die kritischen Autoren annahmen, diese würden grundsätzlich eine zum Kapitalismus alternative Rationalität, eine Art residuales Bewusstsein unverdorbener Existenzweise

---

18 Vgl. Horkheimer und Adorno (1988): 128-176.
19 Vgl. Horkheimer (1967).

Kritik der Kulturindustrie 107

verkörpern. Negativ beeindruckt von den Produktionsmechanismen Hollywoods, urteilten sie ähnlich wie Günther Anders im pessimistischen Sinn, dass es eben keine Massenkultur gebe, sondern eine perfide Kulturproduktion *für die* Massen, also *Kulturindustrie*. In den Massenmedien finde nurmehr Massenbetrug statt, es entfalte sich ein undurchschaubarer Zirkel von Manipulation.

Abb. 19 Der Schriftzug ‚Hollywood' wurde 1923 für ein Wohnprojekt in einer Anhöhe von Los Angeles errichtet (damals: Hollywoodland). Er steht inzwischen emblematisch für die dort angesiedelte Film-, Fernseh- und Musikindustrie, die sogenannte amerikanische ‚Traumfabrik'
Quelle: http://monovisions.com/vintage-hollywoodland-sign-1920s/

Dass Medien wie Film und Fernsehen, aber auch Pop- und Jazzmusik emanzipatorisches Potenzial haben, wurde hingegen nicht einmal im Ansatz gewürdigt. Diese Argumentation steht also konträr zu dem, was bei Bertolt Brecht und bei Walter Benjamin im Sinne einer marxistischen Aneignung der Produktionsmittel (Arbeiterfotografie, Amateurfunk, Radiobastler) erhofft wurde: „Keine Apparatur der Replik hat sich entfaltet".[20] Stattdessen würden entmündigte Zuschauer produziert, die auch keine Genießer mehr sind, sondern dumpfe Konsumenten von Kulturprodukten. Alles werde in der Medienwelt zur Ware, alles dem Profitstreben unterstellt, selbst das banalste Ereignis (wie Sporterfolge oder Prominenten-‚News').

Es ist eine für die 1940er Jahre verständliche These, dass die kulturelle Regression der industriellen Serienfertigung und dem kapitalistischen Profitstreben geschuldet sei. In der amerikanischen Medienmoderne mit ihrem umfassenden Showcharakter

---

20 Horkheimer und Adorno (1988): 130.

erlebten die europäischen Intellektuellen eine regressive, infantilisierende Kultur mit einer für sie als dekadent empfundenen Ästhetik. Die Gegenöffentlichkeiten, die sich unter kapitalistischen Verhältnissen mit einer eigenen, von ethnischen oder subkulturellen Einflüssen geprägten Ästhetik gebildet haben, blieben den großbürgerlichen deutschen Verhältnissen entstammenden Autoren offenbar völlig unbekannt.

Die *Kritik der Kulturindustrie* ist einerseits ein Text, der die Erfahrung einer Generation dokumentiert, die noch mit unbedingtem bildungsbürgerlichen Kunstsinn aufgewachsen ist und kaum Erfahrung mit Massenmedien gemacht hatte.[21] Doch kommerziell orientierte Künstler sind kein Phänomen der Moderne, und selbstverständlich galt schon vor dieser Ära, gerade im bürgerlich-kaufmännischen Bereich, die Kulturproduktion dem Profitinteresse.[22] Aber es handelt es sich hier auch um einen Text, dessen grundlegende Elemente der Medienkritik heute noch gültig sind:

- Kritisiert wird etwa die Homogenität der Medienprodukte, das immer gleiche Erfolgsrezept von Hits und Serien sowie das in den Filmen selbst zur Schau gestellte Produktionsbudget. Die gigantomanische Produktion ersetzt das Bemühen um Inhalte, anstelle von Narrationen gibt es im Hollywoodfilm unzählige Explosionen.
- Wer die Mittel nicht aufzubringen vermag, ist von der Produktion und Distribution ausgeschlossen.
- Weiters folgt, psychologisch gesehen, die Rezeption der Medienprodukte dem Muster der alltäglichen Probleme und Missstände. Hollywood als Traumfabrik spiele mit den Hoffnungen und Wünschen des Publikums, doch es zeige ein Glück, das man selbst nie wird haben können.
- Im kulturindustriellen Unterhaltungs- und Informationsangebot wären versteckte normative Vorgaben enthalten, man spiegele dem Publikum den schnöden Alltag einfach als gegebene Tatsache zurück.[23]

---

21 Als Ausnahme wäre Siegfried Kracauer zu nennen, dessen kritische Essays zum Film die Medienmoderne theoretisch verdichteten und auch breit rezipiert wurden, weil sie in der Frankfurter Zeitung publiziert wurden, dessen Feuilletonchef er war – vgl. Kracauer (1994).

22 Wie die neuere Diskussion zeigt, lassen sich die Anfänge des ästhetischen Kapitalismus bis in die Zeit der Renaissance zurückverfolgen, vgl. Hutter (2015).

23 „Donald Duck in den Cartoons wie die Unglücklichen in der Realität erhalten ihre Prügel, damit die Zuschauer sich an die eigenen gewöhnen." – Horkheimer und Adorno (1988): 147.

Die medialen Produktionsverhältnisse haben sich inzwischen zwar grundlegend verändert, vor allem was die Verfügbarkeit von Produktionsmitteln betrifft (im digitalen Zeitalter braucht niemand mehr eine teure medientechnische Ausrüstung) sowie die Distributionswege und Präsentationsformen mit den Möglichkeiten des Internet. Dennoch bestehen Organisationsprinzipien und ökonomische Zwänge fort, wie sie schon Mitte des vergangenen Jahrhunderts diagnostiziert worden sind.

So bleibt denn die kritische Analyse von Horkheimer und Adorno inspirierend, wie auch ein weiteres, medienästhetisches Argument aus ihrem Text belegt. Es ist dabei die Rede von „Verboten in Syntax und Vokabular",[24] Selbstzensur also, die zwar von keiner Stelle explizit erlassen wurde, sich aber aus den medialen Produktionsmechanismen wie zwangsläufig ergibt, durch ihren Zuschnitt der Drehbücher auf den Geschmack der Masse mit all den erwartbaren Effekten, vor allem auf Quote und hohe Verkaufszahlen. Deshalb wird, was einmal Erfolg gehabt hatte, dem unbedingten Zwang zur Wiederholung unterworfen und der Eintönigkeit des ‚Immergleichen'. Die fundamentale Kritik galt der Subsumierung von Kunst und Kultur unter das Prinzip der Warenproduktion oder dem, was in der aktuellen Diskussion *ästhetischer Kapitalismus* genannt wird.[25]

Der Begriff ‚Kulturindustrie' steht für ein affirmatives Verhältnis zur Wirklichkeit, in der wie nach Vorschrift immer dieselben Meinungen und Verhaltensweisen auftauchen. Mit medialer Aufmerksamkeit prämiert werden ähnliche Reaktionen, stereotype Handlungsmuster und konformistische Haltungen. Die ‚Verbote' betreffen das jeweilige Ausdrucksformat und begründen so eine spezifische Medienästhetik, was allerdings nicht nur für die Kulturindustrie gilt, sondern auch für deren Widerpart, die avancierte Kunst, als deren angestrengter Advokat dann besonders Theodor W. Adorno hervorgetreten ist.[26]

Natürlich ist zu kritisieren, dass die subversiven Aspekte der Populärkultur nicht berücksichtigt wurden – sie waren aber um 1940 vielleicht auch noch nicht so deutlich sichtbar. Inzwischen gehören ironische Distanz und subversive Haltung selbst schon zu den kulturindustriellen Produktionsaspekten. Dass Hollywood, das Epizentrum für die globale Kulturindustrie, mit seinen eigenen Mitteln aber

---

24 Horkheimer und Adorno (1988): 136.
25 Vgl. Ullrich (2013); Hutter (2015); Böhme (2016).
26 Vgl. Adorno (1970: 32ff) – Die Kulturindustrie erscheint in Adornos Ästhetik als negatives, kaum zu hintergehendes Faktum, das mit List und falschem Versprechen die niedrigen Instinkte anspricht. Die Rede ist hier immer wieder von einem „gefesselten Bewusstsein" (ebd.: 354). Dieser Topos von der unterdrückten und verdrängten Sinnlichkeit, die eben nur im wahren Kunstwerk wieder aufscheine, war es denn auch, was Adorno zu einer ikonischen Größe der deutschen Studentenbewegung machte. Zur Wirkung in diesem Zusammenhang vgl. Felsch (2015).

auch eine kritische Reflexivität erzeugen würde, ist vielleicht schon wieder eine Ironie der Geschichte.[27]

Ideologie und Spektakel

Die Kulturkritik in der europäischen Nachkriegsgesellschaft und im Vorfeld der Studentenbewegung in den 1960er-Jahren stand im Zeichen von Dekadenz, wie der meist pauschalisierende Blick auf die in Europa sich eben erst formierende Mediengesellschaft enthüllte. Die Menschen würden von den Massenmedien zu Zuschauern degradiert, zu passiven Rezipienten. Medien sind kapitalistische ‚Ideologie', und ihre Angebote pures ‚Spektakel' – so der Tenor der Zeit, vorgetragen vor einem Hintergrund des Verdachtes, der sich darauf richtete, dass die Menschen ihre eigenen Bedürfnisse gar nicht mehr kennen und sich lieber an kulturindustriell vorgefertigten Erzeugnissen orientieren würden. Alles erscheint fabriziert, vor allem aber das Begehren, dessen Erfüllung die Medien als bloßes Versprechen vor sich her schieben.

Das meinte auch Guy Debord mit dem Begriff des Spektakels: alles, was in den Medien ist, ist Show, eine gewaltige Inszenierung für das Publikum. Debord war ein Experimentalfilmer und in den 1950/60-er Jahren ein radikaler Vertreter dessen, was Adorno wohl mit avancierter Kunst gemeint haben mag und was als kulturelle Avantgarde gilt. Debord war Mitglied der künstlerischen Bewegung des *Lettrismus* und der *Situationistischen Internationale*. Sein deklariertes Feindbild waren eben jene Verhältnisse, wie sie die industrialisierte Moderne hervorgebracht hat, und zwar im sozialistischen Osten ebenso wie im kapitalistischen Westen. 1967 erschien sein provokantes Buch *La Société du Spectacle*, das die Ausdehnung des Konsums und der Waren-Ideologie auf nichts weniger als die gesamte menschliche Existenz kritisierte.

---

27 Vgl. als Beispiel den Film *Knight of Cups*, Drehbuch und Regie: Terrence Malick (2015) – Es handelt sich bei diesem Film um eine Art philosophischen Alptraum, der die Existenzform eines Drehbuchautors in Hollywood reflektiert, zusammengesetzt aus persönlichen Erinnerungen, sozialen Pressionen und Irritationen im Verhältnis von Natur und Kultur unter postmodernen Bedingungen. Eindrucksvoll wird die Ephemerisierung menschlicher Kommunikation in Szene gesetzt, etwa wenn gesprochene Dialoge (Kultur) sich im Geräusch der Meeresbrandung (Natur) in Bedeutungslosigkeit auflösen. Das gesamte sogenannte Kulturschaffen des Hollywoodfilms wird hier mit genau den ästhetischen Mitteln dekonstruiert, die es selbst hervorgebracht hat.

Es handelt sich bei diesem subkulturell einflussreichen Text weniger um Theoriebildung als um ein kulturkämpferisches Manifest, um eine Globalisierungskritik *avant la lettre*. Gleichzeitig antizipierte Debord die Theorie der Simulation: der Bezug zur Wirklichkeit, und mit diesem das System der sozialen Beziehungen, wird in der Gesellschaft des Spektakels durch deren mediale Erscheinungsform ersetzt. In diesem Repräsentationsverhältnis würden die Subjekte Verhältnisse akzeptieren, die eigentlich zur sofortigen Revolte führen müssten. Warum diese aber nicht sofort und kompromisslos stattfindet, das erschien den Künstlern und Studentenvertretern jener Zeit als geradezu unerklärliches Phänomen.

Debord definierte das Spektakel nicht nur als eine Ansammlung von Mythen und Medienbildern, denen passive Betrachter (den noch heute in der zynischen Agentursprache so genannten ‚Rezipienten') ausgesetzt und ausgeliefert sind. Er konstruierte eine Art metaphysische Agentur, welche die Sozialverhältnisse auf Ebene der alles vereinnahmenden *Erscheinungen* umdefiniert. Es gibt offenbar keine Position mehr, auf der man sich dem Spektakel entziehen könnte – eine paradoxe Situation. „Das Spektakel stellt sich als eine ungeheure, unbestreitbare und unerreichbare Positivität dar. Es sagt nichts mehr als: ‚Was erscheint, das ist gut; und was gut ist, das erscheint.' Die durch das Spektakel prinzipiell geforderte Haltung ist diese passive Hinnahme, die es schon durch seine Art, unwiderlegbar zu erscheinen, durch sein Monopol des Scheins, faktisch erwirkt hat."[28]

Dies ist eine medienästhetisch radikale Position, die selbst so angelegt ist, dass sie sich gegen jegliche ‚bürgerliche' Kritik immunisiert. Statt seine wirklichen Bedürfnisse zu erkennen, werde der Mensch vom Spektakel dazu angehalten, massenmedial verbreiteten Bildern zu folgen und berechenbare Reaktionen hervorzubringen (klischeehafte Lebensstile, Rollenangebote, erwünschte Verhaltensweisen, programmiertes Posieren, stereotypes Denken). Es herrschen künstlich universalisierte Klischees vor: das Spektakel findet nicht etwa nur beim Kino- oder Konzertbesuch statt, sondern vor allem auch in der Art und Weise, wie Weihnachten zelebriert wird, Ostern oder der Valentinstag, bis hin zum einfachen Geburtstag; alles wird zum kommerziell überformten ‚Event', der nach bestimmten Konsummustern verlangt.

Zum Spektakel gehört nicht nur, dass alles in seiner Warenform inszeniert wird, sondern auch, dass die Warenwelt einer ständigen Ästhetisierung unterworfen wird. Ganz ähnlich wie in der *Dialektik der Aufklärung* wird bei Debord nicht argumentiert, sondern kulturphilosophisch polemisiert. Die Polemik richtet sich gegen die avancierte Mediengesellschaft, gegen eine Delegierung der sozialen Anliegen an die Macht der Zerstreuung. Nicht hinzunehmen ist für die Kritiker die Tatsache einer

---

28 Debord (1978): Kap.1, These 12.

„Fusion von Kultur und Unterhaltung" in der Medienmoderne.²⁹ Die heimliche Gegenmacht liegt für diese Theorien der Medienmoderne in der textuellen Askese (Anders), in der atonalen Musik (Adorno) oder in der ästhetischen Produktivkraft des Avantgarde-Films (Debray).

Gibt es ästhetischen Widerstand?

Es ist eine große, verallgemeinerte Geschichte von Verlust und Regression, die hier geschrieben wurde. Als Künstler laborierte Debord an diesem Dilemma, er versuchte die Macht der Bilder in ihrer filmischen Negation aufzulösen. Dieser Versuch musste scheitern, ebenso wie die Theoriebildung, die eine proletarische Revolution gegen die Scheinbefriedigung der Kultur beschwöre und zugleich vom bildungsbürgerlichen Bewusstsein zehrte. Dennoch entdeckte und entlarvte Debord – aus diesem Grund verdient seine Analyse durchaus die schmale Anerkennung, die sie erfahren hat – Facetten der Mediengesellschaft, die sich weniger der Information verpflichtet sieht als der Propaganda, der Werbung und der Ablenkung von der gesellschaftlichen Wirklichkeit durch umfassende Inszenierung und Ästhetisierung aller Aspekte des Lebens in einer Art von totalitärer Show. In einer Gesellschaft des Spektakels wird alles auf seinen Unterhaltungswert hin beurteilt, sogar noch die Berichterstattung über Naturkatastrophen, Verbrechen oder Terrorismus mit möglichst spektakulären Bildern.³⁰

Entfremden die Medien tatsächlich vom wirklichen Geschehen, statt davon vorurteilsfrei und also objektiv zu berichten? Lässt sich gegen die Ästhetisierung der Wirklichkeit etwa mit künstlerischen ‚Bildstörungen' angehen? Gibt es einen medienästhetischen Kritizismus? Viele Medienkünstler glauben daran, und das ist durchaus gut so, denn nur das reflektierte Experiment innerhalb der Formate vermag diese ideologisch aufzusprengen. Die Frage aber stellt sich, wie ein authentisches Ausdrucksformat denn aussehen könnte.

Das affirmative Verhalten, das zum Medienkonsum gehört und mit dem Zerrbild des Spektakels zu Recht kritisiert wurde, findet noch unter Bedingungen der vielgerühmten Interaktivität der Digitalmedienkultur seine Fortsetzung. Das

---

29 Horkheimer und Adorno (1988): 152 – Bereits aus Lazarsfelds RAVAG-Studie ging jedoch hervor, dass das direkt befragte Publikum durchaus mehr Schlager und Unterhaltung verlangte und nicht nur Opernübertragungen, Bildung und Information (siehe oben, Kap. Spektakel, Anm. 5).
30 Vgl. zum ‚Jahrhundert der Bilder' die Analysen in Gerhard Paul Hg. (2008) bzw. (2009).

postmoderne Spektakel der ‚Sozialen Netze' wirkt wie eine ungewollte Parodie auf die ‚Hollywood-Ära' des Kinos. Hier wie dort ist Kritik ausgeschlossen und jede Negativität wird systematisch vermieden, gute Laune und dauerhaftes Grinsen (der sogenannte *Social Smile*) sind angesagt. Es gibt, etwa bei *Facebook*, nur noch *Friends* und *Likes*, oder man versetzt seine elektronische Kommunikation, seine Mails und seinen ‚Status-Update' mit infantilen Emoticons wie Smileys, Sternchen, Küsschen oder Herzchen.

Was eigentlich ist *Facebook* denn anderes als eine zensurierte Oberfläche im Web, die vollkommen in die Theorie des Spektakels passt: sämtliche nutzerseitige Tätigkeiten werden als ‚Aktivitäten' verkauft, obwohl sie letztlich nur dazu dienen, Daten für Marketingzwecke zu generieren. Dies alles gehört zum Spektakel, weil es nicht nur die Schaulust bedient, sondern auch die damit verbundenen künstlichen Emotionen besetzt. Aber mit wirklichen Gefühlen, mit tatsächlich gelebten Erfahrungen hat dies alles nichts mehr zu tun.

Strategien der Gegenkultur

Davon, dass in der medialen Welt nichts mehr dem Zufall überlassen wird, lebt die gesamte PR-Branche, die seit der Zeit von Bernays zu ihrem Höhenflug ansetzte. Aber Edward Bernays agierte mit seinen Interventionen ganz ähnlich wie moderne Künstler es tun. Es war – und ist immer noch – eine große Illusion der künstlerischen Avantgarde, Kunst und Kultur bzw. der damit verbundenen Theoriebildung eine Sonderposition zuzugestehen, die mit individuellen Beiträgen die Welt zu verändern beansprucht, von der fast zwanghaft behauptet wird, sie würde sich unbedingt zum Schlechten hin entwickeln.[31] Tatsächlich wird jedoch in künstlerischen Produktionen auch immer wieder bewiesen, dass subversive Positionen und gegenläufige Vorstellungswelten möglich sind. So hat Andy Warhol in seinen Kunstprojekten die Serialisierung selbst zum Thema gemacht, indem er triviale Industrieprodukte (*Campbell's Soup Cans*, 1962, *Brillo-Boxes*, 1964) erfolgreich in der Kunstwelt ver-

---

31 Für diese Aussage gilt die Einschränkung, dass die Motivation der Texte zur *Dialektik der Aufklärung* nicht einzig die Medienentwicklung war, sondern der gesellschaftspolitische Zivilisationsbruch von Faschismus und Nationalsozialismus als eine Ausgeburt der technischen Rationalität im 20. Jahrhundert. Für die Theoriebildung des Frankfurter Instituts für Sozialforschung hat Max Horkheimer in den 1930er Jahren die Bezeichnung *Kritische Theorie* gewählt, um im Gegensatz zur traditionellen Theorie, mit ihrem Ideal der teilnahmslosen Betrachtung, durchaus auch auf Eingriff und Veränderung der gesellschaftlichen Verhältnisse abziel.

marktete,[32] während Street-Artists wie Jean-Michel Basquiat damit begannen, in New York poetische Kunstbotschaften im öffentlichen Raum zu verbreiten (*SAMO©*, 1977). Diese Taktiken erinnern entfernt an die Kunstbewegung der Situationisten, sie stellten sich subversiv gegen die kommerzielle Medienästhetik und finden mit Graffiti und Adbusting ihre Fortsetzung bis in die Gegenwart.[33]

Mit der Gegenkultur der 1960er Jahre wurden die Karten neu gemischt. Es erfolgte im Zuge der Studentenbewegung eine ganz spezifische, gegen die bürgerlich situierte Öffentlichkeit gerichtete Aneignung der Produktionsmittel: Raubdrucke progressiver Theoretiker wurden angefertigt, alternative Radiosendungen eingerichtet, Stadtzeitungen gedruckt und spezialisierte Verlage am Rande der Legalität gegründet.[34] Während Jürgen Habermas in seiner Habilitationsschrift einen Zerfall der an Medienformate wie der Tages- oder Wochenzeitung gebundenen Öffentlichkeit diagnostizierte, diesen an Literalität gebunden Diskurs des Bildungsbürgertums, wandten sich andere Analysen den Strategien einer ‚Verlebendigung' der Öffentlichkeit zu, die eben aus den Erfahrungen der Gegenkultur hervorging.[35]

In den USA, wo in der Szene der kalifornischen Universitätslabors bald auch der Computer eine große Rolle für die Gegenöffentlichkeit und den postindustriellen Kapitalismus spielen sollte, gab der Aktivist Stewart Brand ab 1968 den *Whole Earth Catalog* heraus, einen Katalog der Gegenkultur, mit dem nachhaltige Produkte vertrieben und das ökologische Denken propagiert wurden. Es handelte sich, lange vor den technischen Möglichkeiten der Digitalmedien, um eine Art von alternativem Vernetzungsprojekt.[36] In Europa wurde dies kaum wahrgenommen und für die Theoriebildung der Medienmoderne kaum berücksichtigt. Man war sich akademisch meist zu schade dafür, von der technikskeptischen Position des europäischen Bildungsbürgers abzurücken.[37]

Doch all diese gegenkulturellen Strömungen sind wiederum relativ, wenn man den Blick darauf richtet, dass die mit hohem Management-Aufwand inszenierten Mega-Events – beginnend mit dem Woodstock-Festival 1969, von Fernseh-Liveshows mit deren grotesken Showmastern, von Sport-Events bis hin zu den olympischen Festspielen oder den Fußballmeisterschaften und den Stadion-Konzerten von

---

32 Vgl. Danto (1991), Hutter (2015).
33 Zu den Strategien der Medienguerilla und den Adbusting-Kampagnen zur „Rückeroberung der Zeichen" vgl. Lasn (2006).
34 Vgl. Felsch (2015).
35 Vgl. Negt und Kluge (1972).
36 Vgl. Turner (2006).
37 Noch Niklas Luhmann war demonstrativ stolz darauf, keinen Fernseher zu besitzen, vgl. Hagen (2001).

Rock-Bands im Greisenalter – medial inszenierte Spektakel ersten Ranges für die Massen sind. Es gibt sie doch, die Kulturindustrie. So gesehen scheint die gesamte Medienmoderne, auch die Informationsgesellschaft, ein riesiges Spektakel zu sein, zu dem sich niemand mehr kritisch verhalten kann. Allerdings darf dabei nicht vergessen werden, dass sich auch eine gegenläufige Ästhetik entwickelte, vor allem in der Musikwelt und im Kinofilm. Während man in der Fernsehwelt aus Rücksicht auf die Werbekunden keine Experimente wagte, revolutionierten ab den 1960/70er-Jahren skandalträchtige Filme von Regisseuren wie Pier Paolo Pasolini, Nagisa Oshima oder David Lynch die Sehgewohnheiten des Publikums und damit die Medienästhetik insgesamt. Was die Hörgewohnheiten betrifft, so waren schwarze Bluesmusiker wie Chuck Berry und Muddy Waters, oder Jazzmusiker wie Charles Mingus und Miles Davis diejenigen, die den Sound des ausgehenden 20. Jahrhunderts gestalteten.

Jedenfalls gilt: vom Arena-Sportereignis über die Radio- und Fernsehshows oder den hemmungslosen Kult um die Smartphones und die Social Networks – das Spektakel impliziert ein hypnotisches Verhalten aller Beteiligten, wie Debord richtig diagnostizierte. Das Beispiel ‚sozialer' Medien mit ihrem Drang zur bedingungslos affirmativen Haltung hätten ihn in seinen Thesen nur noch bestärkt. Ebenso die postmodernen Produktionsbedingungen der Digitalmedien, die weniger der klassischen Warenästhetik folgen als einem habituellen Konsens der Zugehörigkeit und der permanenten affirmativen Präsenz wie sie etwa mit ‚Gemeinschaftsregeln' eingefordert werden.

Für Debord war das Spektakel eine politisch integrierte und medial inszenierte Aufrechterhaltung des *Status quo*, es bedeutete einen Stillstand der Geschichte. Seine Generation hoffte ja auf eine gesellschaftliche Revolution, von der nur niemand wusste, wer sie denn nun machen sollte. Doch überall dort, wo es dann die politische Revolution tatsächlich gab, in China etwa oder in Nordkorea und in Kuba, da entstanden erst recht politische Spektakel ungeheuren Ausmaßes, von denen die Politik ihre Bürger bis heute dazu anhält, sie für die Wirklichkeit zu nehmen. Die Ironie dabei ist, dass es die ‚Revolution' etwa in Kuba war, die dort zu einem tatsächlichen, jahrzehntelangen Stillstand der Geschichte geführt hat.

Für den Rest der Welt gilt ein grenzenloses *all-inclusive* Freiheitsversprechen, von dem man sich gleichwohl fragen muss, ob es mit der Fetischisierung von Medientechnologie, dem entsprechenden Konsumverhalten und dem unreflektierten Habitus so aufgeklärt ist, wie gemeinhin angenommen wird.[38] Das Spektakel ist nun

---

38 Wir leben in einer allgemein fetischisierten Kultur, so die These von Hartmut Böhme (2006). In seiner kulturwissenschaftlichen Sichtweise universalisiert die Medienmoderne einen Fetischismus, der in allen Kulturen aufzufinden ist, sich jedoch über eine

seinerseits ein Hilfsbegriff, der nicht darüber hinwegtäuschen kann, dass politische Kritik an der Medienmoderne die Auseinandersetzung mit der Informatisierung (oder auch Kybernetisierung, um einen aus der Mode gekommenen Ausdruck zu nehmen) scheute.

Als Künstler drehte Debord ein paar technisch wie ästhetisch wenig anspruchsvolle Filme, erfand einige pathetische Begriffe und meinte damit die Weltrevolution zu entfachen. Seine indirekten Erben, wie etwa der amerikanische anarchistische Poet Peter Lamborn Wilson (alias Hakim Bey) entwarfen später als Antwort auf das Spektakel Konzepte wie die T.A.Z. (*Temporary Autonomous Zone*).[39] Mit dem Internet wurden derartige, meist kurzlebige politische Aktionsformen (‚Medienguerilla') und medial erzeugte Freiräume nobilitiert, während man doch längst wissen musste, dass der Anspruch auf einen generalistischen Eingriff in das Gesellschaftsganze völlig irrational war. Beys Forderung nach einem *poetischen Terrorismus* musste dem realen Terrorismus, seine Forderung nach einem *anarchischen Chaos* dem rücksichtslos gewalttätigen Protest reaktionärer religiöser Fundamentalisten Platz machen. Tatsächlich lassen sich in der Medienmoderne *Temporäre Autonome Zonen* errichten, es lässt sich auch die kulturell eingespielte Normativität aufheben, dies aber eben nicht immer von den gesellschaftlich wünschenswerten Akteuren.

Inzwischen tendiert die Kritik des Spektakels, getrieben von interkulturellen und religiös aufgeladenen Konflikten, in eine Richtung, die jeglicher Romantisierung des Anarchischen in der Öffentlichkeit, die in den 1960er-Jahren so angesagt war, eine kategoriale Absage erteilen muss. Es wäre eine eigene Studie wert, um zu ergründen, warum gerade angesichts der sich häufenden terroristischen Anschläge in den letzten Jahren die Massenmedien sich völlig unkritisch der Logik des Spektakels ergeben haben – womit ihre Berichterstattung zum fest eingeplanten Teil des Terrors werden konnte.

Fetischisierung von Dingen (Warenästhetik) auf medial inszenierte Kultformen (Stars, Shows, Sport, Medienereignisse) ausdehnt.

39 Vgl. Bey (2003).

INTERFACE

Die sprichwörtliche Passivität, zu welcher das Angebot der Massenmedien seine ‚Rezipienten' scheinbar unausweichlich zwingt, schien plötzlich Geschichte zu sein, als die neuen elektronischen Medien auftauchten und mit ihnen das Versprechen von Interaktivität. Um dieses Versprechen zu realisieren, bedurfte es einer neuen ästhetischen Form von Medialität: des ‚Interfaces', das Menschen eine Bewegung im Datenraum überhaupt erst möglich macht. Im Gegensatz zur passiv aufgenommenen ‚Sendung' der Massenmedien entstand eine neue medienanthropologische Situation. Es wuchs das Angebot an synchron abrufbaren Informationen, die nicht mehr dem zeitlichen Diktat der Sender folgten. Dies begann mit dem Videorecorder (man konnte zurückspulen) und setzte sich fort bis hin zum ‚Surfen' im Internet (beliebiges Aufrufen von Webseiten).

Da Medien niemals einfach nur vermittelnde Instanzen oder ‚Boten' sind, sondern immer auch Technologien der Interaktion und Dokumentation, des Übertragens und Speicherns, wirft dies neue Fragen auf: Im Digitalzeitalter verschwindet die Praxis des Einschreibens im physischen Sinne (*gráphein*) zugunsten sinnlich kaum mehr fassbarer Datenspeicherung (Spannungszustände). Im Zwischenschritt der Aufzeichnung analoger Signale scheint im Suffix der kulturtechnischen Bezeichnung die mechanische Praxis des *gráphein* noch durch: Bei der Fotografie ‚schreibt' sich etwa Licht in eine chemische Oberfläche ein, bei der Phonographie der Schallimpuls in eine Wachsplatte. Andere medientechnische Errungenschaften wandeln Signale in elektrische Impulse um; sie zeichnen weniger eine Spur der Wirklichkeit, sondern konstruieren diese neu, was eine Art Übersetzung bedeutet. Ein Beispiel dafür ist das Mikrofon, das in den 1920er Jahren zur Schallaufzeichnung und Rundfunkübertragung zu Einsatz kam; es veränderte radikal die Medienästhetik der Stimme und brachte neue elektrisch verstärkte Gesangs- und Ausdrucksformen mit sich. Der Künstler agiert jetzt nicht mehr mit dem Publikum, sondern direkt mit der Technik in Gestalt des Studiomikrofons.

Ästhetik des digitalen Scheins

Elektronik oder die Verarbeitung elektrischer Signale, die übertragen und gespeichert werden, sorgt akustisch und visuell für eine neue Medienästhetik. Neben die codierten Oberflächen auf Papier (Schrift, Druckgrafik) tritt der Bildschirm, auf dem aus elektronischen Signalen ein Wahrnehmungsbild zusammensetzt wird.[1] Zentral für diesen, wenn man so will, Höhepunkt der Medienmoderne ist die Entwicklung der Braun'schen Röhre 1897. Die Kathodenstrahlröhre ist ein Medium der elektronischen Bilderzeugung an Bildschirmen. An der sichtbaren Oberfläche wird Licht nicht wie bei traditionellen Bildern reflektiert, es verhält sich genau umgekehrt: keine Reflexion von Lichtstrahlen mehr, sondern Licht in Form von Emanation.[2]

Licht tritt hervor, wenn am Leuchtschirm ein gelenkter Elektronenstrahl sichtbar wird, doch von der Kathodenstrahlröhre bis hin zu den algorithmischen Zeichen an Computermonitoren und elektronischen Displays ist es noch ein langer Weg. Sichtbar gemacht wird letztlich nicht irgendein ein Imaginäres, sondern eine Programmierung, an einer rezipierbaren Oberfläche aus dem unsichtbaren Inneren der Datenwelt (der ‚Unterfläche'). Dass die neuen Geräte *sinnlich scheinen*, also wie Notebooks, Tablets und Smartphones von innen heraus leuchten, macht einen großen Teil von deren Faszination aus. Es ist wichtig, dies zu betonen, denn der grundlegende medienästhetische Wandel besteht in einer Umkehrung bisheriger Sichtverhältnisse.

Werden zunächst immer noch elektrische Signale übertragen und sichtbar gemacht, so tritt im Zeitalter der Digitalmedien ein zweiter wichtiger Aspekt hinzu. Hier *generieren* Bildschirme und Displays Ansichten aus abgerufenen Datenmengen und repräsentieren damit eine *informatische* Wirklichkeit, als *errechnete* ‚Bilder' werden sie zu *algorithmischen Zeichen*.[3] Das ist von hoher medienphilosophischer Relevanz. Ohne diese semiotischen Flächen aus algorithmischen Zeichen, die weder Bilder noch Objekte sind, könnte das postmoderne Kommunikationssystem, angefangen bei der Bedienung der Geräte, gar nicht funktionieren. Digitale Inhalte entsprechen nicht mehr einem *Aufschreibesystem*; ihre Wahrnehmung beruht auf einer neuartigen Ästhetik des digitalen Scheins, bei der es wohl keinen Sinn mehr macht, die traditionelle Differenzierung von Schein und Wirklichkeit aufrecht zu

---

1 Paul Nipkow entwickelte um 1883 ein „elektrisches Teleskop", das Bilder in ein Mosaik aus Punkten zerlegte, die übertragen werden konnten.
2 Die Kunstgeschichte kennt freilich schon die Differenz von *Auflicht* (beim Tafelbild) und *Durchlicht* (Beispiel Glasmalerei) in der Bildbetrachtung. Zur Antizipation des Fernsehens durch die Kunst vgl. McLuhan : „Im Sensorium der fünf Sinne" [1961], in: Reckwitz et al. Hg. (2015): 205.
3 Ein Begriff von Frieder Nake, vgl. in Hellige Hg. (2008): 149.

erhalten.[4] Neue Fragen hinsichtlich dieses Referenzbruchs der Digitaltechnologie mit der haptischen Welt, einer von Günther Anders so genannten *ontologischen Zweideutigkeit*, stellen sich ohne Ende.[5]

Es gilt zu klären, worum es sich bei den künstlichen Oberflächen (*Bitmaps*) handelt, die uns die Welt nicht länger *begrifflich* erfassen lassen, sondern mittels jener Flächencodes, die auf den Displays sichtbar werden.[6] Die Geschichte der Verknüpfung von Visualisierung und Information im 20. Jahrhundert wirft zahlreiche neue medienanthropologische Probleme auf, allgemein betreffend der Stellung des Menschen zur Technik und im Besonderen des Verhältnisses von Körpersinn und Medienoperationen. Neben der grundlegenden Form des Verhältnisses von Mensch und Technik geht es dabei um die Entwicklung eines produktiven Umgangs mit dem digitalen Schein. Mit Digitaltechnik wurde eine Industriekultur verabschiedet, die dem Körper angepasst war (Werkzeuge) oder die den menschlichen Körper verstärkt und erweitert hat (Maschinen). Die Medienmoderne delegiert Wahrnehmungen an die Apparate, Logik wird in Technik implementiert (Kybernetik, Algorithmizität), und die Medienmoderne manifestiert sich definitiv *posttypographisch* in den visuellen Displays der interaktiven Medien.

Körper und Medialität

In vielerlei Hinsicht bildete traditionelles Werkzeug und mechanisches Gerät die osteomuskuläre Anlage des menschlichen Körpers ab und erweiterte diese, als Technik im klassischen Sinn von Organprojektion.[7] Im elektronischen Zeitalter jedoch entstanden Technologien, die Anteile menschlicher Kognition in Technik implementieren. Logik und ästhetische Organisation dessen, was biologisch nicht vorgesehen war, sind eine neue Herausforderung, auch für das Design der Interaktion mit den Geräten selbst. McLuhan diagnostizierte bereits eine Verschiebung

---

4 Vgl. die Diagnose von Vilém Flusser: „Digitaler Schein", in: Rötzer Hg. (1991): 156ff.
5 Anders (1980): 131. Eine Diskussion der Thesen zur „Simulation" aus den 1970er-Jahren sei hier hintangestellt; die Simulationstheorie, nach der die Wirklichkeit von einer medial erzeugten Zeichenwelt überlagert und uns als „Hyperrealität" gegenübersteht (Baudrillard 2009), hat angesichts interaktiver digitaler Praktiken an Erkenntniswert verloren.
6 „Bitmap" ist ein Verfahren der rastergrafischen Darstellung von Daten auf Bildschirmen, bei der einzelne Informationseinheiten (bits) zu mosaikhaften Pixel-Bildern (maps) synthetisiert werden, deren Adressierung im Datenspeicher mittels Mauszeiger erfolgt. In der Visualisierungstechnik folgte auf die Rastergrafik dann die Vektorgrafik.
7 Im Sinne von Kapp (2015).

der *Aisthesis* in Richtung einer neuartigen „Taktilität", in expliziter Anlehnung an Konzepte des Bauhaus.[8] Diese Auffassung von Medialität geht zunehmend über den mechanischen Zugriff auf eine konkrete Funktion hinaus (wie etwa bei Reglern und Schaltern), als ästhetische Nutzbarmachung multipler Optionen, wie sie letztlich erst mit den grafischen Benutzeroberflächen gegeben sind, und damit natürlich der Trennung von Datenverarbeitung *an sich* und Datenvisualisierung *für uns*.

Aufgehoben im Konzept der Taktilität, nimmt diese Medienästhetik eine radikal neue Stellung in der Sinnesorganisation ein: Interaktionen mit Funktionen der Technik, die der direkten Wahrnehmung entzogen sind und daher eines Interfaces bedürfen – einer Grenzfläche, einem Übersetzungsfeld, einer Schnittstelle. Im Gegensatz zu einer mechanischen Verbindung dient ein Interface zum Informationsaustausch zwischen zwei Systemen, die im technischen Sinn nicht direkt kommunizieren können.[9]

Die Medienmoderne kennt damit zwei entscheidende Zäsuren:

- die telegraphische Verkabelung der Kontinente ab Mitte des 19. Jahrhunderts; Teletechnologien setzten die Menschen in ein neues Verhältnis von Raum und Zeit und begründeten moderne Kommunikationspraktiken, elektrische Signale lösten die Botschaft vom Boten los.
- die neue phänomenale Form der Technik als Interface, eine „Tiefentechnik", die der menschlichen Physis nicht zugänglich ist, denn „sie arbeitet in den Feinstrukturen, in den Mikroverläufen der Zeit, die durch menschliches Handeln oder Denken nicht ausgenützt werden können".[10]

Die Stellung des Menschen zur Technik wird also neu definiert. Bevor es zur konkreten *Berührung* mit den neuen Technologien kam, lag diese zunächst in der Hand

---

8   McLuhan (1964): 43. Taktilität bedeutet bei McLuhan ein Zusammenspiel aller Sinne, als „eine Rebellion gegen die rein visuelle Kultur" – Vgl. McLuhan: „Im Sensorium der fünf Sinne" [1961], in: Reckwitz et al. Hrsg. (2015): 208. Dieser Text antizipiert bereits die Hauptthesen aus *Understanding Media* (1964).

9   Es gibt Softwareschnittstellen, Hardwareschnittstellen, Benutzerschnittstellen, organisatorische Schnittstellen usw. – *Interface* hat nicht unbedingt mit Digitalmedien zu tun, sondern ist ein Problem aller wissensbasierten Systeme (auch Bücher sind Interfaces zwischen Autoren und Lesern. Sogar der Raumanzug von Astronauten kann als Interface gesehen werden, da er die Systemgrenze von Leben in einer lebensfeindlichen Umgebung überschreitet). Medienwissenschaftlich steht der Begriff für Mensch-Computer-Interaktion. Zur kulturtechnischen Diskussion als Bedienungstechnik im Computing vgl. Hellige Hrsg. (2008).

10 Bense (1997): 436ff.

von Spezialisten. Bei der Telegraphie ebenso wie beim Computer waren es speziell ausgebildete Kräfte (übrigens oft Frauen), die mit Kabelsteckern an einem ‚Bedienfeld' (*Plugboard*) agierten. Die Manipulation von Input/Output mittels Steckern galt als nicht sonderlich herausfordernde Tätigkeit. Als mechanisch ausführende Organe waren jene ‚Operators' auf kein spezielles Interface angewiesen. Dies gilt noch für die Frühzeit des Computing in den 1940er/1950er Jahren (Lochkarten – Stapelverarbeitung, *Batch-Interface*). Danach erst tauchte die Idee eines anderen Umgangs mit der neuen ‚Tiefentechnik' auf: anstelle von Übertragung nun der ‚Dialog' mit Computern, das *conversational computing*.[11]

Der Computer als Medium

Diese Idee, die Mensch-Maschine Interaktion als Dialog anzulegen, muss für Zeitgenossen recht irritierend gewesen sein, stellte sie doch in Aussicht, dass Computer letztlich nicht nur Rechner, sondern auch Darstellungs- und Kommunikationsmedien sind. Die revolutionäre Option, dazu die grafische Ebene einzusetzen, fällt genau in diese Zeit.[12]

Nun scheint ein hybrider, transanthropologischer Raum im Entstehen begriffen, in dem nicht nur der Mensch seine Eigenschaften auf die Technik, sondern diese ihre Bedingungen auf den Menschen projiziert. In welchem Verhältnis das Natürliche und das Künstliche, der Organismus und der Mechanismus, stehen können, wurde gemeinhin unter kulturpessimistischen Vorzeichen diskutiert. Vor allem in der Philosophie gehörte das zum guten Ton. Aber die Technik ist eben kein begriffliches Regelwerk, das sich auf dieser kategorialen Ebene ‚kritisieren' lässt.

- *Zum einen* ist mit der neueren Biotechnologie eine Vorstellung im Vormarsch, Biologie und Technik enger aneinander zu koppeln. Wenn sich Denkprozesse codieren und in einer symbolischen Sprache darstellen lassen, dann ist ihre Durchführung ja nicht unbedingt an biochemische Grundlagen gebunden.[13] Es geht hierbei nicht um irgendwelche Cyborg-Phantasien, sondern um reale Praxis – aus dem Menschen als einem auf Technologie angewiesenen Wesen wird ein Technologie inkorporierendes Wesen, ein Hybrid, bei dem die Grenze zwischen Lebendigem und Technischem verblasst.

---

11 Vgl. Licklider und Taylor (1968).
12 Vgl. Engelbart (1962); Sutherland (1963).
13 Vgl. Kelly (2010).

- *Zum anderen* lassen Mensch und Technik sich damit kaum mehr in Gegenüberstellung betrachten, sind sie doch in Konsequenz der kybernetischen Systemlogik in ein Beziehungsdreieck mit dem Datenraum gestellt, was eine neue existenzielle Sphäre begründet, die *Infosphäre*.[14]

Diese ist nicht strikt von der äußeren, physischen Welt zu trennen: die Bahnen und Mitteilungen außerhalb des Körpers und das extrasomatische Gedächtnis gehören zum Kommunikationssystem dazu, die physische Welt ist von der geistigen nicht zu trennen, wie schon Gregory Bateson in seiner kybernetischen Erkenntnistheorie argumentiert hat.[15] Eine Konsequenz solcher Überlegungen war, dass es technische Prozesse und Schaltungen geben kann, die bestimmten geistigen Vorgängen entsprechen. Norbert Wiener sah Anfang der 1950er-Jahre zwei Klassen von *Communication machines* im Entstehen. Während die einen beginnen, menschliche Arbeit in automatisierten Routinen zu rationalisieren, sind die anderen Prothesen oder Ersatz für menschliche Funktionen, die etwa kriegsbedingt versehrt wurden. Tatsächlich kann in vielerlei Hinsicht die maschinelle Feedback-Kontrolle den menschlichen Eingriff ersetzen, soweit die generelle Idee der Kybernetik. In seiner 1947 geschriebenen Einleitung zu *Cybernetics* zeigte Wiener, wie Kommunikation und Information (damals noch synonym gebrauchte Begriffe) als neue Größen im Diskurs über soziale Organisation funktionieren und nach dem Prinzip *Control by information feedback* zu begreifen wären.[16]

Metaphysik der Kybernetik

Die Infosphäre deutet sich damit als neue Umgebung an, in der Mensch und Maschine unter dem gemeinsamen Nenner *Information* agieren. Am philosophischen Beitrag Gotthard Günthers, der von der Ära der Kybernetik geprägt ist, lässt sich dies verdeutlichen. Günther suchte den philosophischen Anschluss an den neuen Ansatz und entwarf eine Metaphysik der Kybernetik. Als europäischer Emigrant der traditionellen Philosophie verpflichtet, zählte seine philosophische Verarbeitung der technischen Rückkopplungsschleife zwischen Subjekt und Objekt eigenen ontologischen Status zu.

---

14 Vgl. Floridi (2014).
15 „Der individuelle Geist ist immanent, aber nicht nur im Körper. Er ist auch den Bahnen und Mitteilungen außerhalb des Körpers immanent; und es gibt einen größeren Geist, von dem der individuelle Geist nur ein Subsystem ist." – Bateson (1985): 593.
16 Vgl. Wiener (1965).

Mit der von ihm so genannten ‚Reflexionsidentität' (welche die Seinsidentität des Objekts einerseits und die Transzendentalidentität des Subjekts andererseits ergänzt) prämierte Günther die neue Kategorie *Information* mit erstaunlichem Weitblick als kulturtechnisch in Technik (Hardware) implementierte Logik (Operationen der Unterscheidung). Zu dem im Titel seiner Abhandlung provokativ behaupteten *Bewusstsein der Maschinen* führt das zwar nicht unbedingt, wohl aber zu einer Bewusstseinsanalogie (als Software) im Mechanismus. Information wird als ontologisch eigenständige Größe gesehen, wie Norbert Wiener lakonisch bemerkte: „information is information, not matter or energy".[17] Seit Aristoteles verlangte die metaphysische Symmetrie von Denken und Sein den bedingungslosen *Ausschluss* eines Dritten (das Logik-Prinzip des *tertium non datur*), durch den Faktor Information jedoch ist mit einem „kybernetisch interpretierten Dritten zu rechnen".[18]

Ein radikaler, nachmetaphysischer Neubeginn also. Die dyadisch organisierte abendländische Episteme von Subjekt/Objekt wäre unter informatischen Bedingungen nicht länger haltbar; nun steht Information in einem triadischen Verhältnis mit den Subjekt-Objektbeziehungen. *Algorithmizität* wäre letztlich nichts anderes als die Organisationsform dieser neuen Kategorie Information, im Sinne automatisierter Entscheidungen als Manipulation von Prozessabläufen in den Apparaten. Dieser technologisch induzierte *epistemic shift* aber kündigt das Ende der Philosophie an, so wie wir sie kennen, namentlich als hermeneutisch geprägte Text- und Begriffswirtschaft: Routinen der Datenverarbeitung und inferentielle Statistik (*Big Data Analyse*) beginnen das zu ersetzen, was bislang als ‚Verstehensprozess' firmierte. Ihre Rezeption findet jenseits der Schrift statt. Günther sprach von einem neuen Weltgefühl, und ganz ähnliche Formulierungen fanden sich später bei Vilém Flusser, dessen Schriften um eine erkenntnistheoretische Konzeption des *Technoimaginären* im Zwischenraum von Mensch und Technik kreisen.

Logik der Oberfläche

Oberfläche ist die wahrnehmbare Seite technischer Existenz im Sinne Max Benses. Die Generation der Kybernetiker fand sich mit einem neuen Phänomen konfrontiert: den um 1950 gebauten elektronischen Computern konnte man im Gegensatz zu bisherigen mechanischen Rechenautomaten nicht länger ansehen, wie sie ihr Programm ausführen, wahrnehmbar blieb lediglich der *Output* von Rechenoperationen

---

17 Wiener (1965): 132.
18 Günther (1957): 33.

in Form von Lochstreifen oder Tabellen. Zu grafikorientierten Computer-Interfaces, die Prozesse auf Maschinenebene ikonisieren und sie visuell ansteuern lassen (*View control*, etwa mittels Mausklicks) war es ein längerer Weg. Der Sprung von der Ebene der Mechanik auf die der Information und umgekehrt leistet seit jeher die Grafik: mit Tabellen, Diagrammen, Schaltplänen. Darüber hinaus führt die Ikonisierung, im Rahmen der *Windowisierung* zu einer neuen Interface-Kultur und zu entsprechend neuen kulturtechnischen Gesten wie dem *Klicken, Browsen, Googeln, Bloggen* etc.[19]

Anfang der 1960er Jahre wurden dann die ersten grafikfähigen Computer entwickelt; Anfang der 1990er Jahre gab das europäische Forschungszentrum CERN die Nutzung des dort entwickelten Hypertextsystems unter der Bezeichnung *World Wide Web* für die Öffentlichkeit frei, und erste grafische ‚Browser' erleichterten den Zugang zum Internet. Dieser Übersetzungsprozess von Rechenoperationen in semiotische Flächen wurde von technischen Puristen gern als trügerischer ‚Schein' der graphischen Oberfläche kritisiert und unduldsam unter Verdacht gestellt; man sprach von einer generellen Entmündigung der Nutzer.[20] Der paranoide Verdacht, dem die grafische Benutzeroberfläche ausgesetzt wurde, war der, dass „elektronische Signifikanten hinter Mensch-Maschine-Schnittstellen" verdeckt werden, um so „eine ganze Maschine ihren Benutzern zu entziehen".[21] Doch dieser kulturkritische Reflex verfängt längst nicht mehr, denn offensichtlich ist das genaue Gegenteil der Fall. Ohne grafische Benutzeroberfläche des WWW und seine mehr als soziale denn als technisch wahrgenommene Struktur wäre das Internet wohl niemals kulturtechnisch so bedeutsam geworden, wie es heute ist.

Benutzeroberfläche und Personal Computing

Die Erschaffung des verallgemeinerten Nutzers (‚User'), für den die Maschine hinter einer Benutzeroberfläche verschwindet, hat organisationstechnische und militärische Ursprünge. Als Verteidigungsmaßnahme im Kalten Krieg wurde in den 1950er-Jahren vom US-amerikanischen Militär ein System zur Luftraumüberwachung entwickelt, das computerbasierte SAGE (*Semi-Automatic Ground Environment*). An den vielen *Operator Stations* dieses Systems mussten rund um die Uhr Soldaten eingesetzt werden, entsprechend fand erstmals ein *Real Time User Interface* Verwendung, das aus Kathodenstrahl-Bildschirmen bestand, die

---

19 Vgl. Johnson (1999).
20 Vgl. Stephenson (2002).
21 Kittler (2013): 233.

mit einer vom Computerwissenschaftler Bob Everett entwickelten Lichtgriffel (*Lightpen*) leicht zu bedienen waren.[22] Es war also möglich, ein hoch spezialisiertes Gerät (den Zentralcomputer *Whirlwind*) mit einem relativ einfachen Modus, ohne kompliziertes Expertenwissen über ein visuelles Interface anzusteuern.

Abb. 20

Eine geniale Prothese zum menschlichen Umgang mit dem Computer: Douglas Engelbart entwickelte in den 1960er Jahren die Computermaus, die als X-Y Positionsanzeiger für Bewegungen im Datenraum (Manipulation von Daten) konzipiert war. Hier ein Prototyp von SRI International

Quelle: Wikimedia Commons, SRI Computer Mouse, SRI International, CC BY-SA 3.0

Das grafische Interface ist der elektronischen visuellen Medientechnologie (Fernsehen, Oszillator, Radar) entwachsen. Tatsächlich war es dann ein Radartechniker, Douglas Engelbart, der in den 1960er Jahren die ‚Maus' als Anzeigesystem entwickelt und mit sogenanntem *View Control* für die entscheidende Innovation des *Personal Computing* gesorgt hat.[23] Er präsentierte 1968 die revolutionäre WIMP-Benutzerschnittstelle, jenes System aus Windows, Icons, Menues und Pointer (Maus-Cursor), das bald auf jedem Arbeitsplatzrechner zu finden sein sollte – genau jenes Interface, das nach Übernahme durch die Firmen Macintosh und Microsoft für die Popularisierung und allgemeine Akzeptanz von *Desktop Computern* sorgte.

Diese Geschichte ist mittlerweile weithin bekannt. Es gilt zu vergewissern, dass die Technologien der Visibilisierung (WIMP) erst mit fortgeschrittener Mikro-

---

22 Vgl. Everett (1983).
23 Bardini (2000): 100. Angeblich stammt der Begriff „Personal Computing" von Stewart Brand und hat viel mit den Ideen der kalifornischen Gegenkultur zu tun, die sich sehr früh schon als *Cyberkultur* artikulierte, vgl. Turner (2006). Im Kalifornien der 1960er-Jahre gab es neben dem „Whole Earth"-Projekt ein mit der Computerentwicklung verbundenes „Human Potential Movement", auch als „New Age" bekannt, sowie Douglas Engelbarts „Augmenting Human Intellect" Forschungszentrum.

chip-Elektronik effizient funktionierte, da diese die erforderliche Rechenleistung hatten, um digitale Muster (*Bitmaps*) am Bildschirm erzeugen zu können. Die visuelle Metaphorisierung von Rechenoperationen funktioniert in einem künstlich definierten Informationsraum, der durch bestimmte Ein- und Ausgabetechnologien ‚betreten', ‚benutzt' und ‚manipuliert' werden kann: nach dem Lesen, Schreiben, Zeichnen, Musizieren und Zusehen eine neue Ausgangslage für die Produktion von kultureller Bedeutung.

Computer als Büromaschine

Diese hing definitiv von den Marketingstrategien der etablierten Büromaschinenhersteller wie IBM und Xerox ab. Die von Engelbart 1970 patentierte Maus wurde akzeptiert, und im Ensemble mit Tastatur und CRT-Bildschirm formierte sich die Konzession der noch jungen Computerindustrie an einem Markt, an dem Konzerne wie IBM ihre Umsätze noch mit tippenden Sekretärinnen am *Royal Typewriter* machten.[24] Die Entwickler entschieden im Sinne einer pragmatischen Akzeptanz denn auch, sich weit unter den Möglichkeiten allzu radikaler Neuerung des ‚Personal Computing' zu bewegen.

Die Frage der Ästhetik der Interfaces als neuem kulturtechnischen Format hat mit einer spezifischen Eingewöhnung zu tun. Soldaten oder Sekretärinnen erfüllten wenig anspruchsvolle Funktionen, die im Rahmen etablierter Routinen stattfanden; einmal festgelegt, blieb das Schema lange erhalten. Ein medienanthropologisch neues Dispositiv wurde genau deshalb nicht geöffnet, weil man marktorientiert vorging. Die Mensch-Computer-Interaktion blieb der alphabetischen Codierung zweiter Ordnung verpflichtet: „In der professionellen Informations- und Kommunikationstechnik kam es mit der Etablierung der alphanumerischen Tastatur zu einer paradigmatischen Schließung, die bis heute fortwirkt."[25]

---

24 Bardini (2000): 160.
25 Hellige (2008): 22.

Computer als Büromaschine 127

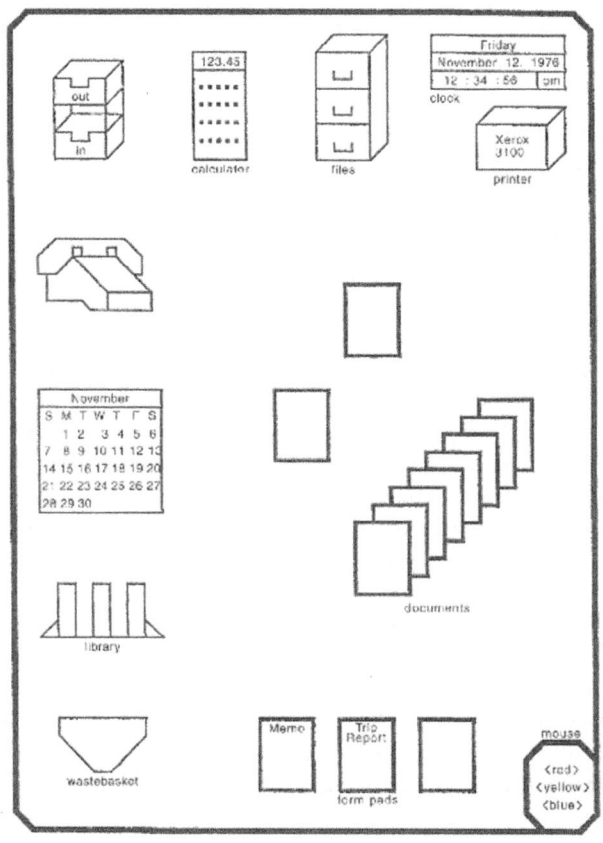

Abb. 21 Der erste von Alan Kay 1976 für Xerox entwickelte Desktop-Bildschirm folgte etablierten Büroroutinen, die sich in den Piktogrammen wiederfinden
Quelle: Bardini 2000: 164

Visionäre Entwickler wie Engelbart wollten eben diese kulturtechnische Konstellation eigentlich transzendieren. Alan Kay hat in den 1970er für *Xerox Data Systems* zwar den nächsten Entwicklungsschritt gesetzt. Dabei wurden aber im Wesentlichen alle idealistischen Vorstellungen neuartiger Mensch-Computer Interaktion über Bord geworfen. Die Kompatibilität zum Büromaschinenmarkt war wichtig, und so findet sich mit Sheets, Folders, Files, Cabinets etc. die bereits um 1900 etablierte amerikanische Büroorganisation auf dem Monitor kodifiziert.

Alle diese Bildschirmroutinen orientierten sich am Umgang mit Dokumenten und Akten, wovon sich die Interface-Technologie nun erst langsam abzulösen beginnt.

Visuelle Displays

Gewöhnung und Gebrauch bestimmen, was medienphilosophisch als Interaktion mit der Maschine nur mühsam auf den Begriff zu bringen ist, als *Bedeutung* einer Technologie wie als Ergründung ihrer realen *Wirksamkeit*. Die Frage nach dem Interface bedarf eher eines pragmatischen Ansatzes als einer ideengeschichtlichen Rekonstruktion. Von einer wirklich aussagekräftigen technikphilosophischen Tradition, die Denkart und Gebrauchskultur ins Verhältnis setzte, kann bislang kaum die Rede sein. Seit Ernst Cassirer in „Form und Technik" diese Unterscheidung gemacht hat, erbot sich die Möglichkeit, eine „Wendung der Denkart"[26] voranzutreiben, die Philosophie und Technik zusammenbringt und so ihr vergessenes – oder muss es hier heißen: verleugnetes? – Fundament wiederfindet.[27] Doch das, was die Entwicklung vorantrieb, war in keinerlei Form eine begriffliche Anstrengung, sondern solide Ingenieurtechnik.

Folgendes Beispiel der Interaktion mittels Personal Computer zeigt ein bemerkenswertes Phänomen. Der Cartoonist Rowland B. Wilson (er zeichnete später für Disneys Fantasy-Produktionen) steuerte für das Forschungspaper *The Computer as a Communication Device*[28] einige Illustrationen bei, die den Gebrauch des Rechners als Kommunikationsmedium zeigen – eine seinerzeit noch sehr ungewöhnliche Idee des amerikanischen Psychologen Joseph Licklider. Genau genommen bleibt der Computer in dieser Zeichnung eine Leerstelle, gezeigt wird nur ein damals überhaupt noch nicht gebräuchliches Interface (mit eindeutigem Bezug auf *Sketchpad*[29]), welches Face-to-Face Kommunikation ersetzt.

---

26 Cassirer (1995): 40.
27 Vgl. Janich (2015).
28 Licklider und Taylor (1968).
29 Ivan Sutherland:„Sketchpad" (1963); Douglas Engelbart „WIMP (Windows, Icons, Menues, Pointing)" (1968); Ben Shneiderman: „Direct Manipulation Systems" (1983) – Vgl. zu den Einzelheiten die kommentierten Originalbeiträge in: Wardrip-Fruin und Montfort Hg. (2003)

Visuelle Displays 129

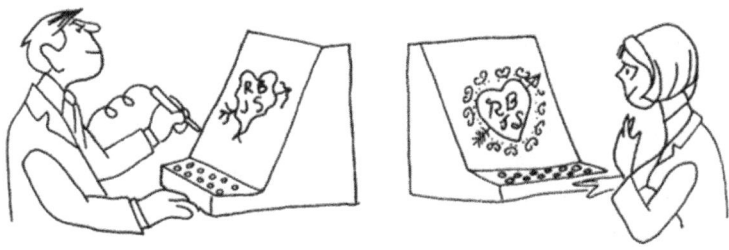

Abb. 22 Illustration eines Computer-Interfaces: Rowland B. Wilson
Quelle: Licklider/Taylor 1968

Der erste Satz des Papers war als entschiedene These formuliert: „In a few years, men will be able to communicate more effectively through a machine than face to face." Die Illustration zeigt Technik (*a machine*) quasi als eine Leerstelle, denn sichtbar ist nur das Display, das außerhalb militärischer Anwendungen damals noch völlig unbekannt war. Die Illustration repräsentiert eine Aktivität im Prozess der Mediatisierung, mit der Licklider das anteilige Verhältnis von Technik an postmodernen Kommunikationsverhältnissen antizipierte: die krakelige Botschaft, die der Mann mit dem Lichtgriffel verfasst, wird für die Empfängerin automatisch in ein ansehliches Bild konvertiert – „A communication system should make a positive contribution to the discovery and arousal of interest". Das System interpoliert beim Zeichnen saubere Linien, der Algorithmus überformt das menschliche Verhalten.

Das Prinzip, das solches ermöglicht, ist keineswegs Bildlichkeit, sondern die laufende Erweiterung der numerischen zu einer geometrisch/grafischen Maschine.[30] Die kommunikative Situierung des Menschen in diesem Prozess ist eine im philosophischen Sinn kategorial völlig neue Angelegenheit. Als einer der ersten Forscher auf dem Gebiet der kognitiven Psychologie war Licklider überzeugt von der Rolle, die neue grafische Formen („new graphic displays") für die Interaktion zwischen Mensch und Maschine spielen würden. Seiner Zeit weit voraus, folgte das zugrunde liegende Kommunikationsmodell nicht länger dem Vorbild der verkabelten Kommunikation des 19. Jahrhunderts als Nachrichtenübertragung (Botenmodell), sondern dem einer Datenverarbeitung. Nur ein entsprechend zugänglich gestaltetes, grafikbasiertes Interface konnte dies ermöglichen, weil es die Benutzer eben nicht in die Rolle von Experten im Umgang mit Computertechnik

---

30 Vgl. die Argumentation von Frieder Nake, in: Hellige Hg. (2008): 122.

zwingt. Ein entscheidender Schritt war das *Sketchpad*-System zur Interaktion mit dem Computer, ein vorläufiger Endpunkt sind die Displays der Smartphones mit ihren visuell gestalteten, weitgehend universell zugänglichen ‚Apps' (*Software Applications*).

Die weitere Entwicklung geht auf Alan Kay und die Entwicklungspsychologin Adele Goldberg zurück, die gemeinsam in konzeptioneller Fortsetzung der Ideen von Engelbart im Kontext personalisierter Computertechnologie forschten. Ziel war ein dynamisches Medium, das auf der Ebene ikonischer Repräsentation zu bedienen und zu programmieren ist: der Personal Computer würde sich von einem virtuellen Schreibtisch (*Desktop*) zu einem virtuellen Notizblock (*Notebook*) weiterentwickeln lassen, der nach dem Vorbild eines Musikinstruments intuitiv zu bedienen wäre. Kay nannte dieses kleine Gerät „Dynabook", weil es ein aktives Metamedium[31] sein sollte, das nicht nur Gedanken zwecks passiver Rezeption repräsentiert, wie in Text- und Bildwelten üblich, sondern das Ideen dynamisch simuliert: ähnlich einem Musikinstrument, einer Art postmoderner Zauberflöte.[32]

Abb. 23
Dynabook: „A Personal Computer for Children of all Ages"
Quelle: Kay/Goldberg 1972

Doch etwas irritiert an diesem Bild. Technologien sind Ausweitungen des Selbst, aber nicht nur das, da sie auf dieses Selbst wiederum formatierend zurückwirken. Man sieht, dass die beiden in den Apparat versunkenen Kinder deutlich voneinander abgewandt sind. Wie als Vorschein der heutigen sozialen Medien antizipiert die Illustration ein narkotisches Verhältnis zwischen den beiden mit ihren Gadgets mehr als miteinander verbundenen Kindern – der Mensch des Medienzeitalters, konstatierte McLuhan im Narzissmus-Kapitel von *Understanding Media*, ist

---

31 Medien als Aktanten sind auch ein zentrales Konzept in McLuhans Theorie, siehe oben, Kap. Spektakel, Anm. 12
32 Vgl. Kay und Goldberg (1972).

„verliebt in seine Apparate", und mutiert mit den Ausweitungen seiner selbst zum geschlossenen System.[33]

Als Technologien zweiter Ordnung werden Interfaces zweifellos weitere qualitative Aufwertungen erfahren, weil sie von einem spezifischen „Auge-Hand-Feld"[34] bestimmt sind, welches der Mensch kaum jemals hinter sich lassen kann. Als körperliche Extension allerdings wird es transzendiert, und gerade hierin stecken Bedeutung und noch weiter zu erforschende Dimensionen des Interface. Die aktuell aufstrebenden Datenkonzerne werden nicht lange mit den neuesten Überraschungen warten lassen (Gestenerkennung, Sprachsteuerung, Hirn-Computer-Schnittstelle, HoloLens etc.).

Iphone, also bin ich ...

Die Herausbildung einer global-technischen Superstruktur führte zu einer Welt, an der Menschen im starken Ausmaß nur mehr mediatisiert partizipieren, von Radioshows und Fernsehserien angefangen bis hin zu den sogenannten ‚Social Media' Plattformen. Die einst von Licklider propagierte Vorstellung einer *Man-Computer Symbiosis* setzte voraus, dass beide Seiten einen koevolutionären Prozess durchlaufen und dabei ein neues technokulturelles Format erzeugt wird. Das Verhältnis von menschlicher Einbildungskraft und dem, was Flusser „digitalen Schein" nannte, ist erst ansatzweise ausgelotet. Aber fest steht: ohne Interfaces wäre dieses Verhältnis nicht nur dysfunktional, es fände ganz schlicht und einfach nicht statt. So aber spiegelt und erweitert Technik nicht allein das Organische, wie bei der Prothese, sondern auch die tradierte Gebrauchskultur, und umgekehrt die Referenzstruktur des Sozialen die Technik mit ihrem unbedingten Eigensinn. Sie bestimmt nicht nur in subjektiver, sondern auch in intersubjektiver Hinsicht die Taktilität der gegenwärtigen Epoche. Wie der Siegeszug von Radio, Fernsehen und Smartphones zeigt, wirkt die kollektive Ausrichtung der Sinne (*aisthesis*) – „analog zur kollektiven Mentalität, die zugleich determiniert wird von der Skala emotionaler Ausdrucksmöglichkeiten und der Skala sozialer Anerkennung".[35]

Als Geschäftsführer von *Apple Inc.* präsentierte Steve Jobs 2007 das ‚iPhone'. Inzwischen vielfach kopiert, variierte es die Mediensphäre abermals über das Interface mit einem entscheidenden Schritt: durch die radikale Verabschiedung von der

---

33 McLuhan (1964): Kap.4.
34 Vgl. Plessner (2003).
35 Debray (2013): 301.

Tastatur. Das Smartphone lässt eine an die Routinen der Schreibmaschinenkultur gebundene Computerwelt hinter sich und öffnet den Zugang zum Internet auch außerhalb der Industrieländer; so ist nicht der Computer, sondern das Mobiltelefon das relevanteste Medium in lateinamerikanischen und afrikanischen Ländern. Die gesellschaftliche Teilhabe an der Infosphäre ändert sich, und mit hunderttausenden von verfügbaren Apps verschoben sich auch die Geschäftsgrundlagen der Informationsökonomie. In den kommenden Jahren wird es hier einen ungeahnten Entwicklungsschub geben, da zu erwarten steht, dass weitere zwei bis drei Milliarden Menschen Zugang zur Infosphäre bekommen.

„iPhone, also bin ich", betitelte Der Spiegel einen Artikel zum fünfjährigen Jubiläum von Apples Smartphone.[36] Das mobile Gerät wurde als ‚Weltrevolution' gepriesen, und im Kern steckt in dieser Behauptung doch *pars pro toto* eine gewisse medienanthropologische Wahrheit: reflektierte das Buch die Weltverhältnisse, indem sie diese kritisch rekonstruierte, und zeichneten die Fotokameras die äußere Wirklichkeit in nie geahnter Schärfe nach (bzw. spiegelte Video diese im Bewegtbild), so verlängert das Smartphone die körperliche Existenz ins Digitale hinein.

Das Smartphone läutete die Post-Medienmoderne ein. Es wirkt wie ein Zusatzorgan, über das Sozialverhalten gesteuert und Zugang zum kulturellen Archiv gewährleistet wird. Im Unterschied zu der in Büroroutinen verankerten Computerwelt ist das Smartphone wirklich ubiquitär, und während an Computern mit ihrer Schreibmaschinentastatur und dem Ziffernblock noch deutlich Spuren vergangener Kulturtechniken (Sekretärin, Buchhalter) kenntlich bleiben, lösen diese sich am Smartphone spielerisch auf. Das Smartphone formatiert eine neue, globale Medienkultur, revolutioniert abermals die Teilhabe an der Öffentlichkeit und bildet somit den vorläufigen Zenit der Medienmoderne.

---

36 Der Spiegel Nr.27, 2. Juni 2012: 62ff.

MEDIOLOGIE

In philosophischer Hinsicht wurden zentrale Aspekte der Reflexion über die Medienmoderne (erkenntnistheoretisch) und des Wandels der Medienkultur (ästhetisch) von zwei Autoren geprägt, die beide Medien als neue Umwelten reflektierten: Marshall McLuhan und Vilém Flusser. Beide spekulierten zur Überwindung der Philosophie als einem Schriftunternehmen.[1] Das Fernsehen und die ersten Computer einerseits, die Fotografie und das Video andererseits wurden von beiden als zentrale philosophische Herausforderung gesehen. Die Thematisierung einer Krise der Schrift in der Medienkultur ist natürlich viel breiter angelegt, dazu gibt es zahlreiche weitere Publikationen aus jener Zeit der 1960er-Jahre, von Umberto Eco über Theodor W. Adorno bis hin zu Michel Foucault und Jacques Derrida[2] – wenn auch keine definitiven Antworten, so doch ganz unterschiedliche Näherungen an das Problem, dass elektronische Medien die Schrift als konstitutives Element kultureller Reproduktion verdrängen.

Der blinde Fleck der Philosophie

Das heißt, dass die Kultur nicht länger allein von der Schrift abhängt, sondern von Technologien, denen alternative Codierungen zugrunde liegen und von Dispositi-

---

[1] Beide publizierten in den 1960er Jahren, vgl. McLuhan (1962), McLuhan (1964); Flussers Schriften wurden erst mit zwei Jahrzehnten Verzögerung in deutscher Fassung bekannt, vgl. Flusser (1983), Flusser (1985).

[2] Popkultur und Comics bei Eco (1984); philosophische Erfahrung aus dem Konkreten bei Adorno (1966); die Auslotung und Kritik des Logozentrismus bei Derrida (1974) und Derrida (1976); die Wissenschaften vom Menschen und der Wandel im Verhältnis der Repräsentationen zueinander bei Foucault (1974).

ven, die andere Wahrnehmungsfelder priorisieren als die des Schreibens und der Lektüre von Texten.[3] Nun sind die meisten Medientheoretiker ausgebildete Literaturwissenschaftler, denen diese Tatsache methodische Schwierigkeiten bereitet, wenn sie sich den neuen Medien zuwenden. Auch Philosophen verwechseln gern ihr Untersuchungsfeld mit den Bibliotheksbeständen, und verraten damit ihre eigene Koryphäe, Georg Wilhelm Friedrich Hegel, für den bekanntlich Philosophie *ihre Zeit in Gedanken erfasst*. Dies aber kann auf unterschiedliche Art und Weise erfolgen und muss sich nicht zwangsläufig auf Texte beschränken.

„Die audiovisuellen Techniken (erscheinen) als neue Stufe der menschlichen Evolution, als eine Stufe, die den Kern des Menschen trifft, das reflektierende Denken."[4] Es wäre wohl leicht übertrieben, dies jetzt nochmal als eine neue Erkenntnis zu präsentieren. Aber Philosophie ist eine Disziplin, die ihren Selbsterhalt sozusagen als Vermeidungsstrategie angelegt hat, wie einst McLuhan diagnostizierte: „2500 Jahre lang haben die Philosophen der westlichen Welt jede Technologie aus der Behandlung von Materie-Form-Problemen ausgeklammert."[5]

Schon zu Zeiten Edmund Husserls begann der Rettungsversuch der Philosophie als Schriftunternehmen. Sein Programm einer Phänomenologie verlangte nach Arbeit an den Phänomenen, das bedeutet strikt an den Erscheinungen orientierte Beschreibungen.[6] Dass der Zugang zur Welt, die Gegebenheit der Phänomene, ein stets medialisierter ist, wurde hier lediglich *ex negativo* thematisiert: wie soll es denn gehen, die Dinge so zu betrachten, als sähe man sie zu ersten Mal, befreit von aller Gewöhnung und den Codierungen durch Sprache und Kultur? So wären sie wirklich gegenständlich, als dem Bewusstsein gegebene Phänomene. Um dann, und das ist die fragwürdige Pointe, das alles aufzuschreiben?

Wie Denken, oder das Pathos der Sprache, im Schreiben sich auflöst, um eins durch das andere zu reflektieren (ein philosophischer Taschenspielertrick, der im Deutschen leichter gelingt als in anderen Sprachen), das ist letztlich ein Drama, wie es in Heideggers Philosophieren zutage treten sollte.[7] Es gibt kein von Sprache, Technik, Maschinen und Apparaten freies Denken, die ‚reinen' Begriffe sind ein Phantasma

---

3 Um ein mögliches Missverständnis auszuräumen: selbstverständlich wird an Computern und Smartphones immer noch geschrieben; der entsprechenden Medientechnik jedoch liegt kein Aufschreibesystem mehr zugrunde: Fotografie, Radio, Fernsehen, Computer, Smartphones funktionieren nicht mehr auf Grundlage schriftlicher Codierung.
4 Leroi-Gourhan (1988): 266.
5 *Letters of Marshall McLuhan*, New York (1987), zit. nach Innis (1997): 5.
6 Vgl. Husserl (1965).
7 Eine instruktive Rekonstruktion der Philosophiegeschichte zwischen diskursiver „Sprachpolizei" und existenzieller „Sprachlosigkeit" liefert Hampe (2014).

der deutschen idealistischen Philosophie. Die Probleme des Technischen bekommt man nicht in den Griff, indem man sie aus dem philosophischen Diskurs ausblendet.

Entdeckung der Mediologie

Herbert Marshall McLuhan lebte von 1911 bis 1980,[8] in einer Zeit großer Umbrüche der medialen Erfahrungen, die heute als selbstverständlich wahrgenommen werden: Radio, Kino, Fernsehen, Fotografie, Comics, Automobil, Satelliten, Atombombe, Computer etc., sowie ganz allgemein durch Elektrifizierung des Alltags und Automatisierung von Prozessabläufen (Kybernetik). McLuhan war ein kanadischer Literaturwissenschaftler und hat all diese Dinge diskutiert – als Medien. Damit fand er einen neuen Forschungsgegenstand und schuf eine neue Methode, die Mediologie.[9]

Das Auto als Medium? McLuhans Denken ist durchaus schräg, bietet aber ein Feuerwerk an Einsichten. Natürlich kann das Auto nicht nur als bloßes Fortbewegungsmittel betrachtet werden, da es auch eine soziale Funktion hat. Es ist das Medium, mit dem etwa der amerikanische Mann der 1950er-Jahre seinen gesellschaftlichen Status kommunizierte. Mehr noch, das Auto symbolisiert einen modernen Lebensstil und definiert bis heute die Identität erfolgreicher Menschen.[10]

Zu viele Vorannahmen begleiten unsere Vorstellungen vom Begriff des Mediums, doch die Lektüre McLuhans klärt wie die Gebrauchsinformation von Medikamenten über die Nebenwirkungen auf. Auch wer rein gar nichts weiß von McLuhan, hat seinen Spruch „Das Medium ist die Botschaft" zumindest schon einmal gehört. Er markiert ein relatives Missverständnis, das nichtsdestoweniger erfolgreich war. McLuhan war trotz herablassender Schmähung durch europäische Intellektuelle (H. M. Enzensberger nannte ihn einst den Überbringer einer „reaktionären Heilslehre") kein blinder Propagandist der neuen Medien, sondern ein penibler Erforscher des kulturellen Erfahrungswandels.

---

8   Die immer noch beste biografische Betrachtung bietet Marchand (1999).
9   So, wie Auguste Comte im 19. Jahrhundert die „Gesellschaft" als Forschungsobjekt entdeckte und die neue Wissenschaft der Soziologie begründete, vgl. Lepenies (2010), entdeckte McLuhan die „Medien" als Gegenstand seiner Untersuchungen; die logische Folge einer Wissenschaft der Mediologie (Debray 2003) hat sich allerdings terminologisch nicht durchgesetzt. McLuhan hat den Begriff Mediologie selbst nicht verwendet.
10 McLuhan (1951). Ganz ähnlich Barthes (2012), der in den 50er Jahren den damals neuen Citroën DS als mythisches Objekt diskutierte. McLuhan und Barthes standen übrigens in Briefkontakt.

Das Ende der Gutenberg-Galaxis

Zentral für McLuhan war die These, dass die Medienentwicklung der westlichen Kultur nicht unbedingt einer Logik des Zerfalls folgen muss: der Niedergang der bislang gesellschaftsprägenden Buchkultur kann auch einen Aufgang neuer Sinnlichkeiten bedeuten, anstelle der Literalität zeichnet sich eine neue Oralität ab (Radio und Fernsehen, Pop- und Rockmusik etc). Die Schrift- und Druckkultur opferte ganze Welten von Bedeutungs- und Wahrnehmungsinhalten, deren Rückeroberung durch die neuen Medien jetzt anstand.

Abb. 24
Marshall McLuhan mit einem portablen Fernsehgerät 1970er-Jahre – Kanadische Briefmarke aus dem Jahr 2000

Quelle: http://www.library.illinois.edu

Das Ende der von ihm so genannten Gutenberg-Galaxis war nicht nur technisches Mediengeschehen, sondern ebenso willkommene Gegenreformation und Eintritt in die neue Ökumene des Fernsehzeitalters, da „die gesamte menschliche Familie zu einem einzigen globalen Stamm verschmolzen wird".[11] An den Medien wird der

---

11 Inspiration für diese Sätze bot die berühmte Fotoausstellung von Edward Steichen: *The Family of Man*, Museum of Modern Art, New York 1955

Inhalt selbstverständlich nicht geleugnet, aber dem Theoretiker geht es vielmehr um deren Organisationsprinzip: die Form dominiert alle Inhalte, es herrscht die Regel des Sendeformats. Die zentrale Einsicht McLuhans ist somit die Leere des Mediums, auf den Punkt gebracht mit der berühmten Formel: *The Medium is the Message*.

„We return to the inclusive form of the icon".[12] Eine Kultur der intuitiv zu bedienenden Benutzeroberflächen, so das Versprechen der Medienmoderne, wird weniger elitär sein als die Kultur der Schriftgelehrsamkeit. Die kognitive Auswirkung des Alphabets, der Schrift- und Druckkultur des Abendlandes wird durch Radio und Fernsehen, also durch audiovisuelle Medientechnologien, die eine neue Realitätsmodellierung erlauben, relativiert. Gegen Mitte des zwanzigsten Jahrhunderts war diese Einsicht in den Zusammenhang von medialer Technik und Wahrnehmung von Wirklichkeit noch keineswegs selbstverständlich. McLuhan, dessen Theorie der akademischen Literaturwissenschaft des britischen ‚New Criticism' der 1930er-Jahre ebenso viel verdankt wie der ästhetischen Innovation von Literaten wie Edgar A. Poe, James Joyce, oder Ezra Pound, brachte damit wie kein anderer die Stimmung seiner Zeit auf den Punkt.[13]

Medien als Forschungsgegenstand, die formbildende Kraft der Materialitäten von Kommunikation, die psychischen Effekte des technologischen Wandels, die soziale Prägung durch Kommunikationsmittel – das waren die neuen Themen der kanadischen Schule. Als Harold Innis im behäbigen Gelehrtenton Ende der 1940er Jahre verkündete, „daß der Gebrauch eines bestimmten Kommunikationsmediums über einen langen Zeitraum hinweg in gewisser Weise die Gestalt des zu übermittelnden Wissens prägt", hörte niemand hin. Als Anfang der 1960er Jahre McLuhan mit „Das Medium ist die Botschaft" auftrumpfte, war er nicht mehr zu überhören. Entscheidend ist aber, dass dazwischen ein wichtiger Schritt von der Kulturgeschichte hin zur Medientheorie gemacht wurde.

In seiner Erstveröffentlichung *The Mechanical Bride* (1951) versucht McLuhan sich noch in einer Kritik der technischen Rationalisierung und der konsumistischen Überformung der Lebenswelt: „Volkskultur des industriellen Menschen", so lautet der Untertitel dieser Ikonographie des amerikanischen Alltags. Seit er von seinem Studienaufenthalt im britischen Cambridge zurückgekehrt war, sammelte McLuhan in einer Schachtel Werbeanzeigen aus Magazinen, die er mit eigenen Kommentaren versah. Irgendwann trat der unwahrscheinliche Fall ein, dass daraus doch ein Buch wurde. Die Texte kommentierten ein Filmplakat mit Humphrey Bogart, eine Werbeanzeige für Nylonstrümpfe, Comics, oder die Titelseite der New York Times, die wahlweise als symbolistische Landschaft oder als Jazzpartitur vorge-

---

12 McLuhan (1964): 12.
13 Vgl. „Verbi-Voco-Visual Explorations", McLuhan (1967).

führt wurde. Der Anspruch dieser Traumanalyse des kollektiven Bewusstseins ist kulturkritisch aufklärend: „Wir leben in einem Zeitalter, in dem zum ersten Mal Tausende höchst qualifizierter Individuen einen Beruf daraus gemacht haben, sich in das kollektive öffentliche Denken einzuschalten, um es zu manipulieren, auszubeuten und zu kontrollieren.[14]

In diesem Werk (der Autor schrieb übrigens nicht, sondern diktierte seine Texte) nahm McLuhan methodisch einen „kreisenden Blickpunkt" in Anspruch, der es erlaube, das Buch in einer beliebigen Reihenfolge zu lesen. Es war ein Misserfolg, was er sich damit erklärte, dass Akademiker eben besessen wären von den alten eindimensionalen, monolinearen Geschichten und argumentativen Ausführungen. 1953 gründete McLuhan gemeinsam mit dem Anthropologen Edmund Carpenter die Zeitschrift *Explorations*, die er mit dem bemerkenswerten Essay *Culture without Literacy* eröffnete. Mit einer Reihe von namhaften Autoren widmete sie sich der interdisziplinären Untersuchung von Sprache und Schrift, kulturellen Verhaltensmustern und Medien.

Neue Medienpädagogik

In der Folge erwies sich McLuhan als ein begnadeter Selbstvermarkter. In seiner Rede auf der Jahresversammlung der *National Association of Educational Broadcasters* (NAEB) in Nebraska 1958 wies er darauf hin, dass man die Natur der neuen elektronischen Medien dringend erforschen müsse, um die traditionellen Werte der Schriftkultur (an die er damals noch glaubte) nicht zu verlieren, sondern auf neue Art und Weise vermitteln zu können. Beeindruckt von diesem Konzept, wurde McLuhan vom Forschungsausschuss der NAEB mit einem „Report in understanding new media" beauftragt; diese großzügig finanzierte Studie sollte die Grundlage für ein medienpädagogisches Kompendium sein, um den Unterricht der oberen Schulstufe den neuen elektronischen Medienverhältnissen anzupassen.

Obwohl der Report in seiner Mischung aus wissenschaftlichem Anspruch und einem nur auf den ersten Blick abstrusen Ideenfeuerwerk bei den Auftraggebern überhaupt nicht gut ankam, entstand daraus eins seiner erfolgreichsten Bücher: *Understanding Media: The Extensions of Man* (1964), angelegt als der zweite Teil seiner kurz davor erschienenen Untersuchung zur Schriftkultur mit dem nicht weniger berühmten Titel *The Gutenberg Galaxy. The Making of Typographic Man* (1962). Nicht nur, dass Medien hier in einem umfassenden Sinn zur Sprache kom-

---

14 McLuhan (1996): 11.

men, zeichnet diese beiden Klassiker aus, sondern auch, wie das geschieht: von einer Kritik der Alltagskultur bewegte sich McLuhan über eine Betrachtung der Buchkultur als kulturell prägender Form hin zu einer Kritik der neuen Medienästhetik. McLuhans Erforschung der elektronischen Umwelt praktizierte eine immersive Haltung und überrascht nun mit der Aussicht auf ein „Erwachen aus dem historisch konditionierten Alptraum der Vergangenheit" mittels neuer Technologien. Wahrnehmen und Urteilen, so McLuhan, müssten neue Formen entwickeln, um neue Lesbarkeiten der Kulturen zu erlauben. Die Überwindung des „typographical cultural bias" (etwa: Verzerrungen der Schriftkultur) ortete er in der künstlerischen Avantgarde des 20. Jahrhunderts, die ihre eigenen Konstruktionsmomente sichtbar macht. Er selbst sprach der poetischen Verdichtung und Auflösung der Ausdrucksform zu: McLuhan nannte seine eigene Methode „perceptual, not conceptual" (wahrnehmend, nicht begrifflich).

Mit der Einschränkung, dass es weniger um ein reflexives Verhältnis zum Medieninhalt geht, sondern darum, wie Medien eigene Umwelten schaffen und den Benutzern ihre eigenen Voraussetzungen aufzwingen, gilt die These immer noch: das Medium ist die Botschaft. Medien sind allgegenwärtig und definieren Wirklichkeit, und diese Medienwirklichkeit ist nicht etwas, aus dem man einfach aussteigen könnte. Wie beeindruckend weitsichtig McLuhans Analyse der Medienkultur war, zeigt dann das Schlusskapitel von *Understanding Media*.[15] Hier geht es um das Ende der traditionellen, schriftgeprägten Episteme (,Denkungsart') durch die Rückkopplungen der „elektrischen Informationsbewegung": Automation und Kybernation. Lange vor dem Diskurs der Postmoderne bzw. Informationsgesellschaft machte McLuhan seinem Publikum bewusst, welche Rolle Information, Kommunikation und Wissen für die Reproduktion der Gesellschaft spielen und wie Kultur und Technologie verschmelzen. Es entsteht eine Kultur der Information, die Produktivkraft der neuen Medientechnik erzeugt nach der *Explosion* als Grundmotiv einer energetischen Technik der Industriegesellschaft (zentrifugal, missionierend, kolonisierend) eine Grundhaltung der *Implosion*, nach der in der Informationsgesellschaft die Muster des Fortschritts neu zu denken sind (zentripetal, globalisierend, inkludierend).

Information definiert Unterschiede, sie hat keine Substanz sondern bestimmt Relationen. Nicht Konsens ist das Ziel von Kommunikation, sondern Kollektivierung, nicht Verständigung, sondern Wahrnehmungsverschiebung und Übersetzung. In

---

15 In deutscher Übersetzung heißt das Buch *Die magischen Kanäle*. Das theoretische Vokabular zum Thema Medien und Kommunikation war im Deutschen damals noch völlig unterentwickelt (beispielsweise „Elektronengehirn" für „Computer"), was der akademischen Rezeption McLuhans nachhaltig schadete.

diesem Weltbild implodiert auf Grundlage des Basis-Mediums Elektrizität die Welt zu einem einzigen Bewusstsein, zum *Global Village*, in dem Medien die gesamte Welt relevant für jeden einzelnen machen.

Die elektronischen Medien dekonstruieren die über Jahrhunderte eingeübte Literalität durch ihre „electric simulation". Die neue Medienkultur ist durch die Ausweitung des Bewusstseins über die Dimensionen des Sprachlichen hinaus geprägt, vor allem in einer Kultur der neuartigen Oberflächen von Bildschirmen und Displays. Ein anderer Philosoph, aus der europäischen Tradition der Phänomenologie kommend, sollte darauf hin ein überhaupt nicht ironisch gemeintes „Lob der Oberflächlichkeit" anstimmen.

Lob der Oberflächlichkeit

Flussers Medienphilosophie berührt ebenfalls den zentralen Aspekt des Wandels der Medienkultur, die Abkehr von der Schrift und die Hinwendung zum technischen Bild. Auch seine Diagnose ist makroperspektivisch angelegt: die Medienevolution bewegte sich vom Bild zur Schrift, die nun durch anders strukturierte Codes ersetzt wird. Diagnostiziert wird das als Krise, die ins Jenseits der Schrift führt, in ein *Universum der technischen Bilder*. Nach dem traditionellen Bildermachen (Szenen darstellend) und dem textuellen Imaginieren (Schriftzeilen produzierend) kommt nun eine neue Einbildung, „in der wir uns erst zu üben haben". Hier fällt sogleich auf, dass, wenn wir uns „üben" müssen, zentrale Begriffe der Theoriebildung (wie Kritik, Reflexion etc.) suspendiert sind.[16]

Was genau hat das zu bedeuten? Nun, Flusser hat erkannt, dass Medienkultur immer auf einer Kultur des Gebrauches beruht, dass es Pragmatismus bedeutet und keine auf Theorie gebaute Praxis. Als 1920 in Prag geborener Jude floh der junge Flusser vor den Nationalsozialisten und emigrierte über London nach São Paulo. Er fand sich, wie er sagte, in einer intellektuell nicht eben sehr anregenden Kultur wieder, selbst aber beladen mit der Last europäischer Denktradition. Irgendwie also zwischen den Stühlen, eigentlich schlimmer noch: bodenlos, wie er auch seine Autobiografie betitelte. In jener Zeit dominierte die phänomenologische Philosophie, vor allem mit den Akzenten, die Heidegger ihr verlieh, ein Denken dem auch Flusser nahe stand, das aber nicht kompatibel war mit der Nähe Heideggers

---

16 „Hypothese: Man ging vom Bild zur Schrift / diese wurde vorherrschend / kam in die Krise / wurde durchbrochen / und nun steht man jenseits der Schrift / in einer neuen Einbildung / in der wir uns erst zu üben haben." – Flusser (1992): 5f.

zu den Nationalsozialisten. Weitere Themen galten der Verarbeitung neuester naturwissenschaftlicher Erkenntnisse: Evolutionstheorie, Elektromagnetismus, Relativitätstheorie, Thermodynamik, Kybernetik.

Abb. 25
„Alle Strukturen der Gesellschaft, so wie wir sie aus der Industriegesellschaft kennen, sind daran zu zerfallen. Und ihre Kadaver verpesten die Luft." – Vilém Flusser in einem seiner letzten Vorträge, Essen 1991 (http://www.flusser-archive.org). Abbildung: Flusser-Graffiti in Weimar, 2015
Quelle: Archiv des Autors

Die Rede vom *Ende der Linearität* hat hier ihre Wurzeln. Nach dem zweiten thermodynamischen Gesetz zur Entropie tendiert jede Information zum Zerfall, es tendieren alle Systeme zum Verlust von Information. Hier knüpft Flussers Konzept der Kommunikation an: diese sei gegen die Entropie gerichtet, sie stelle sich wider den Zerfall, sie schaffe Werte, sie sei der menschliche „Kunstgriff" schlechthin gegen die „Sinnlosigkeit eines zum Tode verurteilten Lebens". Somit wäre Kommunikation *neg-entropisch*, oder im kulturbildenden Sinn „widernatürlich".[17]

Zur genuinen Kulturleistung gehört alles, was das Speichern und Archivieren, bzw. Dokumentieren von geschichtlichen Ereignissen anbelangt, also Übertragungen, mechanische Spuren und persönliche Erinnerungen, weil eben Systeme zum Verlust von Information und nicht zum Bewahren bzw. Vermehren, zum Übertragen und Überliefern tendieren. Das ist zumindest die bisherige Sicht der Dinge, die durch die Quantenphysik (‚Kommunikation' zwischen räumlich getrennten Teilchen) künftig aber noch korrigiert werden könnte. Es geht also nicht nur um

---

17 Flusser (1996): 10 – Flussers Denken entspringt ganz dem Geist seiner Zeit, vgl. etwa Gilbert Simondon: „Die Maschine ist es, durch die der Mensch sich dem Tod des Universums entgegenstellt; wie das Leben verzögert sie die Degradation der Energie und stabilisiert so die Welt." Simondon (2012): 15.

Übertragungsverhältnisse, sondern auch um das Schaffen von Zuständen, etwa kulturelle Synchronisierungen in Raum und Zeit.

Programmatik der Phänomenologie

In Immanuel Kants theoretischer Philosophie wurde die Frage aufgeworfen, was an der Wirklichkeit für Menschen überhaupt erkennbar sei. Die Antwort in seiner *Kritik der reinen Vernunft* (1781) bestand darin, dass das nicht die Dinge ‚an sich' sind, sondern immer nur die Dinge ‚für uns', sozusagen die Tatsachen und Gegebenheiten dieser Welt. Noch Anfang des 20. Jahrhunderts lief eine Grundsatzdebatte über ‚Erkenntnis' in den Schulen des sogenannten ‚Neukantianismus', jedoch immer noch völlig ohne Bezug auf Technik oder Medien. Hier ist auch Edmund Husserls Programm einer Phänomenologie angesiedelt, deren theoretischer Gestus die einer Reduktion ist, einer Rückkehr zu den wesentlichen Fragen. Das Programm dazu war eine Abkehr von den Wortanalysen und philosophischen Definitionen und eine Zuwendung „zur Erfahrung, zur Anschauung".[18]

Flusser hat daraus weder ein philosophisches Rettungsunternehmen gemacht, noch eine kulturpessimistische Agenda verfolgt (diese allerdings motivierte ihn anfangs). Er plädierte für eine Zuwendung nicht zu den Dingen selbst (Husserl), oder zu einem ominösen, in sprachlicher Poesie sich ‚entbergenden' Sein (Heidegger), sondern wandte sich den Mediengesten zu: eine Beobachtung dessen, wie Menschen mit Medien umgehen und nicht, was in den Medien passiert; Medienphilosophie wäre demnach zu entfalten als eine Interface-Theorie.[19] In den Mediengesten offenbaren sich die Medienphänomene, nicht in den Inhalten und Botschaften der Medien.

In diesem Punkt stimmen Flusser und McLuhan überein, so unterschiedlich ihre Ansätze auch sein mögen. Damit aber wird die Frage, ob und wie sich eine Phänomenologie der medialen Oberflächlichkeit methodisch entwickeln lässt, zum Problem. Sie hängt ja nicht zuletzt an den schriftstellerischen Qualitäten des Autors. Sein Essay *Für eine Philosophie der Fotografie* war die erste deutschsprachige Publikation Flussers und sie erschien 1983. Sie diskutierte Erkenntnisse, die nicht

---

18   Husserl (1965): 27.
19   Die Geste ist zu verstehen als eine Zuwendungsform, und in der Geste, nicht im Begriff (obwohl hier das Begreifen im haptischen Sinn nahe liegt) offenbaren sich Medienphänomene. Eine allgemeine Theorie der Gesten wäre als Interface-Theorie zu fassen, die sich mit der Veränderung der menschlichen Zuwendungsweise befasst, vgl. Flusser (1994): 217.

im akademischen Kontext gewonnen wurden und auch nicht aus Textanalysen. Sie sprengte den Bannkreis der damals sehr angesagten Hermeneutik radikal auf und ließ sich eher von der Kybernetik inspirieren, um eine medienästhetische Position zu entfalten.[20] Hermeneutik war der geisteswissenschaftliche Versuch, die Gewinnung von Erkenntnissen auf Sprache und sprachliche Erfahrung bzw. deren schriftlichen Niederschlag zurückzuführen. Sie operierte methodisch in Textverhältnissen. Es kann gar nicht genug betont werden, dass eine solche Sprachlichkeit des Seins und ein daraus abgeleitetes Verstehen allein Flussers Sache nicht ist; für ihn ist das ein reduktionistisches „Abstraktionsspiel", von dem er sich distanziert. Seinem Ansatz folgend sind Medien grundsätzlich mehr als bloß „Verstärker sprachlicher Kommunikation", wie es einst Jürgen Habermas mit seinem handlungstheoretischen Ansatz sehen wollte.[21]

Das Abstraktionsspiel

Was Flusser mit dem Ausdruck des Technobildes belegte, erscheint wie eine Verdichtung der Ereignisse in der Medienmoderne. Seine Theorie: Als Handwerker und Bildermacher schaffe der Mensch in einer ersten technischen Phase Formen in einer Welt der Objekte, die es sonst so nicht gibt (er fügt einem Naturgegenstand durch Gebrauch kulturelle Informationen hinzu) und in einer zweiten technischen Phase manipuliere er mittels theoretischer Operationen die Welt der Formen selbst (Codierungen, Algorithmen, Programmierungen). Das Technoimaginäre als dritte Stufe diente Flusser als Chiffre, um die subjektzentrierte Einbildungskraft zu überwinden und im post-hermeneutischen Zustand der Symbiose mit Teletechnologien aufzulösen.

Bild, Schrift und das Jenseits der Schrift sind bei Flusser jeweils Stufen eines kulturell fortlaufenden Abstraktionsspiels. Es sind zunehmende Reduktionen in Dimensionen, mit denen der Mensch quasi spielt, also in der Kulturentwicklung

---

20 Hier ist eine eher wenig bekannte Quelle für Flussers Inspiration zu nennen, der Ansatz des französischen Physikers und Philosophen Abraham Moles, der in den 1950er Jahren eine viel beachtete Verknüpfung von Informationstheorie und Ästhetik vornahm, vgl. Moles (1971).
21 Habermas (1981): 497.

unbewusst experimentiert.[22] Der Mensch begreift zunächst buchstäblich die Welt mit seinen Händen, und weiter bearbeitet er sie mit Extensionen seiner Organe, mit Werkzeugen und Maschinen. Als Bildermacher trat er aber von der Dreidimensionalität zurück, indem er Szenen als Oberflächen gestaltete und dazu einen zweidimensionalen Code benutzte. Die Bilder sind gestellt, hineingestellt in die Welt, damit verstellen sie eigentlich auch die Gegenstände und leugnen die Räumlichkeit (um sie in perspektivischer Zeichnung und Malerei wieder vorzutäuschen). Von der Zweidimensionalität des Bildes geht die Abstraktion über zum Aufrollen der Bildsymbole in einer Linie, in der eindimensionalen Schriftzeile.

Der letzte mögliche Schritt dieser De-Eskalation ist die Reduktion dieser Eindimensionalität der Schriftzeile (bzw. visueller Sequenzierungen) auf die Nulldimensionalität des Punktes, denken wir an ein Pixel, eine Informationseinheit oder die Körnung einer Fotografie. McLuhan las diesen Schritt am Fernsehbild ab, das ein Mosaik aus Lichtpunkten ist, Flusser sah schon die Fotografie als eine Zerlegung der Wahrnehmung in Punkte, die eine neue Synthese erfordern, er nannte es eine ‚Komputation'. Die entsprechenden Kulturtechniken entwickelten sich entlang des Behandelns, des Beobachtens, des Beschreibens und letztlich des Berechnens.[23] So entstanden je unterschiedlich kodifzierte Welten oder Mediensphären. Mit jedem Entwicklungsschritt wird der Welt eine Dimension weggenommen (als Erfahrungsdimension). Reduziert wird nämlich die jeweils medial sinnliche Erfahrungsmöglichkeit der Weltaneignung, über das anthropologische Viereck von Raum, Fläche, Linie und Punkt, der Medievolution entspricht offenbar eine fortgesetzte Körperabstraktion.[24]

---

22 Das funktioniert etwa so: Zuerst lebt der Mensch als ein mehrdimensionales Naturwesen. Aus dem Zustand tritt er heraus, indem er sich aufrichtet (der aufrechte Gang erlaubt neue Körperfunktionen). Aber noch ist er mental nicht aufgerichtet. Als Subjekt arbeitet er sich an den Objekten der Welt ab. Dies wäre charakteristisch für das Industriezeitalter: die Unterworfenheit des Subjektes unter die Objekte seiner Umgebung. Die Abarbeitung an dieser physischen Widerständigkeit führt zur Konstruktion von Werkzeugen, Maschinen und Apparaten. In Folge wird trotz aller Rede von Autonomie und Aufklärung dieses Subjekt-Sein schwer abzulegen sein, da eine neue Abhängigkeit von den Maschinen entstand – die medienanthropologische Metapher geht auf Johann Gottfried Herder zurück, vgl. *Ideen zur Philosophie der Geschichte der Menschheit* (1784 – 1791). Vgl. weiter Leroi-Gourhan (1988).
23 Vgl. Flusser (1994a): 21ff.
24 Vgl. Kamper (1999).

Elektronische Medienästhetik

Sowohl bei McLuhan als auch bei Flusser eröffnen die elektronischen Medien eine nun mögliche Umkehrung des Abstraktionsspiels, damit eine neue ästhetische Erfahrungsdimension auf individueller wie kollektiver Ebene. McLuhan sah das elektronische Zeitalter als eine Öffnung für das Sensorium der Sinne (die Buchkultur hingegen nannte er aufgrund ihrer sinnlichen Deprivation auch einen ‚historisch konditionierten Alptraum'). Das Fernsehen erfülle ein ästhetisches Programm moderner Kunst, und er wagte sogar die Hypothese, diese Technologie wäre „ein massives Bauhaus-Programm zur sensorischen Umerziehung der Nordamerikaner".[25] Die kulturelle Prämierung des Visuellen auf Kosten anderer Sinne wurde als Effekt des Buchdrucks gesehen. Die elektronische Medienästhetik erzeugte eine Veränderung der Gewohnheiten einer visuellen Wahrnehmung, die sich mit der Lesekultur entwickelt hat (Fixierung des Auges auf die Buchseite, feste Beobachtungspunkte wie bei der Zentralperspektive). Während das neuzeitliche Subjekt sich durch einen festen Standpunkt definiert, wird das moderne Subjekt durch eine andere, umfassendere Medienästhetik und kreisende Blickpunkte herausgefordert.

Bei Flusser heißt es dann programmatisch: *Vom Subjekt zum Projekt*.[26] Wenn er seinen medienphilosophischen Blick makroperspektivisch über die Kulturentwicklung schweifen lässt – dabei freilich vieles einebnet und unzulässig vereinfacht – dann ergibt sich ein dreifacher Schritt: vom Bildermachen zur Schrift zur Komputation.[27] In Flussers Theoriebildung gibt es das starke Motiv des Modells, das parallel zu McLuhans Konzept der Taktilität gegen die linearen Narrationen (auch im Sinne vom ‚Ende der großen Erzählungen', Jean-François Lyotard) gerichtet ist. Das Denken in Modellen hätte Entwurfcharakter, denn es schreibt nichts fest. Es entspricht damit den digitalen – besser: den algorithmischen – Technologien, bei denen es nicht länger um die Registrierung von Wirklichkeit geht, sondern um die Prozessierung des Wahrgenommenen zu Wirklichkeit: technische Bilder projizieren rechnerisch erzeugt Modelle auf die Wirklichkeit, statt diese zu repräsentieren.[28]

---

25 Vgl. McLuhan : „Im Sensorium der fünf Sinne" [1961], in: Reckwitz et al. Hg. (2015): 206.

26 Vgl. Flusser (1994a).

27 „Wie ursprünglich das sich aufs Alphabet stützenden Denken gegen Magie und Mythos (gegen Bilderdenken) engagiert war, so ist das sich auf digitale Codes stützende gegen prozessuelle, ‚fortschrittliche' Ideologien engagiert, um sie durch strukturelle, systemanalytische, kybernetische Denkweisen zu ersetzen." – Flusser (1987): 141.

28 „Wir bilden uns nicht mehr ein, dass wir die Welt und uns selbst als ‚Wirklichkeit' wahrnehmen, sondern eher, dass wir selbst das Wahrgenommene erst zu Wirklichkeit prozessieren." – Flusser (1992): 34.

Medienästhetik und Ethik

Zwar hatten auch die traditionellen Bilder keineswegs immer nur abbildende Funktion. Sie waren Beschwörungen, Imaginationen und Projektionen auf eine Welt, die bekanntlich nicht immer so ist, wie ihre Bewohner sie sich wünschen. Der Modellcharakter eines Denkens am Ende der Medienmoderne hat aber nichts mit Veranschaulichungen und jenen Visualisierungen zu tun, wie sie sich in fast unüberbietbarer Form auf den Bildschirmen und Displays finden. Wenn die neuen, die errechneten Bilder keine Abbilder von etwas sind, sondern Entwürfe oder Projekte, dann besteht der Projektcharakter des Bildermachens wohl darin, dem Sein ein modellhaftes Sollen entgegenzustellen.

Wie hätte das auszusehen, jenseits der traditionellen Bilder und jenseits der Schrift? Flusser sah Chancen, die im Übergang von einem Zeitalter der „Verwertung von Wirklichkeit" (Industriezeitalter) zu einem Zeitalter der „Verwirklichung von Werten" (Medienzeitalter) liegen. Elektronische Medien stehen dann nicht einfach für technischen Fortschritt, sondern für eine Krise der Technik, die einen kategorialen Wandel durchläuft. „Bedeutete Technik bisher ‚existieren' im Sinn von ‚gegenüberstehen', so vollzieht sich gegenwärtig eine Umstellung, bei der sich die Technik wie ein Handschuh umstülpt und ‚existieren' nun den Sinn von ‚entwerfen' erhält.[29] Neue Erlebnisse, neue Erkenntnisse und neue Werte sollen möglich sein. Dies hat politische Folgen, denn alte Formen einer marxistischen Gesellschaftskritik, die sich auf Produktivkräfte und Produktionsverhältnisse bezogen, wären damit überholt. Daraus entwickelte Flusser das Konzept einer neuen Einbildungskraft, des *Technoimaginären*, das er in einem transanthropologischen Raum zwischen Mensch und Technik ansiedelte.

Am Ende des Abstraktionsspiels steht in Flussers Terminologie das „Unding" – als solches bezeichnet er die Information, die weder Natur noch Kultur ist, die sich nicht mehr auf herkömmliche Art begreifen lässt und folglich nach einer neuen Einbildungskraft verlangt.[30] Es werden längst schon Wahrnehmungsprozesse (mit der Fotografie), Reflexionsprozesse (mit Film und Video) sowie logische Unterscheidungsprozesse (mit Computern) an die neuen Technologien delegiert. Aus den

---

29 Flusser (1994a): 136.

30 „Unsere Umwelt bestand noch vor kurzem aus Dingen: aus Häusern und Möbelstücken, aus Maschinen und Fahrzeugen, aus Kleidern und Wäsche, aus Büchern und Bildern, aus Konservenbüchsen und Zigaretten. (...) Man weiß, woran man sich im Leben zu halten hat, nämlich an Dinge. Das ist leider anders geworden. Undinge dringen gegenwärtig von allen Seiten in unsere Umwelt, und sie verdrängen die Dinge. Man nennt diese Undinge ‚Informationen'. (...) Diese Undinge sind, im genauen Sinn des Wortes, ‚unbegreiflich'. Sie sind nur dekodierbar." – Flusser (1993a): 80f.

Sehmaschinen (optische Medien) erwuchsen die Wirklichkeitsmaschinen der Medienmoderne, die jene Undinge als nichtbegrifflichen digitalen Schein produzieren. Flusser entwarf in seinem letzten Buch *Angenommen* einige Szenarien, über zwanzig kleine Texte einer experimentellen Philosophie, die sich eigentlich schon als Anleitungen für das Technoimaginäre verstehen lassen. Daher forderte er das neue Einbilden von technisch versierter Medienkunst: „Fahndung: Alle jene, deren Einbildungskraft sie befähigt, die Vorstellungen und Begriffe der hier vorliegenden Szenenfolge in Videobilder umzucodieren und diese Bilder in irgendeiner Weise zu programmieren, werde hiermit aufgefordert, sich telefonisch oder schriftlich mit European Photography [dem Verlag – FH] in Verbindung zu setzen."[31]

Bereits ein Jahrhundert zuvor hielt Ernst Kapp in seiner Philosophie der Technik fest, dass technische Neuerungen tätige Leistungen sind und nicht etwa reflexive ‚Geistesblitze'. Medienkulturen orientieren sich an Artefakten und Zuständen oder Formaten, ohne eine konzise Vorstellung für die damit im Zusammenhang stehenden Traditionen und Praktiken zu haben. Wer denkt beim Smartphone schon an dessen technologischen Vorläufer, die Telegraphie? Genauso undeutlich wie das Wissen über eine Kultur vor der Schrift ist jetzt die Perspektive für eine Kultur jenseits der Schrift. Womit jene Position benannt ist, von der aus sowohl McLuhan als auch Flusser philosophierten. Es ging dabei nie um die Rettung einer Kulturtechnik oder umgekehrt, um die neusten Gadgets und die Flucht nach vorn, sondern letztlich immer um die Ethik in medialen Erfahrungsräumen.

---

31 Flusser (1989): Vorspann.

ALGORITHMIZITÄT

Nach den Massenmedien und der allmählichen Digitalisierung hat das Zeitalter der Medienmoderne die elektronische Vernetzung hervorgebracht, was veränderte Kommunikationsverhältnisse bedeutete. Das ‚Netz' ist eine Metapher für einen sehr komplexen technisch-kulturellen Prozess, der nicht auf ein einzelnes Medium zurückzuführen ist. In sehr nachlässiger Wortwahl ist manchmal zwar von einer Erfindung des ‚Internets' die Rede.[1] Die Sache ist weitaus komplizierter, es fanden gravierende Veränderungen nicht nur auf technologischer Ebene statt, sondern auch in der politischen Ökonomie, der sozialen Organisation und Logistik sowie der kulturellen und sozialen Praktiken. Je mehr Menschen mit Informationen umgehen, diese abrufen, zwischenspeichern oder auch nur weiterleiten, und je mehr Interaktionen damit stattfinden, desto mehr Daten werden in dieser medialen Gebrauchskultur produziert. Diese Daten des Mediengebrauchs sind Grundlagen für neuartige Wertschöpfungen. Ein primitiver Vorläufer dafür war die Messung der ‚Quote' von Sendungen. Die Ordnung der in der Nutzung generierten Datenmengen lassen definitiv Rückschlüsse auf Verhalten und Konsumstrukturen zu, die zunehmend selbst zur Grundlage von Geschäftsmodellen der Online-Unternehmer werden.[2]

Die Auswertungen erfolgen automatisiert, geordnet nach Häufigkeiten. Die *statistische Inferenz* wurde bereits im 19. Jahrhundert populär und bedeutet nichts anderes als automatisiertes Schlussfolgern und Lernen aus Daten. Diese Form von Statistik hat bestimmte Vorteile für Prognosen und Modelle. Ein aktuelles Beispiel dafür ist das *Tracking*, also die Analyse von Nutzerzugriffen auf Webseiten, aus denen sich auch ohne menschliche Interpretation bestimmte Aussagen und Bewertungen sowie Kundenempfehlungen generieren lassen – *Kunden, die dieses Produkt bestellt*

---

1 Zur komplexen Geschichte der technischen Vernetzung und des WWW als Benutzeroberfläche vgl. Caillau (2000).
2 Vgl. die Kritik von Lanier (2014).

haben, interessierten sich auch für folgendes ... Jede Aktivität kann zur Produktion von sozialer Bedeutung und anderen Werten beitragen.[3]

Eine neue Rolle spielen dabei algorithmische Routinen. Am Anfang der Popularisierung des Internets standen sogenannte Webportale wie das 1995 gegründete *Yahoo*, ein Unternehmen, das hunderte von Redakteuren damit beschäftigte, Webseiten zu prüfen und zu klassifizieren. 1998 trat dann *Google* als neuer Typus von Suchmaschine für das Web auf, ein auf spezifische Algorithmen basierter Dienst für Suchanfragen und entsprechende Indexierungen. Rechenwerkzeug hatte innerhalb weniger Jahre die Redakteure ersetzt, ursprünglich als Page-Rank, ein statistisches Werkzeug zur Bewertung der Popularität von Webseiten.[4] Mehrfach um zahlreiche Dienste erweitert, schafft es *Google* aktuell, täglich etwa 3 Milliarden Suchanfragen zu bearbeiten.

Operationen im Datenraum

Was aber hat es nun mit dem ‚Algorithmus' auf sich? Etwas vereinfacht gesagt lässt sich behaupten, dass Menschen zwar letztlich die Entscheidungen treffen, dies aber immer öfter auf der Grundlage von Unterscheidungen tun, die bereits von Apparaten und Institutionen selektiert wurden. Norbert Wiener hat es vor mehr als einem halben Jahrhundert konstatiert, dass urteilende Maschinen durchaus möglich sind.[5] Sie sind nicht nur möglich, sondern in vielen Bereichen sogar notwendig: Menschen können die Menge an Daten, die laufend generiert werden, mit ihrem sinnlichen Sensorium gar nicht mehr erfassen und brauchen zu ihrer Information die Unterstützung von Visualisierungen, Diagrammen, Datenbanken, Metadaten. Inzwischen geht es um Operationen im Datenraum; für das automatisierte Entscheidungsverfahren unter Bedingungen von Codestrukturen steht der Begriff des Algorithmus, der allgemein nichts anderes als die Rechenvorschrift zur Lösung eines Problems bedeutet.

---

3   Was auch das Verwertungsinteresse der IT-Industrie weckt: in den USA dürfen Internet-Provider die Browserverläufe ihrer Kunden auch ohne deren Wissen und Einverständnis weiterverkaufen.
4   Vgl. Lawrence Page: „Method for node ranking in a linked database", US-Patent US6285999 (B1) vom 4.9.2001 – vgl. Sergey Brin, Lawrence Page: „The Anatomy of a Large-Scale Hypertextual Web Search Engine", in: Computer Networks and ISDN Systems, 33: 107-17, 1998. Online: http://infolab.stanford.edu/pub/papers/google.pdf
5   Norbert Wiener: „Die Zukunft der Automaten" [1953], in: Wiener (2002): 207-216.

Am Zenit der Medienmoderne steht nicht etwa *Digitalität* (das Format der Codierung), sondern eben *Algorithmizität* (die Konstitution einer bestimmten Form von Medienwirklichkeit). Dem Algorithmus werden jetzt Qualitäten zugesprochen, die schon bis ins Monströse reichen. Doch das ist falsch, ideologisch oder ganz einfach uninformiert. Ein Algorithmus wirkt in einer statistisch bestimmten Wirklichkeit (Datenraum), und generiert einen Output nach bestimmten Regeln, in denen Ästhetik und Urteilskraft nicht mehr gelten, sondern berechenbare Wahrscheinlichkeiten. Diese wiederum sind Grundlagen für Entscheidungen, die dann von Menschen und Institutionen umgesetzt werden. Algorithmen sind mathematische Werkzeuge, um Daten so zu verarbeiten, dass daraus Aussagen abzuleiten und Schlüsse zu ziehen sind.

Wenn die Medienmoderne dafür steht, dass Autoren, Regisseure und Redakteure mittels Medientechnik Bedeutung produzieren und distribuieren (etwa den Kinofilm, die Fernsehshow oder das Radiofeature), dann steht Algorithmizität als Typus digitaler Informationsverarbeitung für das Ende der Medienmoderne. Weder Medienformate noch Interessengruppen oder Gatekeeper zählen, sondern Messung und Berechnung von Datenströmen. Dafür wurde in einer aktuellen Studie eine nutzerseitig vierfach gegliederte Typologie ermittelt: nach *Views*, *Links*, *Likes*, und *Profile*.[6]

- *Views* messen die Popularität eines Medieninhalts, die Messwerte ergeben sich aus der Anzahl von ‚Klicks' auf einen Webinhalt. Dieser nutzerzentrierte Messwert kann technisch sehr leicht manipuliert werden, indem etwa das Anklicken von Inhalten mehrfach erzwungen wird. Die Idee dieser Messung ähnelt der fragwürdigen Erhebung der ‚Quote' in den Massenmedien. *Views* stehen für Popularität.
- *Links* liefern einen Messwert für die Popularität einer Webseite. Je mehr auf eine Webseite verlinkt wird, desto höher steht sie im Ranking bei Suchmaschinen wie *Google*. Links klassifizieren Webinhalte nicht allein aufgrund ihrer Bedeutung, sondern aufgrund ihrer Bewertung durch andere Nutzer und es handelt sich damit um ein hierarchisches Modell. *Links* stehen für Autorität.
- *Likes* sind Befürwortungen persönlicher Natur in sozialen Netzwerken wie *Facebook* oder *Retweets* bei *Twitter*. Sie sind extrem tendenziös, und dienen als Maßstab eher für Sichtbarkeit und Konformismus innerhalb von Meinungsgruppen. *Likes* stehen für Reputation.

---

6 Diese Einteilung und nachfolgender Absatz vgl. Dominique Cardon: „Den Algorithmus dekonstruieren", in: Seyfert und Roberge Hg. (2017): 131-150.

- *Profile* als Ergebnisse von Nutzungsverhalten (Browserverlauf) zeichnen Spuren von Aktivitäten auf und erstellen Empfehlungssysteme etwa in Online-Shops von *Amazon*. Sie beziehen sich nicht auf die Inhalte, sondern auf die Zuwendungen zu bestimmten Angeboten. *Profile* sind Grundlage für Prognosen des Nutzerverhaltens.

Für alle diese automatisierten Berechnungstechniken steht der Begriff ‚Algorithmizität'. Er löst genau das ab, was die Methode der Phänomenologie einst zu leisten beansprucht hat: eine Beobachtung und Beschreibung dessen, was an ‚Erscheinungen' vorliegt – unter Bedingungen ihrer nicht hintergehbaren medialen Erzeugung, dem ‚für uns' der Dinge (Kant). Es ist im Grund genommen gar nichts Neues, wenn die kulturelle um eine technische Perspektive wie eben die der Algorithmizität erweitert wird. Neu ist dieses Monströse, das diesen Technologien angedichtet wird. Es gibt im 20. Jahrhundert wenige Philosophen, deren Beitrag einen Diskurs zu dieser Problematik begründet hätten. Im Gegenteil sah man, von Edmund Husserl bis Jürgen Habermas, die ‚Lebenswelt' von einer Kolonisierung durch ‚Technik' bedroht. Dieser Kulturpessimismus lebt jetzt im Zeitalter von *Big Data* wieder auf.

Kultur und Technik

Es war vielleicht das größte Hemmnis der Theoriebildung, anzunehmen, Medien würden sich auf der Grundlage von Kommunikation (bzw. Sprache, Verständigung, Interaktion, Alterität) und deren ständiger Optimierung entwickeln. Das ‚Verstehen' ist medienanthropologisch gesehen zweifelhaft und auch medienästhetisch ist schwer nachzuvollziehen, warum Medienleistungen immer nur hinsichtlich ihrer Funktion als Medium von Kommunikation analysiert werden sollten. Die theoretischen Implikationen der neuen Medien fanden kaum je zu einer Synthese, weil diese Voraussetzung – das Dialogische der Kommunikation – nie hinterfragt worden ist. Automatisierung, Programmierung und Informationsberechnung sind entscheidende Angelpunkte für die weitere Entwicklung medienphilosophischer wie medienästhetischer Fragestellungen, auch als Herausforderung für eine entsprechende Theoriebildung.

Denn es gibt keine *eigentliche* Form von Kultur, die frei von Medien und Technik wäre, und immer wieder wird es künftig neue Anwendungen und Gebrauchsformen geben. Technik wirkt also nicht kausal auf Kultur ein, um diese gleichsam zu kolonisieren, sehr wohl aber bestimmt sie deren Dispositive (im Sinne dessen, was aussagbar/darstellbar ist und was nicht). Es geht um eine grundlegende Durchdringung, wie sich vor allem an zwei Bereichen zeigt: an der neuen Medienästhetik der Displays und an der fortschreitenden Algorithmisierung im Hintergrund.

- Für ersteres steht der Siegeszug der Smartphones: als die reinste Form des Interfaces lassen sie alle gewohnten materialen Formen der Konnektivität hinter sich, wie zunächst die Kabel und dann sogar noch die Tastatur. Sie begründen eine radikal neue Medienästhetik (nochmals: nicht im Sinne des Kunstschönen, sondern der sinnlichen Erfahrbarkeit). Smartphones sind, zumindest für die aktuelle Mediengeneration, zum Teil der menschlichen Physis geworden, sie sind eine elaborierte Organprojektion und unabdingbarer Bestandteil der sozialen Existenz.
- Für letzteres, für die Algorithmisierung, bedarf es noch einer Auslotung. Üblicherweise herrscht die Rede von der ‚Digitalisierung', doch das trifft wie gesagt nicht ganz den Punkt. Es bezeichnet nur die Form, wie Daten derzeit codiert werden, und andere Formen (damit auch andere Medienkulturen) sind selbstverständlich denkbar. Die Verarbeitung von Datensätzen hingegen öffnet ein ganz neues Kapitel der kulturellen Reproduktion. Das symbolische Kapital der *Informationsgesellschaft* besteht aus genau jenen Akzelerationen, die wir im ständigen Mediengebrauch mehr oder weniger wissentlich konstruieren. Algorithmen funktionieren als Sortierroutinen des menschlichen Daseins in Zeiten der Digitalkultur.

Die Besonderheit technischer Existenz

Dazu ein abschließender Punkt, mit Blick auf die aktuellen Entwicklungen. Die allgegenwärtigen Displays beherrschen den Alltag, die Menschen orientieren sich zunehmend im winzigen Rahmen ihrer Smartphones und wirken damit durchaus zufrieden. Die Erscheinungsform des Digitalen sind visuelle Oberflächen, hinter denen sich rechnerische Routinen verbergen, die auch anderen Medien (Print, Fernsehen) eine neue Ästhetik aufzwingen.[7]

Wenn nun mit *Rapid Prototyping* und *3D-Druck* Daten in dreidimensionale Formen übersetzt werden, dann wird sogar die Grenze zwischen Bildherstellung und Objekterzeugung überschritten. Es entstehen Oberflächen von neuer Taktilität. Die Phänomenalität der Dinge, ihre Erscheinungsweise, ist dabei, sich insgesamt völlig zu verändern. Es ist eine Veränderung, die sich ähnlich radikal, doch zunächst

---

7 Vgl. Bolter und Grusin (1999).

ebenso unbemerkt auswirken dürfte wie die Veränderung der Alltagsästhetik mit der Buntheit von Textilien und Oberflächen durch die chemisch-industrielle Farbenproduktion, die Ende des 19. Jahrhunderts einsetzte, sowie mit der Drucktechnik des 20. Jahrhunderts. An sich wäre all dies nicht weiter bemerkenswert, technischer Fortschritt eben, eine Erweiterung und Fortschreibung von Möglichkeiten.

In der Medientheorie ist diese neuartige Phänomenalität jedoch ein bislang fataler blinder Fleck geblieben, da man sich vorwiegend mit den Diskursen beschäftigte, mehr mit der Metaphysik als mit einer Physik der Medien, zu der Transport, Farben, Formate und materielle Qualitäten gehören. Durch die aktuellen programmiertechnischen Entwicklungen begründet sich die Vermutung, dass diese beiden Bereiche künftig weniger leichtfertig zu trennen sein werden, als das bislang der Fall gewesen sein mag. Während die Algorithmen immer undurchschaubarer werden und die Codes immer komplexer, was nicht zuletzt der Vorherrschaft weitgehend proprietärer Software geschuldet ist, etabliert sich sowohl eine neue Ästhetik der Berechenbarkeit, als auch eine neue Umwelt softwarebasierter Anwendungsroutinen.

Wie sieht nun die medienphilosophische Konklusion dazu aus? Wenn Software unsere Wahrnehmungen befördert, wenn damit sogar schon Objekte responsiv gemacht werden (denn ‚intelligent' ist wirklich kein gutes Adjektiv in diesem Zusammenhang), und wenn die Datenspuren der Online-Nutzung künftiges Verhalten steuern oder gar erzwingen werden, dann bewegen wir uns in einer Welt voller neuer Fragestellungen. Medien sind laut McLuhan *Übersetzer* von Erfahrungen und damit *Aktanten*.[8] Sie ermöglichen nicht nur eine erweiterte Erfahrungsform, sondern modulieren auch die Art und Weise, *wie* diese Erfahrungen gemacht werden.

Medienästhetisch gesehen tun sie dies, indem sie mit Fotografie, Film und Video zunächst die Wahrnehmungen jenseits der Schrift kulturell aufwerten. Das weist auf die steigende Bedeutung der Visualisierungen, und im engeren Sinne der visuellen Kommunikation von Mitte des 19. bis Ende des 20. Jahrhunderts mit all den bereits angesprochenen Innovationen im Bereich der Bildmedien. Für den Ton hat sich die Medienwissenschaft bislang weniger interessiert, obwohl das Grammophon, das Radio und dann das Magnet-Tonband wesentliche Elemente der Medienmoderne sind, einerseits als Technologien der Ablösung von Literalität, andererseits die raumzeitliche Gebundenheit von Sprechakten distanzieren.[9] Vor welchen medienästhetischen Alternativen aber stehen wir heute? Wie werden unsere Sinne tatsächlich affiziert, wie unsere Wahrnehmungen verarbeitet?

---

8 McLuhan (1964): 57.
9 Sound und Sounddesign zu Zeiten McLuhans erarbeitete exemplarisch Schwartz (1981). Segeberg und Schätzlein Hg. (2005) haben diesen Diskurs im deutschen Sprachraum eröffnet.

Abduktive Ästhetik

Eine erst in Ansätzen begreifbare, medienphilosophisch aber sehr fundamentale Tatsache ist, dass wir derzeit von einem Zeitalter der Datenvisualisierung in eines der *Datenmaterialisierung* wechseln. Der umfassende Medienwandel hin zur Digitaltechnik bedeutete den Wechsel von einer Welt registrativer Zeichen (den Schrift- und Bildercodes) hin zu einer Welt der *Technobilder*, die eine Art materialisierter Theorie bedeuten. Mit diesem Konzept suchte Vilém Flusser deutlich zu machen, dass es sich hierbei um programmierte Oberflächen handelt, die die Unterscheidung zwischen dem ‚Fiktiven' (wahlweise auch dem ‚Symbolischen') und dem ‚Realen' einziehen und daher eine neue einbildende ‚Denkungsart' begründen. Technische Bilder der Gegenwart registrieren und repräsentieren nicht mehr nur Wirklichkeit, sondern sie projizieren rechnerisch erzeugte Modelle auf die Wirklichkeit. Der Bogen lässt sich hier spannen von den Infografiken und Diagrammen, die darin bestehen, statistische Daten in anschauliche visuelle Formate wie Sachbilder zu übersetzen, über animierte Visualisierungen hin zu Computergrafiken und Rendering (3D-Grafiksoftware).

Die Logik und Ästhetik rechenintensivierter Wirklichkeit wird nach evolutionsähnlichen Prinzipien ständig weiter getrieben. Datensätze werden nicht nur visualisiert, sondern können auch räumlich projiziert (Hologramme) sowie dreidimensional gedruckt werden (*Additive Manufacturing*), womit sich Daten in den Raum ‚auszustülpen' beginnen. Das bringt die gängige epistemische Unterscheidung von Modell und Wirklichkeit tendenziell zum Verschwinden.

Mittels algorithmischer Prozesse produzierte Objekte sind keine *Simulationen* mehr, sie begründen eine neuartige *Ontologie*. Diese Technik bricht sowohl mit der Logik der Mimesis als auch mit jener der Repräsentation, um neuartige Möglichkeiten zu entwerfen, beispielsweise durch Mustererkennung und Weiterverarbeitung der damit gewonnenen Daten nach dem Prinzip: „*suggesting that something may be*".[10] Es ist darunter jedoch nicht jener ästhetische Impuls einer Täuschungsabsicht zu verstehen, der bereits von der illusionistischen *Trompe-l'œil*-Malerei her bekannt ist. Es wird niemandem etwas vorgegaukelt, und dennoch: ein ausgedruckter Datensatz ist viel mehr als ein Bild, er kann heutzutage durchaus zum Gebrauchsgegenstand

---

10 Dies würde ich als die aktuelle „abduktive Ästhetik" der Digitalmedien bezeichnen, vgl. Frank Hartmann: „Abduktive Ästhtetik. Form follows Data", in: Elias Hg. (2017): 57-77. Der amerikanische Philosoph Charles S. Peirce diskutierte die methodische Logik der Abduktion mehrfach im Zusammenhang mit Wahrnehmungsurteilen („perceptual judgements" – Vgl. *Harvard Lectures on Pragmatism*, 1903: „Abduction merely suggests that something *may be*", Peirce: *Collected Papers*, CP 5171f.).

werden oder zum algorithmischen Kunstwerk.[11] Im Gegensatz zum ästhetischen Schein des Kunstschönen bedeutet diese abduktive Ästhetik etwas, das im Moment seiner Konstruktion noch gar nicht denkbar war, als quasi eigensinnig *technische Existenz* wahrnehmbarer und benutzbarer Objekte.

Jene technische Existenz, von der Max Bense einst sprach (1949), trat mit Elektronik und Digitalmedien aus dem Referenzrahmen des mechanisch-industriellen Komplexes heraus und wechselte von der Speicherung körperlicher Substanz zu Wahrnehmung und Information, was die Notwendigkeit neuer Formen von Übersetzung mit sich brachte. Denn die elektronischen Speicherzustände sind zunächst einmal nicht visueller Natur. Die entsprechende Technologie zur Visualisierung von Datensätzen verdankt sich Radartechnikern wie Douglas Engelbart, der mit dem visionären Prinzip des *View Control* mittels Bildschirm und Mauszeiger neue Mensch-Maschine-Interfaces jenseits mechanischer Logik entwickelte. Diese Gestalt oder das „Gesicht" der Informationstechnologie – eine künstliche Sichtfläche zur Datenmanipulation – ist immer noch aktuell, aber in Teilen bereits dabei, sich radikal zu transformieren, denn aus *Datenvisualisierung* wird sukzessive *Datenmaterialisierung*: aus *Something may be* (am Bildschirm zeigt sich der Bauplan einer Waffe) wird jetzt *Something really is* (der 3D-Drucker produziert eine schussbereite Waffe).

Davon, dass diese Technik sich erst im experimentellen Stadium befindet, sollte man sich nicht täuschen lassen. Daher bildet diese Beobachtung den Ausgangspunkt dazu, mit aller philosophisch gebotenen Vorsicht von *algorithmischer Ontologie* zu sprechen, da aus digitalem Code in Speicherzuständen real vorhandene Dinge generiert werden, während die Simulation, die es natürlich weiterhin auch noch gibt, die Existenz von Dingen nur oberflächlich vortäuscht, etwa zu Unterhaltungszwecken. Das Theorem paraphrasierend, nur aus Information (grundlegenden Unterschieden) bilde sich eine wahrnehmbare Wirklichkeit aus – letztlich existiert, laut einer klassischen Aussage, nichts außer der Information: „*It from Bit*".[12]

---

11 Ein aktuelles Beispiel algorithmischer Kunst: an der TU Delft wurde aus Messdaten historischer Rembrandt-Portraits, der Blickwinkel und der Oberflächenstruktur mittels 3D-Drucker ein synthetisches ‚Rembrandt' Gemälde generiert – siehe www.next-rembrandt.com

12 „Information may not be just what we *learn* about the world. It may be what *makes* the world." – Wheeler (2000): 341.

Es hängt nicht länger vom Menschen ab

Philosophisch lässt sich dieses Theorem bis zu Gottfried Wilhelm Leibniz und dessen Frage zurückverfolgen, warum überhaupt *Etwas ist und nicht vielmehr Nichts?* Nach dem in seiner *Abhandlung über die dualen Zahlen* (1679) vorgestellten Prinzip kann gerade dieser Unterschied als rechnerische Binärcodierung operationalisiert werden. Eine gewaltige, aber zunächst auch ganz folgenlose Einsicht in das vom menschlichen Urteilen unabhängig Existierende. Drei Jahrhunderte später ließ sich diese Logik der Unterscheidung mit der philosophischen Frage, warum etwas ist, in die (nicht notwendigerweise digitale) Technik implementieren, und ab diesem Moment war sie nicht mehr nur eine Idee, sondern der Beginn des Informationszeitalters.

Die elektronischen Rechner operierten zunächst mit einfachen Bitmustern, bevor die Codes komplexer wurden (hexadezimal), dies allerdings in einer für die menschliche Wahrnehmung unfassbaren Geschwindigkeit und in einem Raum, der sich längst nicht mehr sinnlich erschließt. Computerchips bestehen inzwischen aus Milliarden Transistoren mit Taktfrequenzen von mehreren Gigahertz, wobei der einzelne Bauteilbereich bei einem nahezu unvorstellbaren Quadratmikrometer liegt. Kein Mensch kann das mehr wahrnehmen: Von kinetischer zu elektrischer Energie – das bedeutete einen Quantensprung in der *Aisthesis*. Der Rahmen möglicher Fragestellungen weitete sich in bislang ungeahnter Weise. Raum und Zeit, seit Kant die klassischen Bezugsgrößen der Ästhetik, haben sich von der menschlichen Dimension der Sinnlichkeit radikal abgelöst und in die neuen technischen Apparate wie den ENIAC, in einen zuvor (außer in den Köpfen von Mathematikern) nicht existenten Datenraum hinein verlagert.[13]

Was bedeutet letztlich die Digitalisierung der Arbeitswelt und die Algorithmisierung der Gesellschaft anderes als einen tiefgreifenden Umsturz der Produktionsverhältnisse, der Wertschöpfungen und des Konsumverhaltens? An der frühen Industriekultur wurden die unmenschlichen Ausbeutungsverhältnisse kritisiert, auf denen sie beruhte. Die Maschinen haben aber keineswegs Unglück in die Welt gebracht, sondern die Lebensverhältnisse der Menschen entschieden verbessert.

An der heutigen Medienkultur wird kritisiert, dass sie auf ein nicht menschliches Weltbild zusteuert, in dem die Algorithmen auf Grundlage von *Big Data* die Entscheidungen treffen. Noch gibt es aber keine letztgültigen Modelle dafür, also wird sich erst zeigen, ob die Enkel der Medienmoderne gefeit sind vor der „Verwandlung in einen Automaten", wie die klassische Kritik von Marx schon an der

---

13 ENIAC – *Electronic Numerical Integrator and Computer*, der erste elektronische Computer 1946, vgl. Bense (1951): 429-446.

Maschinenwelt des industriellen Kapitalismus konstatierte.[14] Marx sah in quasi systemischer Sichtweise die Technik nicht als Antagonisten des Menschen, sondern der Mensch werde aus Arbeitsteiligkeit hervorgegangener Teil der ‚Maschine'. Die diesen Prozess fortsetzende und überbietende Algorithmizität ist unabdingbarer Bestandteil der digitalen Ökonomie.

Der Mensch wird sich nicht in einen Automaten verwandeln, wohl aber mehr Symbiose mit der Technik wagen müssen. Dies ist nicht mehr als eine Frage der kommenden ein, zwei Generationen: ein Zurück zum vorindustriellen ‚Menschen' wird es nicht geben können.[15] So manche Erschütterung der Traditionen hat sich als produktiv für Kultur und Gesellschaft erwiesen: das war bei der Mechanisierung so und ist es auch bei der Algorithmisierung. Dazwischen spielt die bereits vergangene Epoche der Medienmoderne.

Ausblick: Medienphilosophie?

Es hängt nicht länger vom Menschen ab, wurde zuletzt behauptet. Manche mögen dies als Übertreibung abtun, denn es wären doch wir, die Menschen, die zuerst als Programmierer und auch als Nutzer über die Inhalte und deren Gebrauch entscheiden, und damit letztlich die Medienkultur bestimmen, die wir haben. Natürlich sind in jede Programmierung, in jede Software, in jeden Algorithmus, freilich auch in die Hardware, menschliche Ideen und kulturelle Wertvorstellungen eingeschrieben. Aber es geschieht unbewusst, und die Ebene der Codierung ist längst hinter der effektvollen visuellen Oberfläche verschwunden, auf der die breite Masse der Benutzer sich bewegt.

Möglicherweise begründete Wilhelm von Humboldt das mediologische Denken, wenn er schrieb: „Der Mensch lebt mit den Gegenständen hauptsächlich, ja, da Empfinden und Handeln in ihm von seinen Vorstellungen abhängen, sogar ausschließlich so, wie die Sprache sie ihm zuführt." Diese Sprache aber habe, so innerlich sie auch durchaus sei, „zugleich ein unabhängiges, äußeres, gegen den

---

14 VSiehe oben, Einleitung, Anm. 5.
15 Johann Gottfried Herder publizierte 1772 seine preisgekrönte *Abhandlung über den Ursprung der Sprache*, in der er festhielt: „Als nacktes, instinktloses Tier betrachtet, ist der Mensch das elendeste der Wesen". Es blieb ihm also nichts anderes übrig, als Kulturtechniken zu entwickeln.

Ausblick: Medienphilosophie?

Menschen selbst Gewalt übendes Dasein."[16] Dies trifft nicht nur auf die Sprache zu, sondern auf jede Kulturtechnik. Wie frei also sind wir ‚Individuen' denn wirklich? Wenn die Philosophie, jene für die Spannung zwischen Wahrnehmen und Denken zuständige Instanz, sich gern sowohl für den Menschen zuständig sieht als auch für das grosse Ganze, für die metaphysischen Fragen, so ist doch seltsam, dass sie sich für die Revolution ihrer Konzepte durch die Medientechnik nicht interessiert hat. Sie entwickelte keine Sensibilität dafür, dass die Auslotung von Textverhältnissen (Hermeneutik) oder die Schreibexerzitien der Phänomenologie im Horizont der Medienmoderne nicht mehr angebracht sind. In der *Medienpostmoderne* werden solche Formen der textbasierten Diskursivität keinen Bestand mehr haben, denn es besteht der dringende Verdacht, dass ihre ‚epistemische Relevanz' außerhalb des universitären Systems gegen Null tendiert.

Nun aber werden gerade aus den komfortablen Gefilden der Universitäten neue Töne vernehmbar, die sich mit der Bezeichnung Medienphilosophie verbinden[17]. Sie versprechen ‚Medienkonzepte' und Modelle. Weil aber kaum einer ihrer Autoren jemals ein Entwicklungslabor betreten oder gar einen Programmierkurs belegt hat, wird das Thema lediglich diskursiv breitgetreten. Die akademische Philosophie unserer Tage ist hier nicht auf Augenhöhe ihrer Zeit, mit anderen Worten: sie weiß nicht wirklich, was vor sich geht. Wie aber sollte dann die Frage gestellt werden, die hier einen Ausblick ermöglicht?

Dazu abschließend ein kurzer Rückblick. Wie oben diskutiert, ist die Fotografie nicht durch den Geistesblitz eines Erfinders entstanden, sondern durch jahrzehntelanges Experimentieren von Künstlern und Dilettanten, die das flüchtige Lichtbild der *Camera Obscura* fixieren wollten. Als das erste transatlantische Telegrafenkabel gelegt wurde, konnte noch niemand die entsprechenden Berechnungen anstellen. Auch Computer wurden einfach gebaut, jedoch nicht auf Grundlage einer Theorie, sondern aufgrund praktischer Erfordernisse in Sachen Rechenkapazität.

Den Pforten der Wahrnehmung entzogene Dimensionen des Wirklichen, wie der Elektromagnetismus, waren es, die die Entfaltung der Medienmoderne mit ihrer entgrenzten Kommunikation ermöglichten. Während in Neuzeit und Moderne die Philosophie seit dem cartesianischen „Ich denke" ganz auf Subjektivität und individuelle Autorschaft setzte, damit handwerkliche und gestalterische Grundlagen des Fortschritts verdrängte – die kollektiven Ingenieurleistungen

---

16 Wilhelm von Humboldt: *Über die Verschiedenheit des menschlichen Sprachbaus und ihren Einfluß auf die geistige Entwicklung des Menschengeschlechts*, Berlin 1836, § 9 bzw. § 3.
17 Vgl. den verdienstvollen Überblick von Reinhard Margreiter: *Medienphilosophie. Eine Einführung*, Würzburg 2016.

und Fertigungstechniken — wird ein medienphilosophischer Ansatz eben diese Grundlagen thematisieren müssen und darf angesichts der neuen Medienkultur nicht in der Schockstarre des der Praxis enthobenen ‚Reflexionsmodus' verharren. *Medien sind keine Begriffe* – Medien philosophisch zu definieren und ästhetisch zu kategorisieren führt zu nichts. Das Argument in den vorliegenden Ausführungen ist, dass im Zeitalter der Algorithmisierung der Begriff des ‚Mediums' schlicht dysfunktional geworden ist. Das Medium ist weder ‚die Botschaft' noch ‚der Bote'. Es werden längst nicht mehr nur Signale übertragen, verarbeitet und archiviert, sondern es wird aktuell aus ständig wachsenden Datenaggregationen eine neue Ontologie erzeugt: das ist das eigentliche medienphilosophische Problem, für das unerheblich ist, ob es zur begrifflichen Tradition passt oder nicht.

Die Medienmoderne hat sich mit dem Denken der Industriekultur entfaltet, und sie entspricht einer Welt, die Wirklichkeit verwertet. Sie extrahiert Teile der Welt, etwa durch Kohlebergbau und Erdöl, um diese fossilen Energien zu nutzen – mit den fatalen Folgekosten des Klimawandels. Übrigens war es eines der größten Probleme der industriellen Technik, Teile effizient zu etwas Neuem zusammenzufügen, sei es mit Schrauben oder Nieten, Schweißnaht oder Kleber. Emblematisch dafür stehen die vernieteten Stahlkonstruktionen, die es in den Bildern Gustave Caillebottes zu sehen gibt. Den Notepads und Smartphones sieht man es nicht mehr an, aber sie sind immer noch dieser Technik des 19. Jahrhunderts verpflichtet, sie wurden nur durch Miniaturisierung der Hardware mehr oder weniger elegant verborgen. Sie entsprechen immer noch einer mit der Industriekultur verwobenen Medienmoderne und werden von den kommenden Generationen belächelt werden.

Dazu kommt die bislang theoretisch unterschätzte Interface-Problematik: was Menschen untereinander und auch mit der Welt verbindet, hängt davon ab. Interface bedeutet, dass in vielen technischen Funktionen mechanische Verbindungen durch einen Signalaustausch ersetzt werden. Die Zukunftstechnik wird in der informationellen Verquickung des Digitalen mit dem Organischen liegen (*Big Data Genetics* und ähnliches) und an der Systemgrenze von Technik und Leben neue Welten synthetisieren, aus deren Warte ein Rückblick auf die Medienmoderne sich ähnlich ausnehmen wird wie heute die auf den Eiffelturm gerichtete Kameralinse eines Touristen: sie erfasst nicht mehr das Zeichen des industriellen Fortschritts, das dieses Gebilde einst war, sondern lediglich die romantische Erscheinung einer überholten Epoche.

Literatur

In den Anmerkungen zitierte klassische Werke werden hier nicht eigens angeführt.

ADORNO, Theodor W. (1970): Ästhetische Theorie, Frankfurt am Main: Suhrkamp (1966): Negative Dialektik, Frankfurt am Main: Suhrkamp
ANDERS, Günther (1980): Die Antiquiertheit des Menschen. Band 1, Über die Seele im Zeitalter der zweiten industriellen Revolution [Orig. 1956], Band 2, Über die Zerstörung des Lebens im Zeitalter der dritten industriellen Revolution, München: Beck
AMELUNXEN, Hubertus von (1988): Die aufgehobene Zeit. Die Erfindung der Photographie durch William Henry Fox Talbot, Berlin: Nishen
ASSMANN, Jan (1992): Das kulturelle Gedächtnis: Schrift. Erinnerung und politische Identität in frühen Hochkulturen, München: Beck
ASSMANN, Jan (2003): Die mosaische Unterscheidung, Oder der Preis des Monotheismus, München: Hanser

BARDINI, Thierry (2000): Bootstrapping. Douglas Engelbart, Coevolution and the Origins of Personal Computing, Stanford Univ. Press
BARTHES, Roland (1989), Die helle Kammer. Bemerkungen zur Photographie, Frankfurt am Main: Suhrkamp
– (2012): Mythen des Alltags (Orig. 1957), Berlin: Suhrkamp
BATESON, Gregory (1985): Ökologie des Geistes. Anthropologische, psychologische, biologische und epistemologische Perspektiven, Frankfurt am Main: Suhrkamp
BAUDRILLARD, Jean (2009): Der symbolische Tausch und der Tod [frz. Orig. 1976], Berlin: Matthes & Seitz
BENJAMIN, Walter (2002): Medienästhetische Schriften, Frankfurt am Main: Suhrkamp
BENKLER, Yochai (2006):The Wealth of Networks: How Social Production Transforms Markets and Freedom, New Haven: Yale Univ. Press
BENSE, Max (1951), Kybernetik oder Die Metatechnik einer Maschine, in: ders. (1998): Philosophie der Mathematik, Naturwissenschaft und Technik. Ausgewählte Schriften Band 2, Stuttgart: Metzler, S.429-446
– (1949): Technische Existenz. Essays, Stuttgart: DVA
BERNAYS, Edward (2007): Propaganda [engl. Orig. 1928], Freiburg: Orange Press
BEY, Hakim (2003): TAZ. The Temporary Autonomous Zone, Ontological Anarchy, Poetic Terrorism, Brooklyn: Autonomedia

BOLTER, J. David und GRUSIN, Richard (1999): Remediation. Understanding New Media, Cambridge, Mass.: MIT Press
BÖHME, Gernot (2016): Ästhetischer Kapitalismus, Berlin: Suhrkamp
BÖHME, Hartmut (2006): Fetischismus und Kultur: Eine andere Theorie der Moderne, Reinbek bei Hamburg: Rowohlt
BUCKLAND, Michael (2010): Vom Mikrofilm zur Wissensmaschine: Emanuel Goldberg zwischen Medientechnik und Politik, Berlin: Avinus
BURKE, Peter (2006): Wörter machen Leute. Gesellschaft und Sprachen im Europa der frühen Neuzeit, Berlin: Wagenbach

CAILLIAU, Robert (mit GILLIES, James) (2000): How the Web Was Born: The Story of the World Wide Web, New York
CASSIRER, Ernst (1995): Symbol, Technik, Sprache. Aufsätze aus den Jahren 1929-1933, Hamburg: Meiner
CAVELL, Stanley (1971): The World Viewed. Reflections on the Ontology of Film. New York: Viking Press
– (1981): Pursuits of Happiness. The Hollywood Comedy of Remarriage. Harvard Univ. Press
CERUZZI, Paul E. (2003): Ein kleine Geschichte der EDV, Bonn: mitp
CHARTIER, Roger (1990): Lesewelten. Buch und Lektüre in der frühen Neuzeit, Frankfurt/New York: Campus
CRARY, Jonathan (1990): Techniken des Betrachters. Sehen und Moderne im 19. Jahrhundert, Dresden: Verlag der Kunst

DAMISCH, Hubert (2005): Im Zugzwang. Delacroix, Malerei, Photographie, Berlin: diaphanes
DANTO, Arthur C. (1991): Die Verklärung des Gewöhnlichen: Eine Philosophie der Kunst, Frankfurt am Main: Suhrkamp
DASTON, Lorraine, und GALISON, Peter (2007): Objektivität, Frankfurt am Main: Suhrkamp
DARNTON, Robert (1983): Der Mesmerismus und das Ende der Aufklärung in Frankreich, München: Hanser
DEBORD, Guy (1978): Die Gesellschaft des Spektakels, Hamburg: Nautilus
DE BOTTON, Alain (2015): Die Nachrichten. Eine Gebrauchsanweisung, Frankfurt am Main: Fischer
DEBRAY, Régis (2013): Jenseits der Bilder. Eine Geschichte der Bildbetrachtung im Abendland, Berlin: Avinus
– (2003): Einführung in die Mediologie, Bern: Haupt
DERRIDA, Jacques (1976): Grammatologie [frz. Orig. 1967], Frankfurt am Main: Suhrkamp
DESCOLA, Philipp (2014): Die Ökologie der Anderen. Die Anthropologie und die Frage der Natur, Berlin: Matthes & Seitz
DOBLHOFER, Ernst (2008): Zeichen und Wunder. Die Entzifferung alter Schriften und Sprachen [Orig. 1957], Leipzig: Reclam.
ECO, Umberto (1984): Apokalyptiker und Integrierte. Zur kritischen Kritik der Massenkultur [Orig. 1964], Frankfurt am Main: Fischer
ELIAS, Marion Hrsg. (2017): Aisthesis, Ästhetik. Zur Messbarkeit einer Sensation, Wien: Angewandte
ELLUL, Jacques (1973): Propaganda. The Formation of Men's Attitudes [frz. Orig. 1962], New York: Vintage

EISENSTEIN, Elisabeth L. (1997): Die Druckerpresse. Kulturrevolutionen im frühen modernen Europa, Wien/New York: Springer

ENGELBART, Douglas C. (1962): „Augmenting Human Intellect. A Conceptual Framework" (1962), in: Wardrip-Fruin/Montfort Hg. (2003), S.95-108

EVERETT, Robert R. (1983): SAGE (Semi-Automatic Ground Environment), Annals of the History of Computing

FELSCH, Philipp (2015): Der lange Sommer der Theorie. Geschichte einer Revolte 1960-1990, München: Beck

FISCHER, Peter Hrsg. (1996): Technikphilosophie. Von der Antike bis zur Gegenwart, Leipzig: Reclam

FLASHAR, Hellmut (2013): Aristoteles. Lehrer des Abendlandes, München: Beck

FLORIDI, Luciano (2015): Die 4. Revolution: Wie die Infosphäre unser Leben verändert, Berlin: Suhrkamp

FLUSSER, Vilém (2009): Kommunikologie weiter denken. Die „Bochumer Vorlesungen", Frankfurt am Main: Fischer

- (1997): Medienkultur. Frankfurt am Main: Fischer.
- (1996): Kommunikologie. Schriften Band 4, Mannheim: Bollmann
- (1994a): Vom Subjekt zum Projekt. Menschwerdung. Schriften Band 3, Bensheim: Bollmann
- (1994): Gesten. Versuch einer Phänomenologie, Frankfurt am Main: Fischer
- (1993a): Dinge und Undinge. Phänomenologische Skizzen, München: Hanser
- (1993): Lob der Oberflächlichkeit. Für eine Phänomenologie der Medien, Schriften Band 1, Mannheim: Bollmann
- (1992): Krise der Linearität, Bern: Benteli
- (1989): Angenommen. Eine Szenenfolge, Göttingen: European Photography
- (1987): Die Schrift. Hat Schreiben Zukunft? Göttingen: European Photography
- (1985): Ins Universum der technischen Bilder, Göttingen: European Photography
- (1983): Für eine Philosophie der Fotografie, Göttingen: European Photography

FOUCAULT, Michel (1974): Die Ordnung der Dinge. Eine Archäologie der Humanwissenschaften [frz. Orig. 1966], Frankfurt am Main: Suhrkamp

FRANKLIN, Stuart (2016): The Documentary Impulse, London: Phaidon Press

FREELY, John (2012): Platon in Bagdad. Wie das Wissen der Antike zurück nach Europa kam, Stuttgart: Klett-Cotta

FREUD, Sigmund (2009): Das Unbehagen in der Kultur: Und andere kulturtheoretische Schriften, Frankfurt am Main: Fischer

FREUND, Gisele (1979): Photographie und Gesellschaft [Orig. 1968], Reinbek bei Hamburg: Rowohlt

GELB, Ignace J. (1952): A Study of Writing. The Foundations of Grammatology, Univ. of Chicago Press

GELLNER, Ernest (1999): Nationalismus. Kultur und Macht, Berlin: Siedler

- (1995): Descartes & Co. Von der Vernunft und ihren Feinden, Hamburg: Junius
- (1990): Pflug, Schwert und Buch. Grundlinien der Menschheitsgeschichte, Stuttgart: Klett-Cotta

GIEDION, Sigfried (1948): Mechanization Takes Command. A Contribution to Anonymous History. New York: Oxford Univ. Press

GOLD, Stephen Jay (1996): Leitern und Kegel. Einschränkungen der Evolutionstheorie durch kanonische Bilder, in: Robert B. Silvers: Verborgene Geschichten der Wissenschaft, Berlin Verlag, S. 43-71.
GOODY, Jack, WATT, Ian, GOUGH, Kathleen (1997): Entstehung und Folgen der Schriftkultur, Frankfurt am Main: Suhrkamp.
GRIER, David Alan (2005): When Computers Were Human, Princeton University Press
GÜNTHER, Gotthard (1957): Das Bewusstsein der Maschinen. Eine Metaphysik der Kybernetik, Krefeld: Agis
GRÄF, Holger Th., und PRÖVE, Ralf (1997): Wege ins Ungewisse. Reisen in der frühen Neuzeit, Frankfurt am Main: Fischer
GROßKLAUS, Götz (1995): Medien-Zeit, Medien-Raum: Zum Wandel der raumzeitlichen Wahrnehmung in der Moderne, Frankfurt am Main: Suhrkamp

HABERMAS, Jürgen (1981): Theorie des kommunikativen Handelns, Frankfurt am Main: Suhrkamp
– (1962): Strukturwandel der Öffentlichkeit, Neuwied: Luchterhand
HAARMANN, Harald (2010): Einführung in die Donauschrift. Hamburg: Buske
– (2009): Geschichte der Schrift. Von der Hieroglyphen bis heute, München: Beck
– (1990) Universalgeschichte der Schrift. Campus, Frankfurt am Main, New York: Campus
HACHMEISTER, Lutz (2014): Heideggers Testament. Der Philosoph, der Spiegel und die SS, Berlin: Propyläen
HAGEN, Wolfgang Hg. (2011): Warum haben Sie keinen Fernseher, Herr Luhmann? Berlin: Kadmos
HAMPE, Michael (2014): Die Lehren der Philosophie. Eine Kritik, Berlin: Suhrkamp
HARTMANN, Frank (2006): Globale Medienkultur. Technik, Geschichte, Theorien, Wien: Facultas UTB
HAVELOCK, Eric (2007): Als die Muse schreiben lernte: Eine Medientheorie zu Oralität und Literalität, Berlin: Wagenbach
– (1990): Schriftlichkeit. Das griechische Alphabet als kulturelle Revolution, Weinheim: VCH
– (1963): Preface To Plato. A History of the Greek Mind. Cambridge/London: Harvard University Press
HEIDEGGER, Martin (1959): Unterwegs zur Sprache, Stuttgart: Neske
HELLIGE, Hans Dieter Hg. (2008): Mensch-Computer-Interface. Zur Geschichte und Zukunft der Computerbedienung, Bielefeld: Transcript
HENTSCHEL, Klaus (2014): Visual Cultures in Science and Technology. A Comparative History, Oxford Univ. Press
HICK, Ulrike (2003): Geschichte der optischen Medien, München: Fink
HOCKNEY, David (2001): Geheimes Wissen. Verlorene Techniken der Alten Meister wieder entdeckt, München: Knesebeck
HORKHEIMER, Max (1967): Zur Kritik der instrumentellen Vernunft, Frankfurt am Main: Fischer
HORKHEIMER, Max und ADORNO, Theodor W. (1988): Dialektik der Aufklärung. Philosophische Fragmente [Orig. Amsterdam 1947], Frankfurt am Main: Fischer
HUGILL, Peter J. (1999): Global Communications since 1844. Geopolitics and Technology, Baltimore/London: Johns Hopkins University Press
HUSSERL, Edmund (1965): Philosophie als strenge Wissenschaft [Orig. 1911], Frankfurt am Main: Klostermann

HUTTER, Michael (2015): Ernste Spiele. Geschichten vom Aufstieg des ästhetischen Kapitalismus, Paderborn: Fink

INNIS, Harold A. (1997): Kreuzwege der Kommunikation. Ausgewählte Texte, hg. v. Karlheinz Barck, Wien: Springer

JANICH, Peter (2015): Handwerk und Mundwerk. Über das Herstellen von Wissen, München: Beck

JOHNSON, Steven (1999): Interface Culture. Wie neue Technologien Kreativität und Kommunikation verändern, Stuttgart: Klett-Cotta

– (1974a): Kritik der reinen Vernunft [Orig. 1781], Werkausgabe Band III + IV, hrsg. von Wilhelm Weischedel, Frankfurt am Main: Suhrkamp.

KALLIR, Alfred (2002): Sign and Design. Die psychogenetischen Quellen des Alphabets, Berlin: Kadmos.

KAMPER, Dietmar (1999): Körper-Abstraktionen. Flusser Lectures, Verlag Walther König.

KANT, Immanuel (1974): Kritik der Urteilskraft [Orig. 1790, 1793], Werkausgabe Band X, hrsg. von Wilhelm Weischedel, Frankfurt am Main: Suhrkamp.

KAPP, Ernst (2015): Grundlinien einer Philosophie der Technik. Zur Entstehungsgeschichte der Kultur aus neuen Gesichtspunkten [Orig. 1877], Hamburg: Meiner

KAY, Alan und GOLDBERG, Adele (1972): „Personal Dynamic Media", in: Wardrip-Fruin/Montfort Hg. (2003), S. 393-404.

KELLY, Kevin (2010): What Technology Wants, New York: Penguin

KEMP, Martin (2000): Bilderwissen. Die Anschaulichkeit naturwissenschaftlicher Phänomene, Köln: DuMont

KERCKHOVE, Derrick de (1995): Schriftgeburten. Vom Alphabet zum Computer, München: Fink

KOHL, Karl Heinz (2003): Die Macht der Dinge: Geschichte und Theorie sakraler Objekte, München: Beck

KRACAUER, Siegfried (1994): Das Ornament der Masse. Essays [Orig. 1927], Frankfurt am Main: Suhrkamp

LANIER, Jaron (2014): Wem gehört die Zukunft?: „Du bist nicht der Kunde der Internetkonzerne. Du bist ihr Produkt." Hamburg: Hoffmann & Campe

LASN, Kalle (2006): Culture Jamming. Die Rückeroberung der Zeichen, Freiburg: orange-press.

LATOUR, Bruno (2002): Iconoclash. Gibt es eine Welt jenseits des Bilderkrieges? Berlin: Merve

LEROI-GOURHAN, André (1988): Hand und Wort: Die Evolution von Technik, Sprache und Kunst [frz. Orig. 1964/65], Frankfurt am Main: Suhrkamp

LICKLIDER, Joseph C.R. und TAYLOR, Robert W. (1968), The Computer as a Communication Device, in: Science and Technology, April 1968 – www.memex.org/licklider.pdf

LUHMANN, Niklas (1996): Die Realität der Massenmedien, Opladen: Westdeutscher Verlag

MANOVICH, Lev (2001): The Language of New Media, Cambridge, Mass.: MIT Press

MARGREITER, Reinhard (2016): Medienphilosophie. Eine Einführung, Würzburg: Königshausen & Neumann

MARK, Desmond Hg. (1996): Paul Lazarsfelds Wiener RAVAG-Studie 1932. Der Beginn der modernen Rundfunkforschung. Wien: Guthmann & Peterson.

MARX, Karl / ENGELS, Friedrich (1848): Manifest der Kommunistischen Partei, London
MCLUHAN, Herbert Marshall (2003): Understanding Me. Lectures and Interviews, Cambridge, Mass.: MIT Press
– (2003b) absolute Marshall McLuhan, hg. von Martin Baltes und Rainer Höltschl, Freiburg: orange-press
– (1996): Die mechanische Braut. Volkskultur des industriellen Menschen [engl. Orig. 1951], Amsterdam: Verlag der Kunst
– (1992) (mit Eric McLuhan): Laws of Media: The New Science, Univ. of Toronto Press
– (1989) (mit Bruce R. Powers): The Global Village: Transformations in World Life and Media in the 21st Century, Oxford Univ. Press
– (1969), Das Medium ist Massage (mit Quentin Fiore und Jerome Agel), Frankfurt am Main: Ullstein KunstBuch
– (1967): Verbi-Voco-Visual Explorations, New York: Something Else Press
– (1964): Understanding Media. The Extensions of Man, New York: McGraw-Hill
– (1962): The Gutenberg Galaxy. The Making of Typographic Man, Toronto: Univ. of Toronto Press
– (1953): Culture without Literacy, in: Explorations vol.1, Univ. of Toronto Press
– (1951): The Mechanical Bride. Folklore of Industrial Man, New York: Vanguard Press
MEYROWITZ, Joshua (1985): No Sense of Place: The Impact of Electronic Media on Social Behavior, Oxford Univ. Press.
MITCHAM, Carl (1994): Thinking Through Technology. The Path between Engineering and Philosophy, Chicago Univ. Press
MITCHELL, W.J.T. (2008): Bildtheorie, Frankfurt am Main: Suhrkamp
MORRIS, Errol (2011): Believing is Seeing. Observations on the Mysteries of Photography, New York: Penguin
MORRIS, Ian (2012): Wer regiert die Welt? Warum Zivilisationen herrschen oder beherrscht werden, Frankfurt am Main: Campus.
MÜLLER, Lothar (2012): Weisse Magie. Die Epoche des Papiers, München: Hanser
MURCH, Walter (2001): In the Blink of an Eye. A Perspective on Film Editing, Beverly Hills: Silman-James

NEGT, Oskar und KLUGE, Alexander (1972): Öffentlichkeit und Erfahrung. Zur Organisationsanalyse von bürgerlicher und proletarischer Öffentlichkeit, Frankfurt am Main: Suhrkamp

ONG, Walter J. (1982): Orality and Literacy. The Technologizing of the Word, New York, London: Routledge
OSTERHAMMEL, Jürgen (2011): Die Verwandlung der Welt. Eine Geschichte des 19. Jahrhunderts, München: Beck

PANEK, Richard (2001): Das Auge Gottes. Das Teleskop und die lange Entdeckung der Unendlichkeit, Stuttgart: Klett-Cotta
PARR, Martin und BADGER, Gerry (2004, 2006, 2014): The Photobook. A History, 3 Bände, London: Phaidon Press
PARZINGER, Hermann (2014): Die Kinder des Prometheus. Eine Geschichte der Menschheit vor der Erfindung der Schrift, München: Beck
PAUL, Gerhard Hg. (2009): Das Jahrhundert der Bilder. Bildatlas 1900-1949, Göttingen: Vandenhoeck & Ruprecht

- (2008): Das Jahrhundert der Bilder. Bildatlas 1949 bis heute, Göttingen: Vandenhoeck & Ruprecht
PEIRCE, Charles S. (1983): Phänomen und Logik der Zeichen. Frankfurt am Main: Suhrkamp (1955): Philosophical Writings, hg. von Justus Buchler, New York: Dover
PENSOLD, Wolfgang (2015): Eine Geschichte des Fotojournalismus. Was zählt, sind die Bilder, Wiesbaden: Springer VS
PETERS, John Durham (1999): Speaking into the Air. A History of the Idea of Communication, Chicago Univ. Press
PLESSNER, Helmuth (2003): Anthropologie der Sinne. Gesammelte Schriften III, Frankfurt an Main: Suhrkamp
POLIANSKI, Igor und SCHWARTZ, Matthias Hrsg. (2009), Die Spur des Sputnik. Kulturhistorische Expeditionen ins kosmische Zeitalter, Frankfurt/New York: Campus.
POSTMAN, Neil (1992): Das Technopol. Die Macht der Technologien und die Entmündigung der Gesellschaft, Frankfurt am Main: Fischer
PÖRKSEN, Uwe (1997): Weltmarkt der Bilder. Eine Philosophie der Visiotype, Stuttgart: Klett-Cotta
POSTMAN, Neil (1985): Wir amüsieren und zu Tode. Urteilsbildung im Zeitalter der Unterhaltungsindustrie, Frankfurt am Main: S.Fischer

RAPHAEL, Max (2013): Die Hand an der Wand. Ikonographie der quaternären Kunst [Orig. ca 1951], Zürich: Diaphanes
RECKWITZ, Andreas, PRINZ, Sophia und SCHÄFER, Hilmar Hg. (2015): Ästhetik und Gesellschaft. Grundlagentexte aus Soziologie und Kulturwissenschaften, Suhrkamp: Berlin.
RECKWITZ, Andreas (2012): Die Erfindung der Kreativität. Zum Prozess gesellschaftlicher Ästhetisierung, Frankfurt am Main: Suhrkamp.
RÖTZER, Florian Hg. (1991): Digitaler Schein: Ästhetik der elektronischen Medien, Frankfurt am Main: Suhrkamp

SAGNER, Karin, HOLLEIN, Max und POHLMANN, Ulrich Hrsg. (2012): Gustave Caillebotte. Ein Impressionist und die Fotografie, München: Hirmer
SCHIVELBUSCH, Wolfgang (2000): Geschichte der Eisenbahnreise. Zur Industrialisierung von Raum und Zeit im 19. Jahrhundert, Frankfurt am Main: Fischer
SCHIVELBUSCH, Wolfgang (2004): Lichtblicke. Zur Geschichte der künstlichen Helligkeit im 19. Jahrhundert, Frankfurt am Main: Fischer
SCHMIDT, Gunnar (2011): Weiche Displays. Projektionen auf Rauch, Wolken und Nebel, Berlin: Wagenbach
SCHNELL, Ralf (2000): Medienästhetik. Zu Geschichte und Theorie audiovisueller Wahrnehmungsformen, Stuttgart: Metzler
SCHWARTZ, Tony (1981): Media. The Second God, New York: Random House
SEARLE, John R. (2001): Geist, Sprache und Gesellschaft. Philosophie in der wirklichen Welt, Frankfurt am Main: Suhrkamp
SEGEBERG, Harro und SCHÄTZLEIN, Frank Hg. (2005): Sound. Zur Technologie und Ästhetik des Akustischen in den Medien, Marburg: Schüren
SELG, Anette und WIELAND, Rainer Hg. (2001): Die Welt der Encyclopédie. Frankfurt am Main: Eichborn
SEYFERT, Robert und ROBERGE, Jonathan Hg. (2017): Algorithmuskulturen. Über die rechnerische Konstruktion der Wirklichkeit, Bielefeld: Transcript

SHANNON, Claude E. (1948): A Mathematical Theory of Communication. The Bell System Technical Journal VOl. 27, S.379-423.
SHNEIDERMAN, Ben (2001): User Interface Design. Effektive Interaktion zwischen Mensch und Maschine, Bonn: mitp
SLOTERDIJK, Peter (2005): Im Weltinnenraum des Kapitals. Für eine philosophische Theorie der Globalisierung, Frankfurt am Main: Suhrkamp
STALDER, Felix (2016): Kultur der Digitalität, Berlin: Suhrkamp
STAROBINSKI, Jean (1973): 1789. Die Embleme der Vernunft, München: Fink
STEPHENSON, Neal (2002): Die Diktatur des schönen Scheins. Wie graphische Oberflächen die Computernutzer entmündigen, München: Goldmann
SUTHERLAND, Ivan E. (1963): „Sketchpad. A Man-Machine Graphical Communication System", in: Wardrip-Fruin/Montfort Hg. (2003), S. 111-126.

TOMASELLO, Michael (2011): Die Ursprünge der menschlichen Kommunikation, Frankfurt/Main: Suhrkamp
TÜRCKE, Christoph (2005): Vom Kainszeichen zum genetischen Code: Kritische Theorie der Schrift, München: Beck
TURNER, Fred (2006): From Counterculture to Cyberculture. Stewart Brand, the Whole Earth Network, and the Rise of Digital Utopianism, Chicago: Univ. of Chicago Press
TYE, Larry (1998): The Father of Spin. Edward L. Bernays and the Birth of Public Relations, New York: Crown

ULLRICH, Wolfgang (2013): Alles nur Konsum: Kritik der warenästhetischen Erziehung, Berlin: Wagenbach

VIRILIO, Paul (1989): Die Sehmaschine, Berlin: Merve

WARDRIP-FRUIN, Noah und MONTFORT, Nick Hg. (2003): The New Media Reader. Cambridge Mass.: MIT Press
WHEELER, John Archibald (2000): Geons, Black Holes & Quantum Foam, New York / London
WIEGAND, Wilfried Hrsg. (1981): Die Wahrheit der Photographie. Klassische Bekenntnisse zu einer neuen Kunst, Frankfurt am Main: Fischer
WIENER, Norbert (2002): Futurum Exactum. Ausgewählte Schriften zur Kybernetik und Kommunikationstheorie, Wein/NewYork: Springer
– (1965): Cybernetics: or Control and Communication in the Animal and the Machine [Orig. 1948], Cambridge Mass.: MIT Press
WILL, Wolfgang (2015): Herodot und Thukydides. Die Geburt der Geschichte, München: Beck
WITTGENSTEIN, Ludwig (1984): Tractatus logico-Philosophicus, Werkausgabe Band 1, Frankfurt am Main: Suhrkamp
WOLF, Herta Hrsg. (2002): Paradigma Fotografie: Fotokritik am Ende des fotografischen Zeitalters Band 1, Frankfurt am Main: Suhrkamp
– (2003): Diskurse der Fotografie: Fotokritik am Ende des fotografischen Zeitalters Band 2, Frankfurt am Main: Suhrkamp

YOCHELSON, Bonnie und CITROM, Daniel (2014): Rediscovering Jacob Riis: Exposure Journalism and Photography in Turn-Of-The-Century New York, Univ. of Chicago Press

The manufacturer's authorised representative in the EU is Springer Nature Customer Service Centre GmbH, Europaplatz 3, 69115 Heidelberg, Germany. If you have any concerns regarding our products, please contact ProductSafety@springernature.com

Printed and bound by CPI Group (UK) Ltd, Croydon, CR0 4YY

25/03/2026

02078216-0008